面向21世纪创新型电子商务专业系列

电子商务物流

（第二版）

主编　卢栋　周珠

中国水利水电出版社
www.waterpub.com.cn
·北京·

内 容 提 要

本书从走进电子商务物流入手，具体阐述了电子商务环境下的物流运作模式、采购管理、物流系统及基本功能、配送及配送中心管理、供应链管理和物流管理等内容。

本书以注重实用为原则，以实施项目任务的方式，通过情境导入及分析，明确要学习的知识与技能，然后逐步实施，并使读者能做到举一反三、触类旁通，完成相似知识的建构。任务的描述力求简洁明了，步骤清晰流畅，贴近学习者的思维，突出基础性、实用性。

本书可作为中、高等职业学校电子商务专业和现代物流专业基础课程的教材，也可作为各类电子商务培训班的教材或供初学者自学使用。

图书在版编目（CIP）数据

电子商务物流 / 卢栋，周珠主编. -- 2版. -- 北京：中国水利水电出版社，2019.4

面向21世纪创新型电子商务专业系列

ISBN 978-7-5170-7632-2

Ⅰ. ①电… Ⅱ. ①卢… ②周… Ⅲ. ①电子商务—物流管理—高等学校—教材 Ⅳ. ①F713.365.1

中国版本图书馆CIP数据核字(2019)第079700号

策划编辑：周益丹　责任编辑：张玉玲　加工编辑：武兴华　封面设计：李　佳

书　名	面向21世纪创新型电子商务专业系列 电子商务物流（第二版）　DIANZI SHANGWU WULIU
作　者	主编　卢栋　周珠
出版发行	中国水利水电出版社 （北京市海淀区玉渊潭南路1号D座　100038） 网址：www.waterpub.com.cn E-mail：mchannel@263.net（万水） sales@waterpub.com.cn 电话：（010）68367658（营销中心）、82562819（万水）
经　售	全国各地新华书店和相关出版物销售网点
排　版	北京万水电子信息有限公司
印　刷	三河市鑫金马印装有限公司
规　格	184mm×260mm　16开本　13印张　323千字
版　次	2011年3月第1版　2011年3月第1次印刷 2019年4月第2版　2019年4月第1次印刷
印　数	0001—3000册
定　价	36.00元

第二版前言

以工作过程为导向，以项目为载体，任务驱动，培养职业能力是当今中、高等职业教育课程改革的方向。本书在编写的方式上尝试用项目式教学法，目的是帮助各位读者更好地学习电子商务物流的项目实践，而不是大而全地讲解电子商务物流概论。

作为电子商务专业教材，本书从走进电子商务入手，主要介绍电子商务环境下如何开展物流运作。本书阐述了电子商务采购管理、物流系统及其基本功能、配送及配送中心管理的要点，引出供应链管理的概念，介绍电子商务物流管理的内涵。

本书编写力求做到兼顾思想性、时效性、应用性和启发性。每个项目给出学习目标，并附有项目小结，便于学生弄清重点、难点；每个项目分成若干个任务，每个任务有任务要点、任务情境、任务分析、任务实施。任务要点：在每个任务开始前划分任务的关键词、理论要点、实践要点，帮助学生中了解任务重点、难点。任务情境：导入一个案例进行分析后提出要实施的问题，或者是使用物流管理软件时设计或提出一个具体的工作任务，使学习者对所要完成的任务有一个感性的认识。任务分析：针对具体的工作任务，对怎么样着手开展工作任务进行分析、剖析，以便有计划、分步骤地完成任务。任务实施：对软件使用的操作步骤进行详细讲解，或者对案例分析要用到的知识逐步认识，使学习者能井井有条地完成任务。

书中每个任务的最后都有触类旁通部分，可以帮助学习者加深对知识点的认知，另外借助典型案例分析，以帮助读者进一步巩固与提高。本教材以注重实用为原则，将理论知识与管理软件有机结合，将理论知识与案例有机结合，力图做到易懂、易学、易用。本书兼顾了对学生实践、操作能力的培养，同时注重紧密结合企业实际应用和行业特点。

本书由教学一线教师负责编写，江苏省常州技师学院卢栋、周珠担任主编；江苏省常州技师学院魏江平、陶婷，常州冶金技师学院陈思担任副主编。

本书教学目标定位为培养物流操作层人才，可作为中、高等职业学校电子商务专业和现代物流专业基础课程的教材，也可作为各类电子商务培训班的教材或供初学者自学使用。

本书在编写时参考了一些国内外的文献，在此谨对相关作者表示衷心的感谢！

本书在编写时力求做到精益求精，但由于电子商务和物流的理论与实践都处于突飞猛进的发展阶段，各种新的见解、应用和理论层出不穷，加上编者水平有限，书中难免有不足之处，恳请广大读者不吝赐教！

编 者

2019 年 1 月

第一版前言

以工作过程为导向，以项目为载体，任务驱动，培养职业能力是当今高、中等职业教育课程改革的方向。本教材在编写的方式上尝试用项目式教学法，目的是帮助各位读者更好地学习电子商务物流的项目实践，而不是大而全地讲解电子商务物流概论。

作为电子商务专业教材，本书从电子商务与现代物流的关系入手，主要介绍电子商务环境下如何开展现代物流管理。本书阐述了电子商务物流系统、电子商务物流技术与设备、物流的基本功能、电子商务物流配送，结合电子商务下的物流特点，引出供应链管理概念，介绍几种主要的供应链管理方法。

教材编写力求做到兼顾思想性、时效性、应用性和启发性。每个项目给出学习目标，并附有项目小结，便于学生弄清重点、难点；每个项目分成若干个任务，每个任务有任务情景、任务分析、任务实施。任务情景：导入一个案例进行分析后提出要实施的问题，或者是使用物流管理软件时设计或提出一个具体的工作任务，使学习者对所要完成的任务有一个感性的认识。任务分析：针对具体的工作任务，对怎样着手开展工作任务进行分析、剖析，以便有计划、分步骤完成任务。任务实施：对软件使用的操作步骤进行详细的讲解，或者对案例分析要用到的知识逐步认识，使学习者能井井有条地完成任务。

教材中每个任务的拓展思考部分都有典型的案例分析，以帮助读者进一步巩固与提高。本教材以注重实用为原则，将理论知识与管理软件有机结合，将理论知识与物流案例有机结合，力图做到易懂、易学、易用。本书兼顾了对学生实践、操作能力的培养，同时注重紧密结合企业实际应用和行业特点。

本书由教学一线教师负责编写，江苏省常州技师学院陈益梅、关井春担任主编；江苏省常州技师学院霍米英、常州轻工职业技术学院石元敏担任副主编；江苏省常州技师学院卢栋，北京物资学院杨威，江苏省常州技师学院陈晓燕、杨建勋、徐丹、杨芹参与编写。关井春负责校对，全书由陈益梅统稿。

本教材教学目标定位为培养物流操作层人才，可作为中、高等职业学校电子商务专业和营销类专业的物流基础课程的教材，也可作为各类电子商务培训班教材或供初学者自学使用。

本书在编写时参考了很多国内外的文献，在此谨对相关作者表示衷心的感谢！

本书在编写时力求做到精益求精，但由于电子商务和物流的理论与实践都处于突飞猛进的发展阶段，各种新的见解、应用和理论层出不穷，加之编者水平有限，书中难免有不足和疏漏之处，恳请您不吝赐教！作者联系方式：chenyimei-63@163.com。

编　者

2010 年 12 月

目　　录

第二版前言
第一版前言
项目 1　走进电子商务物流 ……… 1
任务 1　认知电子商务及其商业模式 ……… 1
任务 2　认知电子商务物流 ……… 9
任务 3　熟悉现代物流技术 ……… 18
项目小结 ……… 31
实战强化 ……… 32
实训一　交流网购过程中的物流体验 ……… 32
实训二　体会物流过程的小游戏——物流大亨 ……… 32
项目 2　电子商务环境下的物流运作模式 ……… 34
任务 1　认识电子商务自营物流模式 ……… 34
任务 2　认知第三方物流模式 ……… 40
任务 3　物流联盟模式及电子商务物流模式选择 ……… 45
项目小结 ……… 52
实战强化 ……… 53
实训　电子商务企业物流模式选择 ……… 53
项目 3　电子商务采购管理 ……… 54
任务 1　采购管理的定义及作用 ……… 54
任务 2　电子商务采购与传统采购的区别 ……… 57
任务 3　电子商务采购流程 ……… 60
项目小结 ……… 63
实战强化 ……… 64
实训　电子商务采购运用 ……… 64
项目 4　物流系统及基本功能概述 ……… 65
任务 1　物流系统 ……… 65
任务 2　包装 ……… 71
任务 3　装卸和搬运 ……… 85
任务 4　运输 ……… 93
任务 5　仓储 ……… 98
任务 6　物流的配送与流通加工 ……… 110
项目小结 ……… 114
实战强化 ……… 115
实训　挑选商品进行包装训练 ……… 115
项目 5　电子商务物流配送与配送中心管理 ……… 116
任务 1　配送和配送中心 ……… 116
任务 2　电子商务物流配送 ……… 130
任务 3　电子商务配送中心 ……… 136
项目小结 ……… 144
实战强化 ……… 144
实训　收件业务流程操作 ……… 144
项目 6　电子商务环境下的供应链管理 ……… 146
任务 1　供应链管理概述 ……… 146
任务 2　电子商务环境下的供应链管理及应用 ……… 154
任务 3　电子商务环境下供应链管理的方法 ……… 161
项目小结 ……… 168
实战强化 ……… 168
实训一　供应商评价过程模拟 ……… 168
实训二　电子商务物流供应链管理报告 ……… 169
项目 7　电子商务物流管理 ……… 170
任务 1　电子商务物流信息管理 ……… 170
任务 2　电子商务物流成本管理 ……… 177
任务 3　电子商务物流服务管理 ……… 183
任务 4　电子商务物流客户管理 ……… 191
项目小结 ……… 198
实战强化 ……… 198
实训一　调研连锁企业物流信息管理现状 ……… 198
实训二　电子商务物流服务调研 ……… 199
参考文献 ……… 200

项目 1　走进电子商务物流

电子商务已经改变了人们的生活习惯，电子商务的持续发展对电子商务物流的需求越来越大。电子商务的发展为物流创造了巨大的市场，同时，物流行业的发展和水平的提升，进一步促进了电子商务的健康发展。2017 年的“光棍节”，阿里巴巴零售额突破 253 亿美元大关，相比 2016 年增长了 40%，由此产生了数亿个包裹，使得各大快递公司感到“压力山大”。物流行业如何满足电子商务的需求，是每一个电商人不得不认真思考的问题。

知识目标

理解电子商务的概念、模式，了解电子商务发展的现状和趋势，掌握物流概念、分类、功能，理解电子商务物流的含义，掌握电子商务物流模式，熟悉条码技术、射频识别技术、全球定位系统、地理信息系统。

能力目标

能够理清电子商务物流作业流程，识别电子商务物流过程中运用的主要技术手段。

素质目标

养成不断学习的习惯，培养客户至上的服务理念。

项目重点

物流作业流程、现代物流技术。

项目难点

射频识别技术、全球定位系统、地理信息系统。

任务 1　认知电子商务及其商业模式

任务要点

- 关键词：电子商务、B2B、B2C、C2C
- 理论要点：电子商务概念、电子商务模式
- 实践要点：了解电子商务的现状和发展趋势

任务情境

2017 世界电子商务大会于 4 月 12－13 日在中国义乌市举行。此次大会主题为“未来已来、连接世界”，由中国电子商务委员会、中国电子商务产业联盟联合义乌市人民政府主办。

大会围绕“全球电商发展趋势”“跨境电商发展的机遇与挑战”“商业巨变时代的电商下一步”“新技术驱动下的电商未来”等行业话题进行解读、探讨。

中国电子商务市场发展迅速，交易规模从 2011 年的 6 万亿元人民币增至 2015 年的 21.8 万亿元，网络零售额从 7500 亿元增至 3.88 万亿元，对全球网络零售市场占比和增长的贡献分别为 35%和 46%，居全球网络零售市场的第一位。

小强是一名高职学生，网络购物消费已经成为生活习惯。他发现在网络上购物消费的同学、亲朋好友越来越多，而且网络消费占个人总消费的比例越来越高。小强觉得电子商务前景较好，将来从事与电子商务相关的工作应该是不错的选择。特别是他报名参加了 2017 电子商务大会志愿者，通过大会更坚定了小强从事电子商务相关工作的信心。

任务分析

对于小强来说，要想从事电子商务相关工作，首先应该对电子商务有一定的基本认识，理解电子商务的概念和组成要素，对 B2B、B2C、C2C 等电子商务模式有正确的认识，更重要的是掌握电子商务的现状和发展趋势。

任务实施

步骤一　理解电子商务的概念

1. 电子商务的概念

电子商务（E-commerce）是指通过互联网进行的销售商品、提供服务等经营活动。例如，通过互联网，企业可以销售笔记本计算机，为客户提供软件下载服务，进行个人计算机远程修复等。

2. 电子商务购物流程

（1）客户在某电子商务网站订购了三件商品，该网站的一台计算机负责这一工作，计算机把客户的订单（一本书、一个游戏软件和一台数字照相机）发送到网站的配送中心。

（2）在配送中心，客户的订单被传送到离客户最近、有客户所需商品的配送仓库。计算机会告诉送货员应该去什么地方取货。

（3）客户的所有商品都被放入一个大货篓中，货篓中堆放着许多顾客订购的商品。机器扫描每件商品上的条码，同时配送中心的几百名工人也将监督这一工作。

（4）工人核对商品条码与订单号，以确认哪些商品归哪些客户。客户所订购的三件商品最后被放在分拣传送带上，然后被装入一个纸箱。工人在纸箱上贴上一种新条码，用来表明客户所购买的商品。

（5）工人将商品装箱、贴胶带、称重、贴标签，然后箱子被装入一辆卡车，离开仓库。最后选择相应的送货方式，将商品送到客户手中。

3. 电子商务的基本组成要素

电子商务的基本组成要素包括 Internet、用户、认证中心、物流配送（配送中心）、银行、商家等。

（1）Internet。Internet 是电子商务的基础，是商务、业务信息传送的载体。

（2）用户。电子商务用户可以分为个人用户和企业用户。个人用户使用浏览器等接入 Internet。企业用户通过企业内联网、外部网和企业管理信息系统对人、财、物、供、销、存进行科学管理。企业用户可以利用 Internet 网页站点发布产品信息、接受订单等。

（3）认证中心。认证中心（Certificate Authority，CA）是一个权威机构，负责发放和管理数字证书，使网上交易的各方能互相确认身份。数字证书是一个包含证书持有人个人信息、公开密钥、证书序号、有效期、发证单位的电子签名等内容的数字文件。

（4）物流配送（配送中心）。配送中心接受商家的送货要求，组织运送无法从网上直接传输的商品，跟踪运送途中商品的流动，将商品送到消费者手中。

（5）银行。银行可以在 Internet 上实现传统的业务，为用户提供 24 小时实时服务；与信用卡公司合作，发放电子钱包，提供网上支付手段，为电子商务交易中的用户和商家服务。

（6）商家：商家是指从事商业活动（生产、经营相关物品）的个人和各种组织的统称。

从以上内容可以看出，物流配送是电子商务的基本组成要素之一，电子商务活动中大多数商品和服务需要经过物流配送才能到达客户手中，所以物流的发展可以进一步促进电子商务的健康发展。

小链接 1-1 电子商务与物流的关系

物流是电子商务实现的基础。对于实体商品的网络交易，商品只有通过现代化的物流系统以最快的速度到达消费者手中，才标志着电子商务活动的最终实现。因此，现代物流是电子商务实现的基础，它提高了电子商务的效益和效率，扩大了电子商务的市场范围。

电子商务是物流发展的拉动力。电子商务的发展增加了物流的客户数量，拓展了物流服务范围，促进了物流技术发展。

步骤二 掌握电子商务的模式

电子商务模式是指在网络环境中基于一定技术基础的商务运作方式和赢利模式。电子商务模式可以从多个角度建立不同的分类框架，最简单的分类是 B2B、B2C、C2C 和 O2O 模式。

1. B2B

B2B（Business to Business，企业对企业的电子商务模式）是企业与企业之间的电子商务。B2B 方式是电子商务应用最多和最受企业重视的形式，企业可以使用 Internet 或其他网络为每笔交易寻找最佳合作伙伴，完成从定购到结算的全部交易行为。其代表是阿里巴巴、慧聪网等。

B2B 是指以企业为主体，在企业之间进行的电子商务活动。B2B 是电子商务的主流，也是企业应对激烈的市场竞争、改善竞争条件、建立竞争优势的主要方法。

开展电子商务，将使企业拥有一个商机无限的发展空间，这也是企业谋生存、求发展的必由之路。它可以使企业在竞争中处于更加有利的地位。B2B 将会为企业带来更低的价格、更高的生产率和更低的劳动成本以及更多的商业机会。

B2B 主要是针对企业内部以及企业（B）与上下游协作厂商（B）之间的资讯整合，并在互联网上进行的企业与企业间交易，借助由企业内部网（Intranet）建构资讯流通的基础及外部网络（Extranet）结合产业的上中下游厂商，达到供应链（SCM）的整合。因此，通过 B2B 的商业模式，不仅可以缩减企业内部资讯流通的成本，还可以使企业与企业之间的交易流程更快速，减少耗损。

2. B2C

B2C（Business to Customer，商对客电子商务模式）是企业与消费者之间的电子商务。这是消费者利用 Internet 直接参与经济活动的形式，类同于商业电子化的零售商务。随着 Internet 的出现，网上销售迅速地发展起来。其代表是天猫商城、京东商城、苏宁易购、携程网等。

B2C 就是企业通过网络销售产品或服务给个人消费者。企业厂商直接将产品或服务推上网络，并提供充足资讯与便利的接口吸引消费者选购，这也是目前最常见的作业方式。例如网络购物、证券公司网络下单作业、一般网站的资料查询作业等，都属于企业直接接触顾客的作业方式。

3. C2C

C2C（Consumer to Consumer，个人与个人之间的电子商务模式）是消费者与消费者之间的电子商务。C2C 就是通过为买卖双方提供一个在线交易平台，使卖方可以主动提供商品网上拍卖，而买方可以自行选择商品进行竞价。其代表是淘宝网、易趣网等。

C2C 是指消费者与消费者之间的互动交易行为，这种交易方式是多变的。例如，消费者可以在某一竞标网站或拍卖网站中共同出价，由价高者得标；或者消费者自行在微信或 BBS 上张贴布告以出售二手货品，甚至是新品。诸如此类因消费者间的互动而完成的交易就是 C2C 的交易。

4. O2O

O2O（Online to Offline，线上线下一体化）是线上与线下相结合的电子商务。O2O 方式是利用互联网使线下商品或服务与线上相结合，线上生成订单，线下完成商品或服务的交付，让消费者在享受线上优惠价格的同时，又可享受线下贴心的服务。中国较早转型 O2O 并成熟运营的企业代表为家具网购市场领先的美乐乐，其 O2O 模式具体表现为线上家具网与线下体验馆的双平台运营。

步骤三　了解电子商务的发展现状和趋势

1. 电子商务的规模不断扩大

截至 2018 年初，中国电子商务市场交易规模达 26 万亿，同比增长 23.81%。其中，B2B 电子商务市场交易额达 19 万亿元，同比增长 26.67%。B2B 市场营收规模达到 2518.99 亿元，同比增长 42.14%。我国电子商务的快速发展主要得益于以下原因：首先，网民数量的急剧增加，截至 2017 年 12 月，我国网民规模达 7.72 亿，较 2016 年底增加 4074 万人；其次，主要推动力来自电子商务在中小企业中渗透率增加，中小企业 B2B 推行平台服务，B2B 企业加入交易环节促进行业发展；再次，网络购物等细分行业的快速增长也整体推动电子商务市场的快速发展；最后，政策环境更有利于推动电子商务的发展。

2. 电子商务结构多元化

随着电商环境和网购群体的变化，从最开始的 B2B，到后来的 C2C，再到异军突起的 B2C，直至现在具有革命性的 B2C2C，中国电子商务队伍逐渐成熟壮大，阿里巴巴、当当、eBay 易趣、卓越、慧聪网、京东商城、红孩子、PT37、菲玛特等一大批亨商巨贾们纷纷登场，书写了一段壮丽的网商传奇。目前我国正是电子商务发展的高峰期，竞争也显得相当激烈，各种创新不断。至此，我国电子商务开始呈现多元化的发展趋势。

小链接 1-2　《中国电子商务报告（2017）》

《中国电子商务报告（2017）》是商务部组织编写的反映中国电子商务发展状况的综合性研究报告，是 2003 年开始编写以来的第 10 期。它综合分析了我国电子商务发展的主要特点。

近年来，世界经济正向数字化转型，大力发展数字经济成为全球共识。党的十九大报告明确提出要建设“数字中国”“网络强国”，我国数字经济发展进入新阶段，市场规模位居全球第二，数字经济与实体经济深度融合，有力促进了供给侧结构性改革。电子商务是数字经济的重要组成部分，是数字经济最活跃、最集中的表现形式之一。2017 年，在政府和市场共同推动下，我国电子商务发展更加注重效率、质量和创新，取得了一系列新的进展，在壮大数字经济、共建“一带一路”、助力乡村振兴、带动创新创业、促进经济转型升级等诸多方面发挥了重要作用，成为我国经济增长的新动力。

2017 年，我国电子商务交易规模继续扩大，并保持高速增长态势。国家统计局数据显示，2017 年全国电子商务交易额达 29.16 万亿元，同比增长 11.7%；网上零售额 7.18 万亿元，同比增长 32.2%。我国电子商务优势进一步扩大，网络零售规模全球最大、产业创新活力世界领先。截至 2017 年底，全国网络购物用户规模达 5.33 亿，同比增长 14.3%；非银行支付机构发生网络支付金额达 143.26 万亿元，同比增长 44.32%；全国快递服务企业业务量累计完成 400.6 亿件，同比增长 28%；电子商务直接从业人员和间接带动就业达 4250 万人。

2017 年，我国电子商务市场结构持续优化，行业发展质量不断提升。电子商务交易额中服务类交易增长快，在总交易额中的占比持续提升。电子商务交易额中对企业的交易占 60.2%，对个人的交易占 39.8%，均保持加速增长态势。实物商品网络零售对社会消费品零售总额增长的贡献率达 37.9%，对消费的拉动作用进一步增强。农村网络零售额同比增长 39.1%，农产品网络零售额同比增长 53.3%，农村电商有效缓解了农民“卖难”问题，推动农业结构升级。海关验放的跨境电子商务商品出口增速达 41.3%，跨境电子商务出口日益成为我国商品出口的重要通道。

2017 年，数字技术驱动电子商务产业创新，不断催生新业态新模式。大数据、云计算、人工智能、虚拟现实等数字技术为电子商务创造了丰富的应用场景，正在驱动新一轮电子商务产业创新。零售企业依托数字技术进行商业模式创新，对线上服务、线下体验以及现代物流进行深度融合，推动零售业向智能化、多场景化方向发展，积极打造数字化零售新业态。生产制造企业依托工业互联网平台，进行在线化、柔性化和协同化改造，逐步形成以“寄售”“自营”“撮合”为代表的 B2B 电子商务交易模式，探索出供应链金融、服务佣金、大数据信息费等盈利模式。制造企业搭建的物联网平台也逐步释放电子商务交易能力。

2017 年，商务大数据建设取得重要进展，覆盖主要平台、主要领域的电子商务统计分析和运行监测体系初步形成。电子商务示范体系持续完善，商务部对 100 家电子商务示范基地开展综合评估，组织 238 家电子商务示范企业签署诚信经营承诺书，督促各地完善示范体系，打造高水平服务。商务部、财政部、扶贫办会同有关部门围绕电商扶贫、农商协作、农产品电商、物流配送等领域，提出一系列促进农村电商发展的政策措施，农村电商有效助力乡村振兴和精准扶贫。跨境电子商务零售进口监管过渡期政策再次延长，并进一步拓展试点范围，跨境电子商务综合试验区探索形成的成熟经验和做法面向全国复制推广。以“丝路电商”为引领的电子商务国际合作深入推进，双边方面，与 7 个国家建立了电子商务合作机制；多边方面，积极参与亚太经合组织、上合组织等多边贸易机制和区域贸易安排框架下电子商务议题磋商，促成金砖国家电子商务工作组成立并达成《金砖国家电子商务合作倡议》，同时推进十余个自贸协定电子商务议题谈判，电商企业“走出去”步伐加快，多渠道拥抱全球市场。

触类旁通

成就中国网络零售市场高速发展的关键因素

近年来，网络零售在中国快速发展。2017 年，中国网络零售市场交易额达到 7.18 万亿元，同比增长 32.2%。我国电子商务优势进一步扩大，网络零售规模全球最大，产业创新活力世界领先。有人说，中国网络零售市场涨疯了。那么，成就中国网络零售市场高速发展的关键因素有哪些呢？

1. 政策驱动

2017 年，党中央、国务院高度重视电子商务发展，通过推动创新、深化改革，全面优化电子商务发展环境。《电子商务法（草案）》通过全国人大第二次审议，电子商务法制建设取得阶段性成果。商务部、中央网信办、发展改革委会同有关部门加快推进《国务院办公厅关于深入实施“互联网+流通”行动计划的意见》《电子商务“十三五”发展规划》《促进电子商务发展三年行动实施方案（2016－2018 年）》等政策文件的落地实施，建立部际综合协调和年度工作任务台账制度，共同推进电子商务健康发展。

2. 资本支撑

中国网络零售发展速度快于美国等科技领先的发达国家，也快于印度等消费者众多的发展中国家，很重要的原因在于资本市场对于中国网络零售的支撑作用。鉴于中国网络设施基建速度加快，人口消费红利释放，互联网免费模式对网民应用和消费模式的培养，众多的投资者洞察到网络零售在中国的发展潜力，参与和见证了网络零售在中国的疯长势头。网络零售现有的低价机制、信用基础、物流建设均离不开资本的推动作用。在全球互联网市值最高的 TOP10 企业中，阿里巴巴和京东位列其中。唯品会的闪购模式，小米模式主导的制造业与网络零售的融合，聚美优品从团购到垂直电商的转型成功，均体现出中国网络零售企业的创新发展潜力。

3. 消费拉动

网络零售的发展经历了以“淘宝”为代表的 C2C 崛起阶段、以“京东”和“天猫”为代表的 B2C 崛起阶段和以“海淘”和“天猫国际”为代表的跨境电商崛起阶段。这三个阶段的特点是从“低价”到“正品低价”再到“品牌低价”不断满足消费者增长的需求和欲望，从而刺激消费者壮大网购人群，加大网购比例。与此同时，移动电子商务的崛起降低了网购门槛，以“拼多多”为首的拼团网购兴起，增加了县域人群和农村地区消费者的网购比例，从而推进中国市场网购大众化、全民化的发展趋势。

不过，“疯长”的阶段已接近尾声，中国的网络零售市场正在从“增量”增长向“提质”增长转型。从政府加大“知识产权保护”“整顿假货市场”的力度，到企业推行“二维码”追踪溯源、帮助消费者辨识假货，再到消费者的维权意识增强、网络零售投诉量的增多，可以看出中国的网络零售市场正在主动谋求“升级”，期待中国网络零售市场实现“质的飞跃”。

案例 1-1 拼多多：它是谁，如何运作？

从创立到上市，京东用了 10 年，唯品会用了 8 年，淘宝用了 5 年，拼多多仅用了 2 年又 3 个月。拼多多IPO发行价格区间为 16～19 美元，由于获得超过 13 倍超额认购，公司决定在价格区间上限的基础上再上调 20%，定价 22.8 美元，股票代码为 PDD。招股书显示，截至 2018 年 6 月 30 日的 12 个月间，拼多多 GMV 达 2621 亿元，活跃买家数达 3.44 亿。

一、拼多多是谁？

一个使用“团队购买”模式、快速成长的社交电商购物平台，并成功地利用微信分享实现了病毒式增长，具备低价获取流量+高效分发流量的核心竞争力，借助微信生态内大量尚未被传统电商覆盖的人群，在低价获取流量环节占据绝对优势，被称为中国电商界的一匹黑马。

1. 拼多多能成为一匹黑马的原因

（1）外部因素。首先，中国的智能手机普及率提高，用户获得了电商购物的技术支持。

其次，自 2014 年春节以来，微信红包的爆红使得中国用户习惯于移动支付，用户习惯得到培养。最后，希望在淘宝上努力赢得充足流量的小商户天然适合拼多多的模式，他们离开了淘宝，踏上了拼多多这片更适合他们成长壮大的沃土。

（2）内部因素。拼多多的产品设计优先考虑商业游戏化本质，使购物变得更有趣、更快乐，并通过微信激励的社交分享模式，大大降低了获客成本，借助大型工程师团队的优质算法，对用户偏好进行预测并相应地推荐商品等，都是助其成功不可或缺的因素。

2. 拼多多与团购的区别

拼多多在种类、同时性、社交距离、产品设计、价值主张等方面与传统意义上的团购均有着明显差异，如图 1-1 所示。简单来说，拼多多模式是基于社交的、具备多种玩法的熟人网络购物生态。

	拼多多	团购
种类	全类商品	主要是餐馆和线下服务优惠券
同时性	同步社交购物	不同步社交购物
社交距离	与朋友合作	与陌生人合作
产品设计	游戏化	有限的游戏化
价值主张	便宜和有趣	便宜

图 1-1　拼多多与团购的区别

3. 拼多多的社交电商模式

拼多多的社交电商模式，使得它很大程度上依赖微信的用户生态。腾讯是拼多多最大的机构股东，持有 18.5%的股份，其绝大部分的交易来自微信，这是在拼多多上组建“购物团队”的主要手段。

二、拼多多是如何运作的？

拼，动词，词典意义为“拼凑，聚合”。自创始以来，拼多多在顾客和商家两个端口进行了不断的“拼凑和聚合”。对顾客，激励其积极地与朋友组成购物团队，以赢取折扣；对商家，满足了其对销售长尾货的总需求，比如日常家居用品、耐用品，为其提供了一个相对契合的出口。

1. 拼多多如何与商家合作？

拼多多在其平台上拥有超过 100 万活跃商家，但是这么多商家，在品类众多、品牌知名度极低的低洼地带，拼多多如何做到聚客引流？

答案是：经营爆款！

拼多多的大部分销售来自具有病毒性的特定“爆款”，即使这些“爆款”背后的品牌可能相对不为人知，但经营爆款具有极佳的优势，比如工厂就可以专注于有效地制造 1～2 个爆款以降低成本、用户自觉与好友分享产品信息，商家无需为引流而额外支付大量广告费等。

2. 它的盈利来自哪里？

根据 2017 年的数据，拼多多的盈利由 3 种组成：线上网络营销、手续费（佣金）、直销（拼好货）。其中，线上营销服务和佣金也被一并称为线上市场服务。

三、拼多多与其他电商的区别是什么？

1．购物游戏化设计

拼多多打造的多类玩法、多种打法，让购物更有趣，如图 1-2 所示。拼多多来自游戏创业公司，并且根据其首次公开招股文件，拼多多希望成为“好市多和迪斯尼乐园的组合”，这一组合打法，赋予了拼多多购物游戏化的基因和属性。

图 1-2 购物游戏化设计

2．拼多多 VS 京东 VS 全体移动网民

截至 2017 年底，拼多多的用户分布和京东的差异十分明显，拼多多在三线以下城市的用户占比超过了六成，而在一线城市，拼多多明显渗透率较低，如图 1-3 所示。

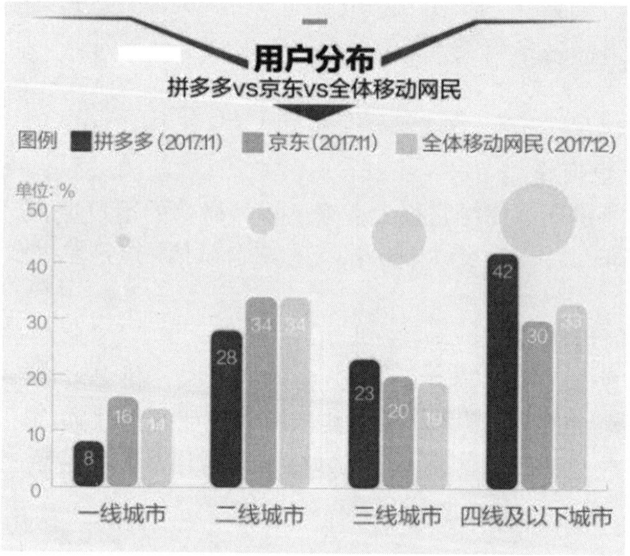

图 1-3 拼多多 VS 京东 VS 全体移动网民

3．拼多多 VS美团

拼多多和美团点评，前者目标估值 300 亿美元，只发展三年就上市，即便面对各种争议，仍不改上市节奏；后者预计估值 600 亿美元，称霸外卖市场，挑战携程网，又战滴滴。可以说，两者都不缺胆气，也不乏实力。拼多多和美团上市，谁能笑到最后？

（本案例来源：网经社 http://www.100ec.cn/detail--6462281.html，有改动）

请思考：拼多多面临的挑战有哪些？你觉得电子商务发展前景如何？

任务 2　认知电子商务物流

任务要点

- 关键词：物流、电子商务物流、作业流程、物流模式
- 理论要点：物流的概念、分类、功能，电子商务物流的含义
- 实践要点：掌握电子商务物流的作业流程，选择电子商务物流模式

任务情境

据中国之声《全国新闻联播》报道，2017 年中国的快递行业再创新纪录，快递包裹分发进入 1 天 1 亿时代，全球快递网络铺设加速，中国商品行销欧美，绿色包裹使用量明显增加。

从 2017 年 5 月份开始，快递包裹分发进入 1 天 1 亿时代。以历年双十一为例，物流订单从 2013 年的 1.52 亿增长至 8.12 亿，总共翻了 5.3 倍，成为国民经济的一大亮点。

中国邮政速递物流股份有限公司总经理方志鹏表示，中国快递业的快速增长得益于电子商务的发展。现在网络零售产生的快递量占整个快递业务量的比重将近 70%，网购的 80%快递量是寄递出去的。2010 年到 2016 年中国快递业务量复合增长率 54%。快递网络持续优化，服务品质显著提升，行业集中度持续提升。

菜鸟网络根据大数据整理出一份 2017 年度快递包裹排行榜。菜鸟网络工作人员丁补之介绍："从城市来看，购买力最强的是上海、北京、广州、深圳、杭州；从年龄上来看，50 后虽然大部分都已经年过花甲，但他们的包裹量占到总量的 1.03%，超过 00 后。另外，数据可以显示出，80 后、90 后已经是购买的绝对主力，分别占到了近四成和三成多。"

除此之外，过去的 2017 年全球快递网络铺设加速，中国商品行销欧美，绿色包裹使用量明显增加。2017 年共有 1500 万绿色包裹，数千万的纸箱进行二次循环，数百亿的电子面单投入使用。据测算，这将减少 13.6 万吨的二氧化碳，相当于省下 16 个奥林匹克森林公园的树木。

任务分析

电子商务物流是属于一般意义上的物流的一个组成部分。认知电子商务物流，首先要熟悉一般意义上的物流的概念、分类、功能等基本知识，在此基础上，正确理解电子商务物流的含义，掌握电子商务物流的一般作业过程（订购/采购、运输、储存、装卸搬运、流通加工、包装和配送等），同时对电子商务物流模式有一定的认识。

任务实施

步骤一　熟悉物流的基本知识

1. 物流的概念

根据国家标准《物流术语》（GB/T 18354—2006），物流（Logistics）是物品从供应地向接收地的实体流动过程。在物流过程中，从实际需要出发，将运输、储存、装卸、搬运、包装、流通加工、配送、信息处理等物流基本功能有机结合。苏宁物流中心的仓库高位货架，如图 1-4 所示。

图 1-4　苏宁物流中心的仓库高位货架

例如，粮食物流是指粮食从生产、收购、储存、运输、加工到销售整个过程中的实体运动以及在流通环节的一切增值活动。液态奶物流过程包括牛奶生产基地取奶、原奶储存、运输、液态奶加工、包装、流通加工、卸车、配送中心入库、配送、交货等环节。家电物流过程包括家电零件、材料采购、集中加工、制造与装配、包装、搬运、装车、运输、配送中心入库、配送、交货等环节。

随着市场竞争的加剧和企业运营理念的变化，人们对物流的认识不断深入。1998 年，美国物流管理协会对物流的定义是："物流是供应链（指生产及流通过程中将产品或服务提供给最终用户所形成的网链结构）流程的一部分，是为满足客户需求而对货物、服务及相关信息从原产地到消费地的高效率、高效益的正向和反向流动及储存进行的计划、实施与控制过程。"

2. 物流的分类

物流的分类方法很多，从空间来分，可以分为国际物流、区域物流、国内物流和地区物流；从性质来分，可以分为社会物流、行业物流和企业物流；从物流在社会再生产中的作用来分，可以分为宏观物流和微观物流；从物流过程来分，可以分为供应物流、生产物流、销售物流、回收物流和废弃物物流。

按物流过程分类主要是对企业物流进行分类，企业物流是以购进生产所需的原材料、设备为起点，经过劳动加工，形成新的产品，然后供应给社会需要部门的全过程。

（1）供应物流。提供原材料、零部件或其他物品时所发生的物流活动，包括原材料等一切生产资料的采购、进货、运输、仓储、库存管理和用料管理。例如，烟草烘烤、采购、入库、储存。

（2）生产物流。企业生产过程中原材料、在制品、半成品、产成品等的物流活动，包括生产计划与控制、厂内运输（搬运）、在制品仓储与管理等活动。例如，原料烟丝的准备、搬运，烟的在制品储存、搬运。

（3）销售物流。企业出售商品过程中所发生的物流活动，包括产成品的库存管理、仓储发货运输、订货处理与客户服务等活动。例如，成品烟的包装、搬运、储存、装车、发货、运输、卸车、交货。

（4）废弃物物流。将经济活动中失去原有使用价值的物品，根据实际需要进行搜集、分类、加工、包装、搬运、储存等，并分送到专门处理场所的物流活动。

3. 企业物流

我国国家标准《物流术语》对企业物流（Enterprise Logistics）的定义是：生产和流通企业围绕其经营活动所发生的物流。本部分讲述生产企业的物流及典型的流通企业——商业企业的物流。

在商品社会中，只要有商品和服务的交易，就会有物流存在。因此，物流活动涉及的领域和范围是很广的，包括社会的方方面面、各个行业和各种企业。虽然物流在各个不同领域的功能和作用均是完成商品从生产者或商品的据点向消费者的转移，但是不同的行业、不同类型的企业所进行的物流活动的运作方法和重点也是不同的。

（1）生产企业物流。生产企业物流是与企业生产经营管理有关的物流活动，这是物流活动的一个具体的、微观的典型领域。生产企业物流围绕企业商品生产而展开，包括从原材料和零部件的采购、生产直到所生产的商品销售出厂以及售后服务的一切物流活动。

通过对生产企业物流的进一步研究又可以将其细分为采购物流、生产物流、销售物流、退货物流和废弃物物流等物流活动。

1）采购物流。为满足企业生产所需将在供应商处采购的原材料、零部件从供应商处运回厂内。采购物流还包括从销售点回收或采购产品包装用的容器，以及可以重复使用的材料的回收物流。

2）生产物流。将所采购的原材料和零部件等放入仓库并加以妥善保管，在生产需要时及时出库送到生产现场；将工厂生产的商品运到物流中心、厂内或其他工厂的仓库入库；物流中心或工厂的仓库对商品进行必要的运输包装和流通加工等。

3）销售物流。将生产的商品从工厂、物流中心或外单位的仓库送到批发商、零售商或消费者手中的运输或配送，包括将生产的商品送到外单位仓库的运输或配送。

4）退货物流。对已采购但验收不合格的原材料和零部件的退货，以及与已售出商品的退货有关的运输、验收和保管等物流活动。

5）废弃物物流。工厂生产过程中有关的废弃包装容器和材料、生产过程中产生的其他废弃物的运输、验收、保管和出库，以及企业对在生产过程中排放的无用物（包括有害物质）进行运输、装卸、处理等的物流活动。

（2）商业企业物流。生产企业所进行的主要是商品的生产，虽然生产企业的物流包含了销售物流的内容，而且在市场经济中生产企业也对本企业生产的商品进行销售，但是社会商品的流通主要还是由商业企业来完成的。商业企业的物流活动围绕企业所经营的商品的进、销、调、存、退进行，包括从采购所经营的商品、通过营销策划出售商品满足消费者的需求到商品的售后服务等的一切物流活动。

商业企业的物流活动具体包括采购物流、企业内部物流、销售物流和商品退货物流。

1）采购物流。采购物流将本企业所经营的商品以及销售商品所需的其他物品从生产厂家或其他商品据点运回企业，企业采购的商品有时由商品的生产厂商或配送中心负责运输。当商品运到时，企业的相关人员需要对所采购的商品进行验收，合格的商品入库，不合格的则需要组织退货。

2）企业内部物流。商业企业的内部物流包括商品出库运输到本店的销售现场上柜或各分店及连锁店进行销售，以及从本店向其他商业企业的调拨运输。另外，企业的内部物流还包括对库存的商品进行合理的保管，以及对采购来的商品进行必要的拆包、分档和再包装等加工。

3）销售物流。商业企业的销售物流活动包括通过零售、批发等将商品发送到消费者或购货单位的运输和配送。

4）商品退货物流。商业企业的退货物流包括在商品采购的进货验收时发现商品不合格，以及在商品销售后客户发现所购商品有质量问题所引发的退货。

4. 物流的功能

物流的功能是指物流系统所具有的能力，将这些能力有效地组合，便能合理地实现物流系统的总目标。物流系统的基本功能包括运输、包装、装卸、储存、流通加工、配送等。

（1）运输功能。运输功能是物流的主要功能之一。运输是用设备和工具将物品从一个地点向另一地点运送的物流活动。其中包括集货、分配、搬运、中转、装入、卸下、分散等一系列操作。它是“第三利润源”的主要源泉。运输的形式主要有铁路运输、公路运输、水上运输、航空运输和管道运输等。物流的运输功能是为客户选择满足需要的运输方式，然后具体组织网络内部的运输作业，在规定的时间内将客户的商品运抵目的地。

（2）包装功能。包装功能包括产品的出厂包装、生产过程中制成品和半制成品的包装及在物流过程中换装、分装盒再包装等活动。物流包装作业的目的不是改变商品的销售包装，而是通过对销售包装进行组合、拼配和加固，形成适合于物流和配送的组合包装单元。对于包装活动的管理应根据物流方式和销售要求来确定。

（3）装卸功能。装卸功能是为了加快商品在物流过程中的流通速度而必须具备的功能，包括与运输、存储、包装、流通加工等物流活动进行衔接的活动，以及在存储等活动中为进行检验、维护和保养所进行的装卸和搬运活动。装卸功能是指在指定地点以人力或机械将货品装入运输设备或从运输设备卸下。它是一种以垂直方向移动为主的物流作业。

（4）储存功能。储存功能是物流的基本功能之一。储存是指保护、管理、储藏物品，具有时间调整和价格调整的功能。它的重要设施是仓库，是在商品入库信息的基础上进行在库管理。

储存加工功能包括堆放、保管、保养、维护等活动。专业物流中心需要配备高效率的分拣、传送、储存和挑拣设备。

（5）流通加工功能。流通加工功能是在从生产地到使用地的过程中，对根据需要施加于物品的包装、分割、计量、分拣、刷标志、系标签、组装等简单作业的总称。

（6）配送功能。配送功能是以配货、送货、发货等形式最终完成社会物流，并最终实现资源配置的活动。配送作为一种现代流通方式，在电子商务物流中的作用非常突出。

步骤二　掌握电子商务物流的作业流程

1. 电子商务物流的含义

电子商务物流是电子商务环境下的现代物流，是指电子化、网络化后的信息流、商流、资金流下的物资或服务的配送活动，包括无形商品的网络传送和有形商品的物理传送。它包括一系列机械化、自动化工具的应用，利用准确及时的物流信息对物流过程进行监控，使得电子商务中物流的速度加快、准确率提高，从而有效减少库存，缩短生产周期，提高工作效率，使电子商务的发展突破瓶颈，踏上坦途。

2. 电子商务物流的作业流程

电子商务物流的作业流程与传统的物流作业流程在本质上没有区别，所不同的是电子商务物流流程的运作是基于网络信息技术而展开的。

（1）电子商务物流的一般过程。电子商务物流的一般过程包括了基本的物流活动，一般有订购（采购）、运输、储存、装卸搬运、流通加工、包装和配送等基本环节，特别是这些基本环节都是建立在物流信息管理系统之上的。电子商务物流的一般过程，如图 1-5 所示。

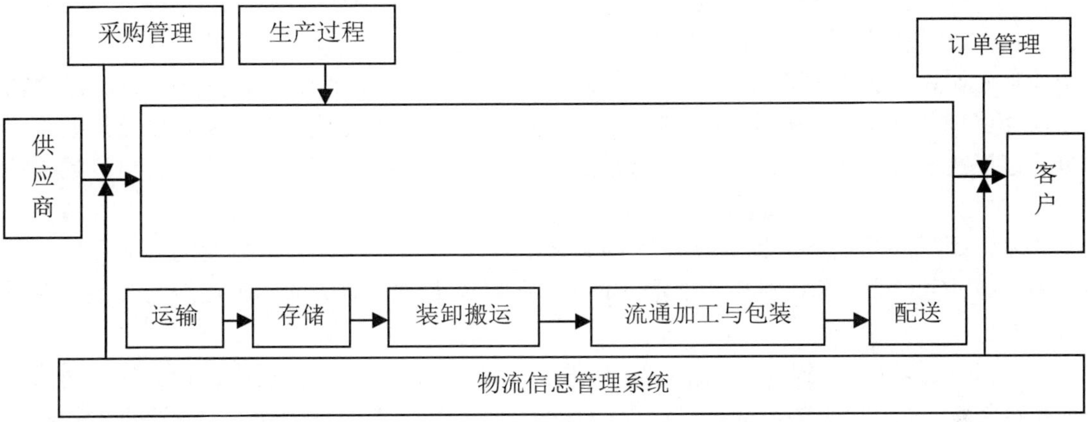

图 1-5　电子商务物流的一般过程

（2）电子商务物流作业流程。电子商务物流作业流程是信息技术在传统物流领域中的应用。电子商务物流的基本业务流程会因电子商务企业性质的不同而有所差异。例如，制造型企业的业务过程可能起始于客户订单，中间可能包括与生产准备和生产过程相关的物流环节，同时包括从产品入库直至产品送达客户的全部物流过程；而销售型企业的物流过程就不包括生产过程物流的提供，但其商品组织与供应物流和销售物流的功能则极为完善；对于单纯的物流企业而言，由于它充当着为电子商务企业提供第三方物流服务的角色，它的功能和业务过程更接近传统意义上的物流或配送中心。虽然各种类型的电子商务企业的物流组织过程有所差异，但电子商务的物流作业流程同普通商务一样，目的都是将用户所订货物送到用户手中。电子商务物流的基本作业流程，如图 1-6 所示。

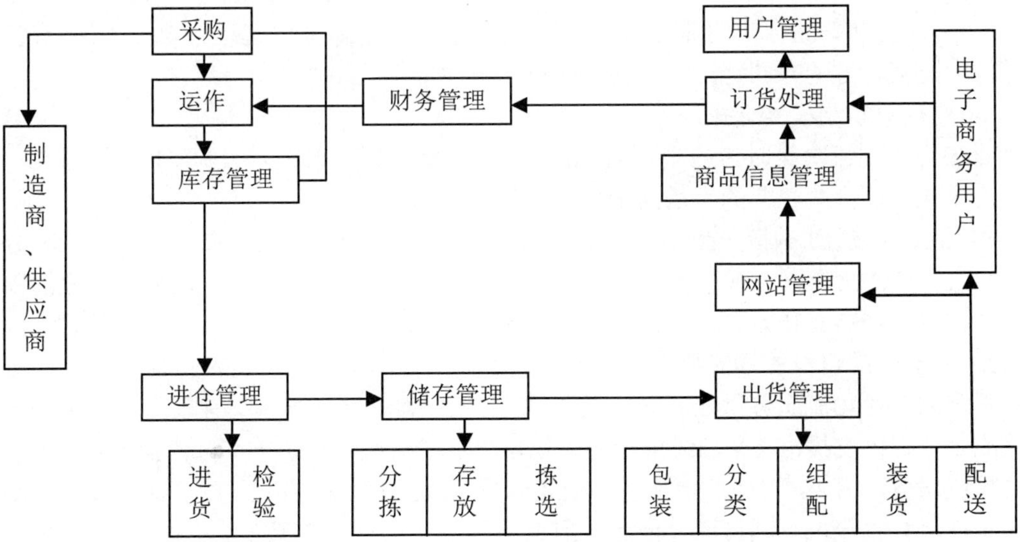

图 1-6　电子商务物流作业流程

步骤三　理解电子商务物流模式

1. 电子商务物流模式

物流模式是指企业为得到所需要的物流功能而进行物流体系的组建所选择的模式。电子商务物流模式主要有3种：自营物流模式、第三方物流模式和战略联盟模式。

（1）自营物流模式。物流服务是企业核心竞争力所在，从我国企业的具体情况来看，不少企业在全国范围内经营多年，都已建立起自己的分销渠道，有的企业自身拥有良好的物流网络与相当现代化的物流技术和管理经验。随着网络经济的发展，这些企业在经营电子商务时可通过不断整合自身资源、吸收外界资源、搞好自身物流网络建设，形成适合自己的物流配送体系。

海尔集团成立的电子商务有限公司，投资 1 亿多元人民币，依靠雄厚的财力和以前形成的营销网络，建立了一套相对完善的配送体系，在完成为海尔服务的同时还能为其他企业提供配送服务。

（2）第三方物流模式。近几年，电子商务的高速发展带动了快递物流行业的快速成长，相关数据显示，90%以上的电商在产品配送上都选择与第三方物流公司合作。第三方物流是独立于供（第一方）需（第二方）双方，为客户提供专项或全面的物流系统设计以及系统运营的物流服务模式。第三方物流的主要作用有以下几点：

1）提高企业竞争力。企业能够实现资源优化配置，将有限的人力、技术等资源集中于核心业务，进行重点研究，努力开发出新产品参与市场竞争。

2）减少库存。企业原料的库存时间不能无限拉长，尤其是高价值的部件要及时送往装配点以保证库存量的最小。第三方物流提供者借助精心策划的物流计划和适时运送手段，可最大限度地调配库存，改善企业的现金流。

3）降低成本，提高效率。第三方物流不仅可以提供更专业的服务，还可以实现规模经济所带来的低成本和高效率。

（3）战略联盟模式。战略联盟模式是电子商务企业与第三方物流企业，由业务伙伴关系向战略伙伴关系转换的模式。电子商务企业要想取得稳定、快速的发展，必须把同第三方配送企业的关系，从目前普遍存在的业务关系转变成战略伙伴关系，建立起适合自己的供应链渠道，并通过供应链上各方的共同努力，增强供应链的竞争能力。

2. 影响企业物流模式选择的因素

企业在进行物流决策时，应根据自己的需要和资源条件，综合考虑以下主要因素，慎重选择物流模式，以提高企业的市场竞争力。

（1）企业对物流控制力的要求。市场竞争越激烈的行业，企业越要强化对供应和分销渠道的控制，此时企业应该自营物流。一般来说，最终产品制造商对渠道或供应链过程的控制力比较强，往往选择自营物流，即作为龙头企业来组织全过程物流活动，制定物流服务标准。

（2）企业产品自身的物流特点。对于大宗工业品原料的回运或鲜活产品的分销，则应利用相对固定的专业物流服务供应商和短渠道物流；对全球市场的分销，宜采用地区性的专业第三方物流企业提供支援；对产品线单一的企业，则应在龙头企业统一下自营物流；对于技术性较强的物流服务，例如，口岸物流服务，企业应采用委托代理的方式；对非标准设备的制造商来说，企业自营物流虽有利可图，但还是应该交给专业第三方物流企业去做。

（3）企业的规模和实力。一般来说，大中型企业由于实力较雄厚，通常有能力建立自己的物流系统，制定合适的物流需求计划，保证物流服务的质量。另外，还可以利用过剩的物流网络资源拓展外部业务。而中小企业则受人员、资金和管理资源的限制，物流管理效率难以提高，此时，企业为把资源用于主要的核心业务上，就应该把物流管理交给第三方专业物流公司。

（4）物流系统总成本。在选择是自营还是物流外包时，必须弄清两种模式物流系统总成本的情况。因为成本之间存在着二律背反现象，例如，减少仓库数量时，可降低仓储费用，但会带来运输距离和次数的增加而导致运输费用增加；另外，如果运输费用的增加部分超过了仓储费用的减少部分，总的物流成本反而增大。所以，在选择和设计物流系统时，要对物流系统的总成本加以论证，最后选择成本最小的物流系统。

（5）外包物流的客户服务能力。在选择物流模式时，考虑物流成本虽然很重要，但外包物流为本企业及企业客户提供服务的能力是选择物流服务所应重点考虑的。如果企业选定为自营物流后，在选择具体的自营物流方式上，主要还要看企业是否将物流业务作为企业利润增长点，以及该选择是否符合企业总战略。

触类旁通

农村电商起航仍需时间

2015年4月初，京东集团高层赴河北农村调研农村电商市场，对媒体表示“2015年是农村电商的启蒙之年”，并同时提出了包括工业品进农村、农村金融和生鲜电商在内的“3F”农村电商战略。而在2015年年初，阿里巴巴集团有高管同样对外表示“农村、国际化、大数据将是未来阿里巴巴下一阶段的三个主要方向”。一时间农村电商的相关问题开始频繁登陆各大媒体，并引起了各地政府的高度关注。从目前的实际情况来看，农村电商的市场前景固然巨大，将农村电商作为未来发展重点也完全合理，但距离其蓬勃发展仍需一些时间。

从农村电商产业中不同角色所处的角度来看，2015年大力发展农村电商势在必行的措施如下：电商方面，当前三线以上城市的电商渗透率已经逐渐接近顶峰、市场格局也已基本定型，于是开拓新的市场就成了各电商企业寻求持续增长的迫切需求。各地农村政府方面，农村电商可以有效促进经济增长、创造更多就业机会、扩大农产品销路、促进税收，几乎有百利而无一害，各地政府必将大力支持。而对于农村居民而言，作为购买者，农村居民可以便捷地购买到高品质且低价的商品；作为销售者，他们可以将自家的农产品通过网络销往全国各地而不必再为销售渠道发愁。因此从农村电商各方参与者的意愿来说，农村电商的发展是必要且迫切的需求，是亟待填补的市场空白。

然而，仅有迫切的需求并不足以造就商业上的成功，因为在农村电商的发展过程中有很多问题需要通过长期的投入与用户习惯的培养才能解决。

第一，网络基础建设的完善程度与农村网民规模的限制。根据国家统计局公布的数据，2014年中国城镇化率已经达到54.7%，但比较CNNIC2014年底发布的《35次中国互联网络发展状况统计报告》中的数据，互联网用户中72.5%都来自城市，乡村用户比例仅有27.5%，可见农村网民比例远未达到应有水平。这主要是因为部分经济不发达地区的网络基础设施建设、农村人口收入水平还较低，而要解决这一问题，需要相当长时间的经济发展和网络基础设施的完善。

第二，农村人口的互联网接受能力。由于农村受教育程度较高的中青年外出务工人员较多，造成很多地区农村人口年龄分布两极化且受教育水平偏低，这导致当前在农村生活的居民对于互联网接受能力较差。虽然智能设备的迅速发展在一定程度上降低了使用者的门槛，但实际上还未能有效地对农村人口的互联网接受意愿产生帮助。

第三，仓储和物流问题。这是目前农村电商发展所面临的核心问题，根据腾讯发布的一组农村电商用户调查数据显示，农村用户对“物流不能送上门”的不满比例高达 17.6%，而城市用户的不满比例只有 6.5%。上述三个主要问题中也只有这一问题最容易通过资本注入的方式解决。2014 年 10 月 13 日，阿里巴巴集团在中国浙江县域电子商务峰会上描绘了其农业电商蓝图，宣布启动“千县万村”计划，在 3～5 年内投资 100 亿元，建立 1000 个县级运营中心和 10 万个村级服务站。京东也表示截至 2015 年 4 月上旬，京东自营的县级服务中心超过百家，服务范围覆盖了 100 多县市的一万多个村庄，相信这些投入将对未来农村电商产业的发展提供非常重要的帮助。

未来，农村电商领域必将成为各电商巨头的战略要地，但要克服其发展过程中所面临的各种问题，则仍需较长的时间及各方的共同努力。

案例 1-2 盒马鲜生：“超市+餐饮+电商+物流”新零售模式

2016 年阿里云栖大会上，马云在演讲中首次提出了新零售，此后就新零售进行了一系列布局，其中，最为瞩目的当属盒马鲜生（图 1-7）。

图 1-7 盒马鲜生

目前盒马鲜生在全国 10 多个城市开设了 30 多家门店，形成了“超市+餐饮+电商+物流”的新模式，颠覆了传统零售行业“人、货、物”的模式，是互联网思维对传统行业的重大冲击。盒马鲜生也作为“新零售”具象化的典范逐渐进入了大众的视野，悄然地改变着大众的消费习惯和生活方式。

新零售之中的“新”主要体现在以下三个方面：

一、将消费者的消费体验放在首位

1. 在采购方面坚持“原产地直采+本地化直采”的策略

为了做到真正的“优质低价”，一方面，盒马鲜生选择最优质的货源，从原产地直接采购，经过多道工序的质检，确保商品符合相关的国家和行业标准，最大限度地减少低质商品对消费者人身和财产的损害。

由于生鲜食品对保鲜要求较高，本地化直采保证了商品能够迅速及时地到达盒马鲜生门店，在新鲜的时候供消费者挑选和购买。盒马鲜生对于自营的“日日鲜”产品采取“当天销售，关店下架，次日换新”的原则，细致周到地照顾了消费者的购物体验。

另一方面，原地直采省略了诸多中间环节，避免了中间商赚取差价，进一步降低了消费者的购物成本，为消费者带来了实惠。

2. 在配送方面坚持“门店附近3公里范围内，30分钟送货上门”的原则

消费者在盒马鲜生APP上购物，订单完成后，盒马鲜生的后仓能在10分钟之内完成选货、分拣、流转、包装等一系列流程；后仓等候的配送员接到货物后，实现了门店附近3公里范围内，30分钟送货上门，高效快捷的配送服务节省了消费者等候的时间成本，也赢得了消费者的信任。

3. 购物结合餐饮：1+1>2的突破

一方面，烹饪材料源自超市的盒马鲜生，把初级生鲜产品进行烹饪加工，为消费者试吃尝鲜提供了平台。同时也是对自家生鲜产品的变相宣传，消除了购物过程中的关于“味道”的信息不对称，为消费者作出正确的决策提供了重要依据。

另一方面，消费者在超市进行购物，时间一久，会产生疲惫感和饥饿感，进而想要休息或就餐，而餐饮场所恰好满足了这个需求。反过来，前来就餐的顾客很可能会顺便在超市购物，这是个双向促进、互利共赢的正向反馈过程。

二、以数据为驱动，购物流程智能化

1. 大数据下的精准营销

线上APP和线下门店结算绑定支付宝，自动生成会员，记录用户的购买行为和偏好，形成购物数据闭环。进而利用大数据分析，描绘用户画像，根据年龄、性别、收入、购物偏好等不同维度进行个性化推送，把消费者最需要的商品在最合适的时间以最人性化的方式进行展现，精确触达目标群体，提高转化效果，成为消费者的生活小帮手。

2. 购物更加智能化

盒马鲜生门店实现了全链路智能化，到店、拣货、打包、上架、配送等流程都可以通过智能设备进行识别，降低了错误率，提高了效率。

工作人员根据PDA显示的订单信息捡货，利用传送链高效传递货物，及时调货补货；结算中心设有终端自助结算机，消费者可以扫描商品的电子条码，完成结算流程，减少了排队等候的时间，方便快捷。

三、线上线下相结合的消费方式

传统零售模式中消费者是线下挑选，线下配送（自带）；网购模式中消费者是线上挑选，线上下单，物流配送。

在以盒马鲜生为代表的新零售模式下消费者可以进行4种任意组合：

（1）线下挑选，线下结算：消费者直接在门店挑选，完成购物后直接带走，接近于传统的零售。

（2）线下挑选，线上结算，配送到家：消费者在门店挑选商品，直接扫描二维码，在盒马鲜生APP下单购买，门店接到订单后会安排后续的配送服务。

（3）线上挑选，线上结算，配送到家：消费者下载、安装盒马鲜生APP后，登录商品展示页面，挑选自己心仪的商品，完成下单结算，由附近门店备货并配送到家，接近于线上的淘宝等网购平台。

（4）线上挑选，门店自提：消费者在盒马鲜生APP完成选品过程，自己去附近的门店验货，满意后线下直接提货结算，此时线上相当于一个商品展示和导购平台，线下完成查验，一定程度上解决了网购常见的退货率问题。

盒马鲜生作为阿里发力新零售的前哨，突破了线上和线下的界限，通过不断地分析用户

行为数据，优化购物体验，为用户提供了一站式的消费方式。

截至目前，盒马鲜生线下门店还在持续扩张，上海门店已实现了单店盈利，新零售的未来一片光明。

（本案例来源：搜狐 http://www.sohu.com/a/238148672_99947052）

请思考：你从这个案例中得到了哪些启示？

任务 3　熟悉现代物流技术

任务要点

- 关键词：条码技术、射频识别技术、全球定位系统、地理信息系统
- 理论要点：现代物流技术的相关知识
- 实践要点：识别电子商务物流过程中运用的主要技术手段

任务情境

目前，现代物流技术已经广泛存在于人们的生活中。在商场，每件商品都有各自的条码，收银台能快速地计算出应收款总额，同时，商场每时每刻都可以知道存货，不用停业盘点。汽车通过收费站，再也不用停车交费，系统在车辆运动的过程中，已经将信息传递到了信息中心，直接从银行系统扣除通行费。小强希望通过学习这门课，能够更加全面地认识现代物流技术。

任务分析

一般认为，物流技术包括两个方面，即物流硬技术和物流软技术。本任务介绍现代物流硬技术，包括条码技术、射频识别技术、全球定位系统、地理信息系统。

任务实施

步骤一　熟悉条码技术

根据电子商务物流的功能以及特点，在电子商务物流中使用的信息技术主要有条码技术、射频识别技术、传感技术、地理信息系统、全球卫星定位系统、网络技术、EDI、数据库技术、POS 系统等。电子商务物流信息系统往往以多种技术为基础，实现对物流信息的智能化识别、定位、跟踪、传递、监控和管理。

条码（Bar Code）是将宽度不等的多个黑条和空白，按照一定的编码规则排列，用以表达一组信息的图形标识符。常见的条码是由反射率相差很大的黑条（简称条）和白条（简称空）排成的平行线图案。条码可以标出物品的生产国、制造厂家、商品名称、生产日期、图书分类号、邮件起止地点、类别、日期等许多信息。例如，商品条码中的前缀码 69 代表中国，471 代表中国台湾，489 代表中国香港。

1. 条码的识别原理

要将按照一定规则编译出来的条码转换成有意义的信息，需要经历扫描和译码两个过程。物体的颜色是由其反射光的类型决定的，白色物体能反射各种波长的可见光，黑色物体则吸收各种波长的可见光，所以当条码扫描器光源发出的光在条码上反射后，反射光照射到条码扫描

器内部的光电转换器上，光电转换器根据强弱不同的反射光信号，转换成相应的电信号。根据原理的差异，扫描仪可以分为光笔、CCD、激光、影像 4 种。电信号输出到条码扫描仪的放大电路增强信号之后，再送到整形电路将模拟信号转换成数字信号。由于白条、黑条的宽度不同，相应的电信号持续时间长短也不同。然后译码器通过测量脉冲数字电信号 0、1 的数目来判别条和空的数目，通过测量 0、1 信号持续的时间来判别条和空的宽度。此时所得到的数据仍然是杂乱无章的，要知道条码所包含的信息，则需要根据对应的编码规则（例如，EAN-8 码），将条形符号换成相应的数字、字符信息。最后，由计算机系统进行数据处理与管理，物品的详细信息便被识别了。

2. 条码的扫描

条码的扫描需要扫描仪，条码扫描仪如图 1-8 所示。扫描仪利用自身光源照射条码，再利用光电转换器接受反射的光线，将反射光线的明暗转换成数字信号，扫描中的条码如图 1-9 所示。不论是采取何种规则印制的条码，都由静区、起始字符、数据字符和终止字符组成。有些条码在数据字符和终止字符之间还有校验字符。

图 1-8　条码扫描仪

图 1-9　扫描中的条码

主要条码扫描仪介绍如下：

（1）光笔，最原始的扫描方式，需要手动移动光笔，并且要与条码接触。

（2）CCD，以 CCD 作为光电转换器，LED 作为发光光源的扫描仪。在一定范围内，可以实现自动扫描。并且可以阅读各种材料、不平表面上的条码，成本也较为低廉。但与激光式相比，扫描距离较短。

（3）激光，以激光作为发光源的扫描仪。

（4）影像扫描仪，以光源拍照利用自带硬解码板解码，通常影像扫描可以同时扫描一维及二维条码，例如，Honeywell 引擎。

3. 条码的优点

条码是迄今为止最经济、实用的一种自动识别技术。条码技术具有以下几个方面的优点。

（1）输入速度快。与键盘输入相比，条码输入的速度是键盘输入的 5 倍，并且能实现“即时数据输入”。

（2）可靠性高。键盘输入数据出错率为三百分之一，利用光学字符识别技术出错率为万分之一，而采用条码技术误码率低于百万分之一。

（3）采集信息量大。传统的一维条码一次可采集几十位字符的信息，如图 1-10 所示。二维条码可以携带数千个字符的信息，并有一定的自动纠错能力，如图 1-11 所示。

(01)95012345678903(3102)000400

图 1-10 一维条码

图 1-11 二维条码

（4）灵活实用。条码标识既可以作为一种识别手段单独使用，也可以和有关识别设备组成一个系统实现自动化识别，还可以和其他控制设备连接起来实现自动化管理。

（5）设备简单、成本低。条码符号、标签的制作容易，对印刷设备和材料无特殊要求。

扫描识读设备结构简单，操作简便，几乎不需要进行专门的训练。与其他信息录入和自动识别技术相比，条码系统的构建、使用和升级所需的费用比较低。

4. 条码技术在物流中的应用

（1）POS（Point of Sales，销售信息系统）。在商品上贴上条码就能快速、准确地利用计算机进行销售和配送管理。其过程为：对销售商品进行结算时，通过扫描仪读取信息并将信息输入计算机，然后输入收款机，收款后开出收据，同时通过计算机处理，掌握进、销、存的数据。

（2）库存系统。在库存物资上应用条码技术，尤其是规格包装、集装、托盘货物上，入库时自动扫描并输入计算机，由计算机处理后形成库存的信息，并输出入库区位、货架、货位的指令，出库程序则和 POS 系统条码应用一样。

（3）分货拣选系统。在配送和仓库出货时，采用分货、拣选方式，需要快速处理大量的货物，利用条码技术便可自动进行分货拣选，并实现有关的管理。其过程如下：一个配送中心接到若干个配送订货要求，将若干订货信息汇总，每一品种汇总成批后，按批发出所在条码的拣货标签，拣货人员到库中将标签贴于每件商品上并取出用自动分拣机分货，分货机始端的扫描仪对处于运动状态分货机上的货物进行扫描，一方面确认所拣出货物是否正确，另一方面识读条码上的用户标记，指令商品在确定的分支分流，到达各用户的配送货位，完成分货拣选作业。

步骤二　熟悉射频识别技术

RFID（Radio Frequency Identification，射频识别）是一种无线通信技术，可以通过无线电讯号识别特定目标并读写相关数据，而无需识别系统与特定目标之间建立机械或者光接触。

无线电的信号是通过调成无线电频率的电磁场，把数据从附着在物品上的标签上传送出去，以自动辨识与追踪该物品。某些标签在识别时从识别器发出的电磁场中就可以得到能量，并不需要电池；也有的标签本身拥有电源，并可以主动发出无线电波（调成无线电频率的电磁场）。标签包含了电子存储的信息，数米之内都可以识别。与条码不同的是，射频标签不需要处在识别器视线之内，也可以嵌入被追踪物体之内，如图1-12所示。

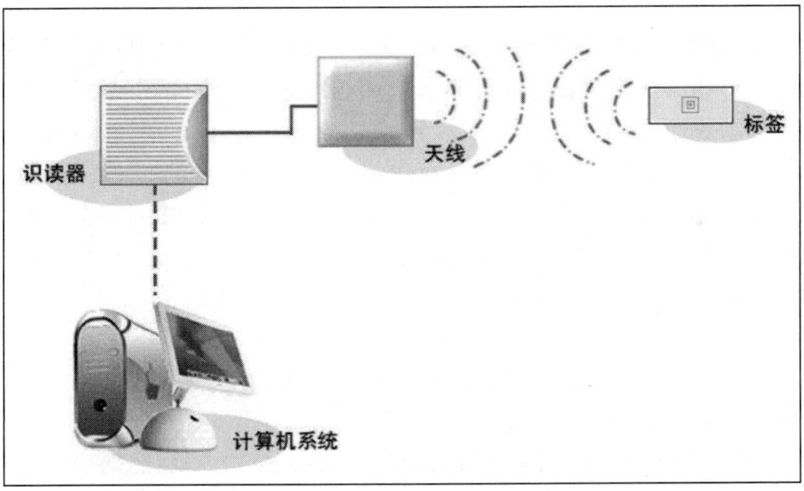

图1-12　射频识别技术

许多行业都运用了射频识别技术。将标签附着在一辆正在生产中的汽车，可以追踪此车在生产线上的进度。仓库可以追踪商品的所在。射频识别的身份识别卡可以使员工得以进入锁住的建筑部分，汽车上的射频应答器也可以用来交收费路段与停车场的费用。

1. 射频识别系统的组成

自2004年起，全球范围内掀起了一场无线射频识别技术的热潮，包括沃尔玛、宝洁、波音公司在内的商业巨头无不积极推动RFID在制造、物流、零售、交通等领域的应用。RFID技术及其应用正处于迅速上升的时期，被业界公认为是本世纪最具潜力的技术之一，它的发展和应用推广将是自动识别行业的一场技术革命。RFID在交通物流行业的应用更是为通信技术提供了一个崭新的舞台，其将成为未来电信业有潜力的利润增长点之一。射频识别系统在具体的应用过程中，根据不同的应用目的和应用环境，其组成会有所不同，但从射频识别系统的工作原理来看，其一般由信号发射机、信号接收机、发射接收天线等部分组成。

（1）信号发射机。在射频识别系统中，信号发射机为了达到不同的应用目的，会以不同的形式存在，典型的形式是标签。它由耦合元件及芯片组成，每个标签具有唯一的电子编码，附着在物体上标识目标对象。电子标签按工作方式分为无源（不带电池供电）和有源两种。无源电子标签工作的能量是由读写器发出的射频脉冲提供的。电子标签按读写方式可以分为只读标签与可读可写标签。只读标签的信息可以在标签制造过程中由制造商写入，也可以在标签开始使用时由使用者根据特定的应用目的写入。只读标签是一次写入，多次读出。可读可写标签可以实现对原有数据的擦除以及数据的重新写入。条码技术中标准码制的号码或者混合编码都可以存储在标签中。

（2）信号接收机。在射频识别系统中，信号接收机由于完成功能的不同，读写器的复杂程度是明显不同的。读写器是读取或写入电子标签信息的设备，可设计为手持式或固定式两种。

（3）发射接收天线。发射接收天线是标签与读写器之间传输数据的发射、接收装置。发射接收天线在标签和读写器间传递射频信号。在实际应用中，除了系统功率，发射接收天线的形状和相对位置也会影响数据的发射和接收，所以需要专业人员对系统的发射接收天线进行设计、安装。

2. 射频识别系统的特点

射频卡的几个主要模块被集成到一块芯片中，完成与读写器的通信。芯片上有内存的部分用来储存识别号码或其他数据，芯片外围仅需要连接天线。卡的封装有不同的形式，如常见的信用卡形式及小圆片形式等。和条码、磁卡、IC 卡等早期的识别技术相比，射频卡具有非接触、工作距离长、能适应恶劣环境、可识别运动目标等优点，因此其在进行识别工作时无需人工干预、适于实现自动化且不易损坏、可识别高速运动的物体并可同时识别多个目标，操作快捷方便。射频卡可在油脂、灰尘污染等环境中使用，短距离的射频卡可以在这样的环境中替代条码，长距离的射频卡多用于交通领域，其识别距离可达到几十米。

3. 射频识别系统的分类

根据功能的不同，可以粗略地把 RFID 系统分成四种类型：EAS 系统、便携式数据采集系统、物流控制系统、定位系统。

（1）EAS 系统。EAS［Electronic Article Surveillance，电子商品防窃（盗）］是一种设置在需要控制物品出入地方的 RFID 技术。这种技术的典型应用场合是商店、图书馆、数据中心等地方，当未被授权的人从这些地方非法取走物品时，EAS 系统会发出警告。典型的 EAS 系统一般由三部分组成：①附着在商品上的电子标签、电子传感器；②电子标签灭活装置，以便授权商品能正常出入；③监视器，在出口造成一定区域的监视空间。EAS 系统的工作原理是：在监视区，发射器以一定的频率向接收器发射信号（发射器与接收器一般安装在零售店、图书馆的出入口，形成一定的监视空间）；当具有特殊特征的标签进入该区域时，会对发射器发出的信号产生干扰，这种干扰信号也会被接收器接收，再经过微处理器的分析判断，就会控制警报器的鸣响。根据发射器所发出的信号不同以及标签对信号干扰的原理不同，EAS 可以分成多种类型。

（2）便携式数据采集系统。便携式数据采集系统是使用带有 RFID 读写器的手持式数据采集器采集 RFID 标签上的数据。

这种系统具有比较大的灵活性，适用于不宜安装固定式 RFID 系统的应用环境。手持式读写器（数据输入终端）可以在读取数据的同时，通过无线电波数据传输方式（RFDC）实时地向主计算机系统传输数据，也可以暂时将数据存储在读写器中，再一批一批地向主计算机系统传输数据。

（3）物流控制系统。在物流控制系统中，固定布置的 RFID 读写器分散布置在既定的区域，并且读写器直接与数据管理信息系统相连。信号发射机是移动的，一般安装在移动的物体或人上面。当物体或人经过读写器时，读写器会自动扫描标签上的信息并把数据信息输入数据管理信息系统进行存储、分析、处理，从而达到控制物流的目的。

（4）定位系统。定位系统用于自动化加工系统中的定位，以及对车辆、轮船等进行运行定位支持。读写器放置在移动的车辆、轮船上或自动化流水线中移动的物料、半成品、成品上，信号发射机嵌入操作环境的地表下面。信号发射机上存储有位置识别信息，读写器一般通过无线的方式或有线的方式连接到主信息管理系统。

步骤三 熟悉全球定位系统和地理信息系统

1. 全球定位系统（GPS）

GPS（Global Positioning System，全球定位系统）结合了卫星及无线技术，具备全天候、全球覆盖、高精度的特征，能够实时、全天候地为全球范围内陆地上、海上、空中的各类目标提供持续的三维定位及精确的时间信息。

（1）GPS 概述。GPS 是美国从 20 世纪 70 年代开始研制，历时 20 年，耗资 200 亿美元，于 1994 年全面建成，具有在海陆空进行全方位实时三维导航与定位能力的新一代卫星导航与定位系统。我国测绘等部门经近十年的使用表明，GPS 以全天候、高精度、自动化和高效率等显著特点，赢得了广大测绘工作者的信赖，并成功地被应用于大地测量、工程测量、航空摄像测量、运载工具导航和管制、地壳运动监测、工程变形监测、资源勘查、地球动力学等方面，从而给测绘领域带来了一场深刻的技术革命。

（2）GPS 的应用。

1）车辆监管系统。车辆监管系统是将全球定位技术、地理信息系统以及通信技术综合运用而形成的一套高科技系统。利用这一监管系统，安装有 GPS 接收器的移动目标的位置时间状态等信息，就可以实时传送到监管中心，然后可以在具有地理信息显示和查询功能的电子地图上显示出移动目标的运动轨迹，从而实现对移动目标的监控和调度。

2）智能车辆导航设备。智能导航设备安装在车辆上后，以电子地图为监控平台，通过 GPS 接收器实时获得车辆的位置信息，并在电子地图上实时显示车辆的行驶轨迹。有些导航设备还具有语音提示功能。使用这种导航设备，司机无论对行驶线路是否熟悉都可以在提示下顺利到达目的地。

3）货物跟踪管理。货物跟踪是指企业利用现代信息技术及时获取有关货物运输状态的信息，如货物品种、数量、在途状况、交货期限、始发地、目的地、货主信息以及运送车辆和人员等。

（3）GPS 的物流功能。

1）实时监控功能。GPS 可在任意时刻通过发出指令查询运输工具所在的地理位置并在电子地图上直观地显示出来。

2）双向通信功能。利用 GPS 的通信功能，人们可以使用 GSM 的语音功能与驾驶员进行通话或使用安装在运输工具上的移动设备的液晶显示终端进行文字消息的收发与对话。

3）动态调度功能。调度人员能在任意时刻通过调度中心发出文字调度指令，并得到确认信息。以此可进行运输工具待命计划管理，操作人员通过在途信息的反馈，可在运输工具未返回车队前就做好待命计划，提前下达运输任务，减少等待时间，加快运输工具的周转速度。

4）数据存储、分析功能。GPS 可实现路线规划及路线优化，事先规划车辆的运行路线、运行区域，判断车辆何时应到达扫描地方等，并将该信息记录在数据库中，以备以后查询、分析和使用。

GPS 还可以进行可靠性分析，通过汇报运输工具的运行状态，使人们了解运输工具是否需要较大的修理，以便预先做好修理计划。GPS 可以计算运输工具的平均每天差错时间，动态衡量该型号车辆的性能价格比。

2. 地理信息系统（GIS）

（1）GIS 的概念。GIS（Geographic Information System，地理信息系统）处理、管理的对象是多种地理空间实体数据及其关系，包括空间定位数据、图形数据、遥感图像数据、属性数据等，其用于分析和处理在一定地理区域内分布的各种现象和过程，以解决复杂的规划、决策和管理问题。

通过上述分析和定义可给出 GIS 的基本概念：

1）GIS 的物理外壳是计算机化的技术系统，它由若干个相互关联的子系统构成，如数据采集子系统、数据管理子系统、数据处理和分析子系统、图像处理子系统、数据产品输出子系统等。这些子系统性能的优劣及其结构的不同直接影响着 GIS 的硬件平台、功能、效率、数据处理的方式和产品输出的类型。

2）GIS 的操作对象是空间数据和属性数据，即点、线、面、体这类有三维要素的地理实体。空间数据最根本特点是每一个数据都按统一的地理坐标进行编码，实现对其定位、定性和定量的描述，这是 GIS 区别于其他类型信息系统的根本标识，也是其技术难点所在。

3）GIS 的技术优势在于它的数据综合、模拟与分析评价能力，可以得到用常规方法或普通信息系统难以得到的重要信息，实现地理空间过程演化的模拟和预测。

4）GIS 与测绘学和地理学有着密切的关系。大地测量、工程测量、矿山测量、地籍测量、航空摄影测量和遥感技术，为 GIS 中的空间实体提供不同比例尺和精度的定位数；电子速测仪、GPS 全球定位技术、解析或数字摄影测量工作站、遥感图像处理系统等现代测绘技术的使用，使人们可以直接、快速和自动地获取空间目标的数字信息产品，为 GIS 提供丰富和实时的信息源，并促使 GIS 向更高层次发展。地理学是 GIS 的理论依托。

（2）GIS 的组成。GIS 由硬件、软件、数据、人员和方法五部分组成。

1）硬件。硬件主要包括计算机设备，网络设备，存储设备，数据输入、显示和输出的外围设备等。

2）软件。软件主要包括操作系统软件、数据库管理软件、系统开发软件、GIS 软件等。

3）数据。数据是 GIS 的重要内容，也是 GIS 系统的灵魂和生命。

4）人员。人员是 GIS 系统的能动部分。人员的技术水平和组织管理能力是决定系统建设成败的重要因素。

5）方法。方法是指系统需要采用何种技术路线、何种解决方案来实现系统目标。各个部分齐心协力、分工协作是 GIS 系统成功建设的重要保证。

（3）GIS 的基本功能。

1）输入。数据的采集与编辑主要用于获取数据，保证 GIS 数据库中的数据在内容与空间上的完整性。

2）数据转换与处理。其目的是保证数据入库时在内容上的完整性和在逻辑上的一致性。其方法主要有数据编辑与处理、错误修正；数据格式转化，包括矢量、栅格转化，不同数据格式的转化；数据比例转化，包括平移、旋转、比例转换、纠正等；投影变换，主要是投影方式变换；数据概化，主要是平滑、特征集结；数据重构，主要是几何形态变换（拼接、截取、压缩、结构）；地理编码，主要根据拓扑结构进行编码。

3）数据管理。对于小型 GIS 项目，把地理信息存储成简单的文件就足够了。但是，当数据量很大而且数据用户很多时，最好使用一个数据库管理系统来帮助 GIS 存储、组织和管理数据。

4）查询分析。GIS 提供简单的单击查询功能和复杂的分析工具，为管理者提供及时、直观的信息。

5）可视化。对于许多类型的地理操作，其最终结果能以地图或图形来显示。

（4）GIS 技术在物流系统中的应用。GIS 在物流系统中的应用主要集中于物流分析，主要是利用强大的地理数据功能来完善物流分析技术。一个完整的 GIS 物流分析软件通常集成了车辆路线模型、最短路径模型、网络物流模型、分配集合模型和设施定位模型等。车辆路线模型用于解决在一个起始点、多个终点的货物运输中，如何降低物流作业的费用并保证服务质量的问题，包括决定使用多少辆车和每辆车的路线等。最短路径模型用于寻求最有效的货物分配路径，也就是物流网点布局。例如，需要将货物从 N 个仓库运往 M 个商店，而它们的需求量固定，因此需要研究由哪个仓库提货送往哪个商店的运输成本最小。网络物流模型可以用于解决诸如寻求最有效的分配货物路径或提供服务路径问题，即物流分析中的具有战略意义的网点布局问题。

分配集合模型可以根据各个要素的相似点把同一层上的所有或部分要素分为几个组，用以确定服务范围和销售市场范围。例如，某一公司要设立 X 个分销点，要求这些分销点覆盖某一地区，而且要使每个分销点的顾客数目大致相等。

设施定位模型用于确定一个或多个设施的位置。在物流系统中，仓库和运输线共同组成了物流网络，仓库位于网络的节点上，节点决定着路线。根据供求的实际需要并结合经济效益等原则，在既定区域内设立多少个仓库、每个仓库的位置、每个仓库的规模以及仓库之间的物流关系等，均能运用此模型得以解决。我国应用于物流分析和物流研究中的 GIS 迄今为止还处于发展阶段。

触类旁通

物流硬技术和物流软技术

一般认为，物流技术包括两个方面，即物流硬技术和物流软技术。物流硬技术是指物流设施、装备和技术手段。传统的物流硬技术主要是指材料（集装、包装材料等）、机械（运输机械、装卸机械、包装机械等）、设施（仓库、车站、码头、机场等）。典型的现代物流技术手段和装备（或者叫现代物流技术）包括计算机、互联网、信息数据库技术、条码技术、语音技术，同时还有电子数据交换（Electronic Data Interchange，EDI）、射频识别（Radio Frequency Identification，RFID）、全球卫星定位系统（Global Positioning System，GPS）、地理信息系统（Geographical Information System，GIS）、自动数据采集（Automated Data Collection，ADC）、电子订货系统（Electronic Ordering System，EOS）、增值网（Value Added Network，VAN）、电子货币转账（Electronic Found Transfer，EFI）、自动存取系统（Automated Storage and Retrieval

System，AS/RS）、手持终端（Handy Terminal，HT）、集成电路卡（Integrated Circuit Card，简称 IC 卡）等。

物流软技术（或者叫物流技术应用方案）是指为组织实现高效率的物流所需要的计划、分析、评价等方面的技术和管理方法等。典型的物流软技术应用方案包括运输或配送中的路线规划技术、库存控制技术、物流过程中的可视化技术，以及供应商管理库存技术（Vendor Managed Inventory，VMI）、连续补货计划（Continuous Replenishment Program，CRP）、供应链管理（Supply Chain Management，SCM）、客户关系管理（Customer Relationship Management，CRM）、仓库管理系统（Warehouse Management System，WMS）、快速反应（Quick Response，QR）、及时制（Just In Time，JIT）、ABC 库存分析法、作业成本分析法（Activity Based ，ABC）、直接产品盈利性分析（Direct Product Profitability，DPP）、配送资源计划（Distribution Resource Planning，DRP）、物流流程重组（Logistics Process Reengineering，LPR）、直接转拨（Cross docking）技术等。

案例 1-3 亚马逊：打造超前的智能物流体系

在 2017 年的超级碗上，亚马逊花费超过 150 万美元投放了一则 10 秒长的广告，推介了亚马逊的智能音箱 Echo，以及无人机送货服务 Prime Air。而一系列专利披露显示，这家由在线零售成长起来的科技公司正打算用新技术反哺其零售业务，从物流入手，打造未来无人化的智能快递服务。在其整个无人物流系统设想中，包含了已有的无人化仓库、无人机，同时还有自动驾驶货车，乃至更加“科幻”的空中仓库以及地下传送带。

一、Prime Air 无人机解决快递交付“最后一公里”

2013 年年底，亚马逊 CEO 贝佐斯首次宣布了公司准备推出面向消费者的无人机快递服务 Prime Air（图 1-13），旨在半小时内将重量低于 5 磅的货物用无人机投递到客户家中。物流的“最后一公里”是整个流程中成本最高的一个环节，需要耗费大量的时间与人力，如果能用无人机实现快递无人化交付，无疑能节省不少物流开支，同时也能为消费者提供更多便利。

图 1-13 Prime Air

然而这一等就是三年。直到 2016 年 12 月，亚马逊才正式用 Prime Air 向客户完成了首次交付。但在这三年中，亚马逊并没有闲着，而是不断地迭代着 Prime Air 的无人机产品，提升其续航、最大速度，更改气动外形以获得更高的动力效率，并且请来了计算机视觉团队，为其添加了自动避障的能力。

不过，尽管无人机送货显得高大上，外界的质疑却从未停息过。人们的怀疑主要集中在无人机的续航和安全性能方面，认为现有的电池技术和无人机飞控既无法让无人机支持长时间飞行，也难以应对恶劣天气。

亚马逊也认识到了这些问题，在其被通过的一项专利中，亚马逊设想通过建设浮空仓库（图 1-14）作为无人机的中转站来解决。

图 1-14　亚马逊的浮空仓库

在这项专利中，亚马逊提出一种形态类似于飞艇的大型空中仓库，内部可以装载大量货物及无人机。这艘飞艇会先在地面满载，然后放飞到空中，飞抵到有密集送货需求的区域上空。此时无人机再搭载货物从天而降，完成最后阶段的交付。而无人机需要返程时，亚马逊则会安排专门的“飞梭”，集体装载无人机返回空中仓库，准备下一轮货物交付。以这种子母飞行器接力的方式，无人机能在一定程度上克服续航时间不足的问题。

而在被批准的一项专利中，亚马逊则准备改造路灯，使其成为集无人机充电站、无人机临时机库以及快递取件点三种功能于一体的地面设施，如图 1-15 所示。

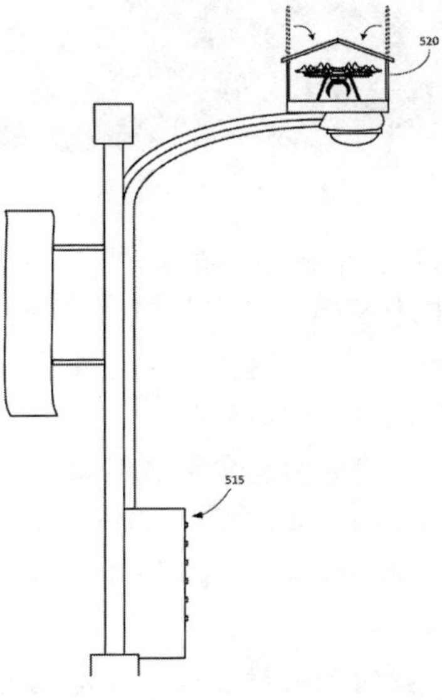

图 1-15　亚马逊改造灯示意图（520 为无人机机库，515 为取件箱）

在这项专利的描述中，路灯顶部可建设供小型无人机停靠的停机坪或机库，并配备充电接口或可更换电池。当无人机电量不足时，可以停靠在路灯上充电或者快速更换电池再度起飞。而在恶劣天气下，带有屋顶的机库可以成为无人机的临时庇护所，使其不会因为糟糕天气出现安全问题。而更先进的设想则是在路灯上安装快递取件箱，无人机交付货物时路灯顶部平台自动打开，货物沿着中空的灯杆滑下，进入预定的取件箱中供取。

在其设计中，多架无人机能够连接起来，紧紧抱作一团，共享电量以及飞行信息，做出统一的飞行动作。如果有需要的话，单个无人机也能脱离，去完成附近地区的货物交付。这种设计能够提高无人机应对恶劣天气（主要是大风）及进行大型货物运输的能力，同时脱离功能也使其有足够的灵活性。不过这将极大地挑战无人机的电源管理技术以及飞控技术。

此外亚马逊也申请了能够让无人机在货车顶部降落，搭顺风车节能的专利。它使无人机能够和亚马逊可能出现的自动驾驶货车整合起来，更好地完成快递交付的任务。

二、自动驾驶货车、地下传送带化解运输难题

1. 司机不够，自动驾驶货车来拯救

2017 年 1 月，亚马逊一项关于自动驾驶车辆的专利被通过，也证实了媒体的猜测——亚马逊有发展自动驾驶货车（图 1-16）车队的想法。

图 1-16 自动驾驶货车

这项专利描述了一种使自动驾驶车辆通过车联网与交通管理中心进行数据交换的技术，通过这种技术，自动驾驶车辆可以从交管中心获知潮汐车道的车流方向变化，从而提前规划好行车路径，避免产生交通事故。更进一步，这项技术还能让自动驾驶车辆获取整个地区的交通情况，避开拥堵片区，设计效率最高的行车路线。

在美国，货车每年承载了 70%的货物运输量，然而货车司机越来越稀缺。美国货车运输协会称，现有卡车司机的平均年龄为 63 岁，而新人不愿进入这个行业，旧人正不断老去，使得现有货车司机成为了宝贵资源。目前美国货车司机的短缺为 48000 人，而到 2024 年，这个数字会变成 175000 人。

要请动这样“稀缺人才”，需要付出大量的成本。除此之外，从货运代理商处联系司机，往往还需要支付额外的中介费用。在 2016 年第三季度的财报中，亚马逊披露，其运输成本较前年同期增长了 43%，达到了 17 亿美元。

对亚马逊来说，削减成本的最好方式，或许就是“留车不留人”——建立自动驾驶货车车队。这在以往是不可能之事，但自动驾驶技术的快速发展，让这种设想正在逐渐向现实靠拢。2016 年 8 月，Uber收购了自动驾驶公司奥托（Otto），后者专注于货车自动驾驶技术，而其两位主要创始人莱文达沃斯基与罗恩，与谷歌的自动驾驶项目有着紧密关系。在同年 10 月，奥托就用自动驾驶货车完成了首次运货——全程 193 公里，测试人员只在旁进行了监督，并未干预行车。

自动驾驶技术的逐渐成熟对亚马逊来说是一个重大的利好消息。这家零售巨头为了建设自己的物流渠道，购置了数千辆卡车。如果能够应用自动驾驶技术，亚马逊可以省下大量维持庞大司机队伍的人工成本；同时，也无需为司机短缺造成的物流压力担忧。

2. 超现实的地下传送带

在空中与地面的渠道都有利用方案后，亚马逊看上了地下空间。这个专利描绘的物流系统图景，让当今世界上任何的物流网络都相形见绌——亚马逊想绕开繁忙的地面交通，在地下建设一条条传送带，将货物直接从仓库经由地下送到客户手中。这样的地下传送带（图 1-17）可以连接火车站、机场、物流中心、取件箱，甚至是客户的家。

图 1-17　地下传送带

而如果有加急件的话，亚马逊还有升级版的“真空管道运输”。如果你觉得这个概念似曾相识的话，没错，就是它，埃隆·马斯克口中的“超级高铁”——通过建设真空的运输通道，让封闭的载具在其中通过电磁力高速运动，快速抵达目的地，其最高时速可超过 1000 千米，如图 1-18 所示。

图 1-18 超级高铁

这种宏大的物流系统的优点显而易见——绝对的高效。然而背后难以想象的成本使其成为了一个近乎疯狂的设想。但是这并不是一个毫无可行性的计划，只要运行足够长的时间，它就能赚回建设成本，乃至革新物流行业。如果能设法将城市中可用的地下管道加以利用，成本投入还能进一步降低。而一家英国公司 Mole Solutions 已经建造了一段 105 米长的货物运输管道来测试这项技术。

三、仓储机器人占领仓库

在仓储方面，亚马逊的智能化脚步迈得最早。2012 年，亚马逊以 8 亿美金收购了机器人公司 Kiva，获得其智能仓库机器人系统 Kiva System（图 1-19）。这一系统使用大量运货机器人，它们可以举起重达 700 磅（约合 320 千克）的货物，而且无需人来操作。机器人由一套算法进行统一控制，操控它们按畅销度和相关度对货物进行优先度排序，搬运货柜至选件工人面前，将传统的“人找货”模式变为“货找人”。据 Kiva 的创始人 Mick Mountz 称，这套系统比传统的人工方式效率提升了 2～4 倍。

图 1-19 Kiva System

在这套系统的帮助下，仓库工人需要做的只是产品分类与包装，省去了大量烦琐的找货步骤。也正是得益于该系统，亚马逊在半小时内就可以完成一个订单的处理。不过亚马逊还不满足，因为货物的分拣与包装仍然是由人来完成的。在遍布全球的仓库中，这家公司雇佣了超过 10 万人——和机器人比起来，工人的价格还是太高了。于是亚马逊在 2015 年举办了一场“机器人分拣大赛”，希望从全球各地的参赛队伍中获得足够优秀的机器人运动控制技术，以替代工厂中的工人做一些货物抓取之类的工作。不过结果证明，在做复杂运动这个方面，机器人和人类相比还是差得太远。即使是获得第一名的队伍，也只能在 20 分钟内将 12 件物品中的 10 件放入指定位置，而对人类来说，这就是 1、2 分钟的事。

也就是说，在未来的一段时间内，亚马逊仓库内的机器人仍然得与人类共事。不过随着新技术的发展，机器人的运动能力也在提升，波士顿动力的新机器人 Handle 已经能跳跃、能双手搬东西、能扔纸飞机了。在成本问题得以解决后，未来仓库里的机器人必然会越来越多，而人类将越来越少。

尽管在亚马逊的智能物流体系中，许多内容都显得很未来取向甚至是异想天开，但是它却代表了先进的技术解决方案。在过去的方法已经无法应对复杂的状况时，全面智能化这样更加未来的想法未必不是更好的出路。否则京东也不会发展“三无物流（无人仓、无人机、无人配送）”，阿里巴巴也不会学习 Kiva 开发仓库机器人。

（本案例来源：网经社 http://www.100ec.cn/detail--6384118.html）

请思考：亚马逊采用了哪些先进的信息技术？这些技术分别起到了什么作用？

项目小结

电子商务的发展为物流创造了巨大的市场，同时，物流行业的发展和水平的提升，可以进一步促进电子商务的健康发展。电子商务是指通过互联网进行的销售商品、提供服务等经营活动。电子商务的基本组成要素包括 Internet、用户、认证中心、物流配送（配送中心）、银行、商家等。电子商务模式主要包括 B2B、B2C、C2C 和 O2O 模式。当前，我国电子商务发展正在进入密集创新和快速扩张的新阶段，日益成为拉动我国消费需求、促进传统产业升级、发展现代服务业的重要引擎。

物流是物品从供应地向接收地的实体流动过程。电子商务物流是电子商务环境下的现代物流，是指电子化、网络化后的信息流、商流、资金流下的物资或服务的配送活动，包括无形商品的网络传送和有形商品的物理传送。电子商务物流的一般过程包括订购（采购）、运输、储存、装卸搬运、流通加工、包装和配送等基本环节。电子商务物流模式主要有三种：自营物流模式、第三方物流模式、战略联盟模式。

根据电子商务物流的功能以及特点，在电子商务物流中使用的信息技术主要有条码技术、射频识别技术、传感技术、地理信息系统、全球卫星定位系统、网络技术、EDI、数据库技术、POS 系统等。

实战强化

实训一　交流网购过程中的物流体验

一、实训目的

通过本次实训，感受身边的电子商务物流。

二、实训组织

（1）组织大家在课堂上交流网络购物过程中的物流体验，交流内容包括遇到过哪些物流公司，这些物流公司提供服务的速度和质量等。

（2）教师点评、总结。

三、实训要求

根据同学们的介绍，结合自身情况，每人提交800～1000字的物流体验总结报告。

实训二　体会物流过程的小游戏——物流大亨

一、实训目的

通过游戏的形式，体会物流过程。

二、实训组织

物流大亨是风靡全球的网络小游戏，游戏首页如图1-20所示。通过鼠标指针控制物品的流向，要控制很多货物，有的运往码头，有的运往机场，总之将货物运送到正确的地方。送货地点正确，得分；送货地点错误，不得分。游戏过程如图1-21所示。

可以免费在线体验游戏，也可在百度上搜索“物流大亨”，完成单机版“物流大亨”小游戏的下载和安装。

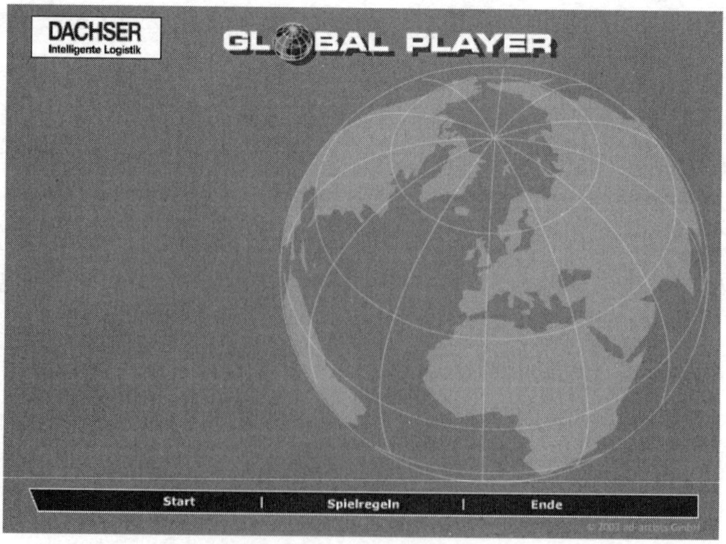

图1-20　游戏首页

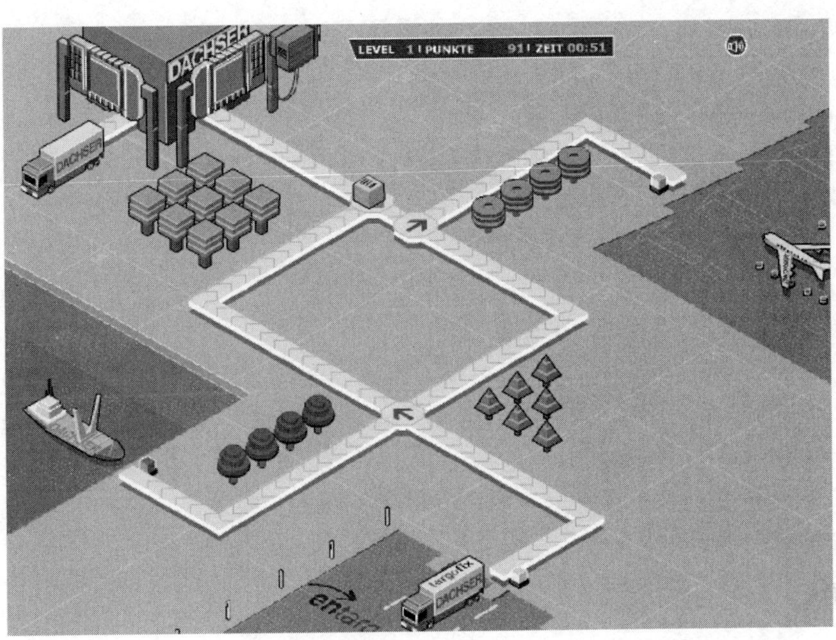

图 1-21　游戏过程

三、实训要求

把自己满意的一次通关记录截图发给老师。

项目 2　电子商务环境下的物流运作模式

随着信息网络化进程的加快，电子商务已经成为未来企业生存和发展的重要手段，许多传统企业逐步演变为电子商务企业。物流演变为电子商务物流，标志着现代物流发展进入了一个新的阶段。传统企业在销售过程中，由于采取货款当面两清的结算方式，除少数大件商品外，商品转移基本上是由消费者自主完成的，企业不考虑货物的售后运输、仓储分散等物流问题。电子商务情况则不同，无论是 B2B，还是 B2C，网上销售活动都是集信息流、资金流、物流运作于一身，采用的是一体化服务。目前，电子商务物流发展方兴未艾，各种物流企业层出不穷，物流模式也各不相同。

知识目标

掌握电子商务自营物流模式的优、劣势，掌握第三方物流的概念、特征；掌握电子商务第三方物流模式的优、劣势，了解物流联盟兴起的原因及注意事项。

能力目标

能够为电子商务企业选择合理的物流模式，并明确电子商务物流亟待解决的问题。

素质目标

养成不断学习的习惯，培养开拓创新的精神。

项目重点

物流模式。

项目难点

电子商务企业物流模式的选择。

任务 1　认识电子商务自营物流模式

任务要点

- 关键词：自营物流、物流规模、物流管理信息
- 理论要点：自营物流的概念，自建物流的优、劣势
- 实践要点：了解电子商务企业如何自建物流体系

任务情境

2014 年 5 月 22 日，中国最大的自营式电商企业——京东集团在美国纳斯达克证券交易所挂牌交易，股票代码为 JD。京东首次公开募股以 17.8 亿美元的融资创造了中国互联网有史以来的最高纪录，高于腾讯、百度，成功晋升为中国第三大互联网公司。

1. 京东的最大优势在于自建物流

自建自营的物流体系是京东未来发展的基石，强大的物流能力带来良好的购物体验，一直是京东吸引并抓住用户的金字招牌。此次京东上市募资，自建物流依然能为完善基础设施提供保障。

2. 自建物流投资金额

2011 年，京东集团创始人兼首席执行官刘强东放言投资 100 亿元人民币建物流系统，"融资的 70%将用于物流体系建设""物流和研发占总费用的 70%"。

据招股文件披露，京东融资逾 18 亿美元（不包括腾讯 2014 年投入的 2.14 亿美元），折合人民币约 116 亿元。按刘强东的说法，京东对物流的投资应在 70 亿元以上。

物流投资包括购买土地、建造库房、购置设施和设备及系统软件研发等。这些投资形成的都是固定资产，但招股文件显示截至 2013 年末京东账面固定资产为 35.3 亿元（其中土地使用权 5.98 亿元、设备软件等 10.2 亿元、在建工程 12.4 亿元）。也就是说，京东历年来在物流方面的投资不会超过 35 亿元。

3. 建成规模

2011 年完成 C 轮融资后，刘强东表示"京东将在未来 3 年投资 100 多亿元人民币加强物流系统"。从 2004 年开始，京东就陆续在北京、上海、广州设立物流配送中心。货物从供应商到顾客的全过程都由京东经手，都在 IT 系统的监控和支持之下，都能与供应商实现库存数据共享。

4. 处理能力

京东的物流系统庞大、高效。借助物流系统，京东可以在 43 个城市实现"下单当日投递"，在 265 个城市实现"下单次日投递"，两者合计占订单总量的 70%。强大的物流处理能力，使京东在 2013 年完成订单 3.2 亿张，净成交额 1039 亿元。

借助强大的物流，京东商城为越来越多的第三方产品提供服务、收取佣金。在 2013 年 1039 亿的总交易金额中，第三方商品占 369 亿，占比达 35.5%。而且佣金比率逐年提高，2011 年是 4.0%，2013 年达到 6.3%。到 2014 年第一季度末，第三方卖家数量达到 2.9 万家。

电商兴起之初，社会还不能提供可靠的物流配送服务，而京东投资建设、全程管理的物流体系给用户带来了更好的购物体验。电商的腾飞，强力带动了物流业的发展，它们会争抢着与电商巨头合作，比服务、拼价格，电商们可以坐收渔利，用户也能获得更好的服务和体验。

任务分析

根据上述案例论述电子商务企业自营（建）物流的必要性和优势。

任务实施

步骤一　自营物流的概念

自营物流指企业借助自身的物质条件（包括物流设施、设备和管理机构等）自行组织的物流活动，是企业主要利用已有的物流资源，采用先进的物流管理系统和物流技术，不断优化物流运作流程，为生产经营过程提供高效、优质服务的基本方式。自营物流并不一定是企业自己组织所有的物流过程，也可以将某些功能外包，比如将一些临时的、只限于一次或者一系列分散的物流功能外包给其他的专业公司来做。

目前，国内物流水平尚不能满足电子商务的要求，有些电子商务营运商选择了自建物流系统即自营物流。电子商务企业自建物流系统主要有两种情况：第一，传统的大型制造企业或批发企业经营的 B2B 电子商务网站。由于其自身在长期的传统商务中已经建立起初具规模的营销网络和物流配送体系，在开展电子商务时只需将其加以改进、完善，就可满足电子商务条件下对物流配送的要求。第二，具有雄厚资金实力和较大业务规模的一些传统的大型企业集团经营的电子商务公司，其凭借原有的庞大的连锁分销渠道和零售网络，利用电子商务技术构建自身的物流体系，进行物流配送服务。在第三方物流不能满足其成本控制目标和客户服务要求的情况下，自行建立适应业务需要的、畅通的、高效的物流系统，并可向其他的物流服务需求方（如其他的电子商务公司）提供综合物流服务，以充分利用其物流资源，实现规模效益。

自建物流系统的核心：建立集物流、商流、信息流于一体的现代化新型物流配送中心，而电子商务企业在自建物流配送中心时，应广泛地利用条码技术、数据库技术、电子订货系统、电子数据交换、快速反应及有效的客户反应等信息技术和先进的自动化设施，以使物流中心能够满足电子商务对物流配送提出的各种新要求。

步骤二　电子商务企业自建物流的优势

1. 能够提高客户满意度

由于物流设施和配送队伍属于企业自身所有，企业能够自由调度和掌握配送的主动权，减少了向其他配送公司派发配送的手续，在网上接到订单后可以立即进行配送，减少了配送的环节，保证了在最短的配送时间内把商品送到客户手中，满足了消费者“即购即得”的购物心理。因此，能够保证服务质量和提高客户满意度与忠诚度，维护企业和顾客的长期供应关系。

2. 能够充分利用现有资源

自营物流最大的优点就是能够充分利用企业现有的物流资源和已建立的物流网络。这些物流资源包括企业的仓库、运输设备和富余人员，企业还可以根据需要将部分一线员工调剂到物流部门作为企业人力资源的一种补充。

3. 使信息沟通渠道畅通

自营物流模式由企业自己经营物流，物流管理人员都是本企业人员，管理更方便。物流管理人员和其他部门人员的信息沟通渠道畅通，沟通起来容易，为搞好物流提供了良好的环境。

4. 及时了解客户的需求信息

自营物流模式中企业直接面对客户，既可以尽全力为客户服务，又可通过与客户的沟通及时掌握客户的需求变化和信息，及时改进服务，便于听取并采纳客户对产品的改进建议。

步骤三　电子商务企业自建物流的劣势

1. 成本难以计算

目前我国大多数企业计算物流成本时只计算运输费用和保管费用，其实真正的物流成本还包括相关的人工费、物流设施的折旧费、保险费、水电费、租金等，而计算这些物流费用在现行的会计制度下还比较困难。

2. 不利于提高企业的核心竞争力

为了提高核心竞争力，企业普遍采用将非核心业务外包。而企业自营物流则需要设立专门的部门从事物流工作，需要配备相关的人员，花费大量的精力开拓运输渠道，这些都不利于企业专注于自己的核心业务，从而影响企业核心竞争力的提高。

3. 管理难以形成专业化

企业自建物流一般局限于企业自身的资源，物流设施自动化程度低、物流信息网络化程度低、缺少专业的物流人才、管理水平落后等导致物流管理难以形成专业化。

4. 物流规模难以扩大

自建物流模式需要企业投入大量的资金用于配送中心、仓库、物流信息系统的建设和购买物流设备，需要组建自己的物流配送队伍，这对缺乏资金的企业，特别是对中小电子商务企业来说是个较大的难题。因此，一般电子商务自建物流模式会受到资金的限制，物流规模难以扩大。

步骤四 电子商务企业自建物流的原因

电子商务的发展受制于三大因素：物流、信息流和资金流。对于我国的 B2C 电子商务企业而言，物流是其最大的难题。在我国从电子商务起步开始，物流问题就一直是 B2C 电子商务企业的最大困扰。从根本上来说，B2C 电子商务企业选择自建物流，主要的原因就是国内第三方物流发展滞后。

1. 第三方物流企业规模小、资源分散、服务功能单一

我国的第三方物流行业尚处于起步阶段，第三方物流企业的规模小、资源分散、服务功能单一。在美国，排名前四位的物流服务商的市场份额占整个美国物流的 78%左右，而我国包括中国邮政在内的前一百名物流服务商仅占到我国物流的 30%左右。大多数第三方物流企业的服务功能单一，类似 UPS 和 FedEx 这样具备一体化服务功能、业务覆盖全国乃至全球的综合物流服务的物流服务商尚未形成。

第三方物流行业的这种现状，给 B2C 电子商务企业物流业务的开展带来了极大的障碍。以当当网为例，由于第三方物流资源分散、企业规模小、服务范围地域性强，为了满足覆盖全国的业务需要，当当网不得不同时与全国各地 20 多个运输企业、40 多个速递公司建立业务合作关系。在同一城市内，经常会存在几家不同的快递公司同时为当当网提供配送服务的情况。合作企业众多加大了当当网的管理难度，而且断裂或缺少衔接的物流配送环节，以及无法统一的企业形象和服务标准，对当当网也产生了负面影响。

2. 第三方物流企业缺少必要的物流管理信息系统

物流管理信息系统是第三方物流的中枢神经，它的任务是实时掌握物流供应链动态，使得物流过程尽可能的安全、高效。第三方物流要赢得客户的信任，先进和完善的物流管理信息系统是必不可少的。但是，目前国内的第三方物流企业，有的尚未建立物流管理信息系统，有的虽已建立物流管理信息系统，但也只具有简单的功能，不能实现对物流全过程的信息管理，造成第三方物流企业与客户之间信息沟通的不畅。

在商品进入物流环节后，B2C 电子商务企业就失去了对商品的控制力。货物一旦转入第三方物流企业手中，就像进入了一个黑洞，什么时间配送、按什么路线配送、是否按时配送，电子商务企业都无法获知，更无法控制。货物破损、丢失、送货时间延迟等问题时有发生，结果致使电子商务企业与顾客之间产生大量摩擦，客户投诉量大，对企业经营造成不良影响。

3. 第三方物流企业商品配送服务缺乏规范性

顾客与电子商务企业唯一的一次面对面接触就是与物流配送人员的见面。在物流行业中，配送人员大部分受教育水平较低。由于缺乏系统的培训和严格的管理，第三方物流企业在商品配送环节的服务表现缺乏规范性，服务水平较低。配送人员没有统一的着装，没有规范的服务标准和服务用语。不仅各个地区或城市之间的服务水平良莠不齐，而且不同的配送人员之间也表现出很大的差异。这种情况客观上造成顾客在面对配送人员时缺乏安全感，配送人员与顾客之间也容易发生争执，严重损害了 B2C 电子商务企业的形象。此外，第三方物流企业为 B2C 电子商务企业提供的配送服务仅限于将商品送到顾客手中，在货物有破损或货差时，不负责解释，也不负责调换或退货，服务水平低下，顾客只能先将货物收下并付款，然后，再与电子商务企业联系解决问题，结果给顾客造成极大的不便。

触类旁通

自营物流的决策因素

企业是自营物流还是外购物流，并不存在唯一的决策标准。

从企业竞争战略的角度来考虑，最重要的决策变量之一是对渠道的控制力要求。越是竞争激烈的产业，企业越是要强化对供应和分销渠道的控制，往往就会倾向于自营物流。在自营物流的时候，又往往在市场营销战略的统筹规划下，专注于关键物流网点，如地区性配送中心或分销中心的设置、物流服务标准的制定和物流信息资源的协调配置等。例如，汽车工业就倾向于拥有自己的汽车销售公司和“四位一体”的营销服务网络系统；麦当劳就专注于市场的开拓和供应商的选择。

从企业竞争战术的角度来考虑，最重要的决策变量有两个：第一，看是否能够提高企业运营效率；第二，看是否能够降低企业运营成本。前提是社会物流企业的服务是否能够满足所要求的物流服务标准。很多跨国公司在拓展中国市场时，有的会从本国带物流企业甚至是配套企业到我国来为其提供物流服务，主要原因是国内的物流企业在服务理念和服务水平上无法达到客户所要求的服务标准。实际上，国内工业企业的物流服务需求也面临同样的问题。工业化程度低是制约我国物流产业发展的最根本的原因。

企业是否自营物流还与其在供应链中的位置、营销渠道战略和产品自身的物流特性等因素有关。一般来说，高价值的产品对外购物流服务成本的承受能力比较强，主机厂或最终产品制造商对渠道或供应链过程的控制力比较强，往往倾向于选择自营物流，即作为龙头企业来组织全程的物流活动和制定物流服务标准。对大宗工业品原料的回运或鲜活产品的分销，宜用相对固定的专业物流服务供应商和短渠道物流。对全球市场的分销，宜采用地区性的专业物流服务供应商提供支援。对产品线比较单一的或为主机厂做配套的企业，则往往在供应链核心企业的统一组织下自营物流。对技术性比较强的物流服务，如口岸物流服务，企业往往采用委托代理的方法。对非标设备的制造商来说，企业自营物流是最有利的选择，但往往必须交给专业物流服务供应商去做。工业企业采取什么样的方式组织物流服务，要根据企业的具体情况进行具体的分析。

案例 2-1

海尔从 1999 年开始大力发展自己的物流能力，成立了专门的物流推进本部，在短短几年时间取得了显著的成绩，也打响了海尔物流这一金字招牌。海尔闯出了名声，在我国的物流领域树立起了海尔物流这面旗帜，对企业的发展起到了积极的作用。

20 世纪 60 年代企业间竞争的主要因素是成本，到 70 年代竞争的主要因素转变为质量，进入 80 年代以后竞争的主要因素就变成了时间。这里说的因素主要是指交货期和响应周期。用户不但要求广大厂家按时交货，而且要求的交货期越来越短，这就对生产制造企业提出了越来越高的要求。一般而言，生产制造企业的物流业务要么自己做、要么让其合作伙伴——专业的第三方物流公司来做物流业务。

尽管海尔在“三个转移”的思路中提出了“从制造业向服务业转移”的产业方向，但是，海尔目前仍然是一个制造企业。因此，海尔不能像有些国外的跨国公司那样，把生产和分销全部外包出去。如果海尔也将自己的生产部分外包出去，那么，海尔将可以省去在物流方面的大量投入。比如海尔为了其整个物流系统的顺利运作所建立的仓库、立体库和各个物流结点设施，以及为了公司物流网络的效率而搭建的现代化物流信息平台。而且在平时的实际作业当中还需要投入大量的人力、物力、财力，这种投入都是相当巨大的。

无论是第三方物流，还是第四方物流，在中国发展尚需时日。我国的物流是近几年才热起来的，物流被社会所重视并加大在这方面的投入的时间并不长，还无法形成完整的服务体系。而海尔这样一个以国际化经营为战略方针的大企业，没有时间也没有可能坐等第三方物流发展起来之后才进行物流业务，所以自己做物流就成为一种必然，或者说是出于无奈。无论是传统物流还是现代供应链条件下的系统性的物流运作，物流外包总是有限度的，不能认为物流外包无所不能，它总有能够外包的部分和不能够外包给别人来做的部分。如果物流无限延伸就会涉及企业的商业秘密，比如，从采购计划就可以了解到企业的生产经营计划、新产品开发等商业秘密。尤其是在中国目前信用制度并不十分健全的情况下，企业生产经营上的商业机密性的信息是不能轻易告诉其合作伙伴的，这可是关系到企业生死存亡的大事。海尔的物流是从源头做起、从采购做起，因此，出于商业考虑，海尔自己做物流无可厚非。

企业外部物流可以外包，但是企业内部的物流也可以外包吗？显然，在目前条件下是不现实的，首先没有哪个企业有能力为海尔做物流。以用于国际市场的国际采购为例，由于外贸和外汇制度，中间环节必然产生关税，这样，就会占用更多的资金，加大成本。即使不是，国内的供应商能够独立完成国际采购和物流，并且可以在网上交易的企业也是凤毛麟角。从道理上讲，作为制造企业，海尔应当将其物流业务外包给第三方物流企业，实行专业化的合作、专业化的经营。但是，事实上很可能没有哪个企业能够或者愿意承担海尔所要求的物流。为什么这样说呢？看一看海尔已经建设的物流设施，单就其独自投资的自动化立体库就是国内独一无二的，国内没有哪个企业能够按照海尔的标准为海尔做物流服务。

现在，市场上的消费需求向着个性化、多样化方向发展，为了适应这种消费倾向，企业建立快速的柔性化的生产方式就很重要。与之相适应的原材料的及时供应、产成品及时地送达到消费者等物流作业活动的效率，就成为非常重要的环节，关系着企业的命运。为了适应这种消费需求的转变，海尔一直在进行企业流程再造，要把整个企业网全放在服务业的角度来处理业务，来组织企业的生产经营活动，一切以订单为依据，按照订单进行生产。如果海尔在其规模不断扩大的时候，还坚持以前的物流作业方式，不以现代的物流观念来建立海尔物流体系，并在此基础上整合企业乃至社会上的物流资源，就必然会影响其物流运作的效率，最终影响其发展。

[本案例来源：《市场周刊：新物流》，2008（7）：51]

请思考：海尔的自营物流能成功吗？

任务 2　认知第三方物流模式

任务要点

- 关键词：第三方物流、物流服务
- 理论要点：第三方物流的发展，第三方物流的业务特征，第三方物流的优、劣势
- 实践要点：了解电子商务企业选择第三方物流的原因

任务情境

宝供物流企业集团是我国第一家注册成立的物流企业集团。宝供物流企业集团具有超前的物流服务理念，遍布全国的运作网络，一流的质量保证体系，全程的信息服务优势，先进的物流管理模式，丰富的物流实践经验及强大的学习型、知识型物流人才队伍，为 40 多家跨国公司和十几家国内大型企业提供优质、高效的专业化物流服务，一跃成为我国第三方物流的“璀璨之星”。

作为最早在我国提供一体化增值服务的第三方物流供应商，宝供物流企业集团严格遵循“控制运作成本、降低客户风险、全面提升物流服务质量，使客户集中精力发展主业，增强核心竞争和可持续发展能力，成为客户最佳战略联盟伙伴”的超前物流服务理念，向客户提供具有个性化优势的特色物流服务。

首先，大力推行“量身定做，一体化运作、个性化服务”模式。宝供打破传统业务分块经营模式，在各大中心城市设立分公司或办事处，建立强大的、分布全面的物流运作网络，将仓储、运输、包装、配送等物流服务广泛集成，为客户“量身定做”，提供“门到门”的一体化综合服务及其他增值型服务。

其次，广泛采用具有国际水准的 SOP 运作管理系统和 GMP 质量保证体系。宝供有一套完整而严格的运作管理系统和质量保证体系，确保为客户提供优质、高效的专业化物流服务，即 SOP 标准操作程序及 GMP 标准质量保证体系。为了规划业务部门的运作标准，宝供建立了系统化、规范化、标准化的各类标准操作程序，即 SOP。任何岗位上的任何事，SOP 都有详细的规定。通过 SOP 的正确执行，确保业务运作不会因个人的因素造成服务品质的不同，确保 GMP 质量体系的实施和实现。

此外，重点提供国内领先的基于 VPN 系统的物流信息服务，使宝供的信息服务和业务运作向自动化、智能化方向迈出重要一步。

任务分析

请根据任务情境讨论第三方物流服务的特点。

任务实施

第三方物流（Third Party Logistics，TPL 或 3PL）指由供方与需方以外的物流企业提供物流服务的业务模式，也称合同物流、契约物流。可见，第三方物流实际上就是由物流劳务的供

方、需方之外的第三方去完成物流服务的物流运作方式。第三方是提供物流交易双方的部分或全部物流功能的外部服务提供者，是物流专业化的一种形式。

步骤一　第三方物流模式的发展

第三方物流是近年来被广泛讨论的一种全新模式，它凭借自身所具有的传统物流不可比拟的优势，顺应了电子商务空前发展的更多要求。作为电子商务时代的新生事物，它值得我们进一步地关注和研究。

第三方物流的占有率与物流产业的水平之间有着紧密的关系。西方国家的物流业分析证明，只有独立的第三方物流占社会的 50%时，物流产业才能形成。第三方物流的发展程度反映和体现着一个国家物流业发展的整体水平，而一个国家物流业的发展水平在一定程度上反映了该国的综合国力和企业的市场竞争能力。21 世纪全球经济新秩序正在建立和调整，世界各国及区域经济组织都非常重视物流水平对于本国经济发展、国民生活素质和军事实力的影响。值得注意的是，物流一体化的方向和专业化的第三方物流的发展，已成为目前世界各国和大型跨国公司所关注、探讨和实践的热点。

电子商务的迅速发展对物流服务提出了更高的要求。由于技术先进、配送体系较为完备，第三方物流成为电子商务物流配送的理想方案之一，这也是社会分工日益明确的产物。除了有实力自建物流体系的大企业之外，更多的中小企业也倾向于采用这种外包方式。在国外，第三方物流较为盛行。据调查，欧洲的第三方物流占整个物流份额的 20%～50%，美国和日本的这一比例分别为 50%和 80%。

在国内第三方物流中，中国邮政具有其他物流企业无法比拟的优势，如拥有遍布全国的运输网、营业网、投递网及结算网等，但这些传统业务留下来的“硬件”优势并不足以保证中国邮政能够在现代物流中取得有利的竞争地位。无论是对于传统部门还是新兴的物流公司，信息技术、经营理念、管理模式、服务质量等方面都将成为电子商务时代开展第三方物流的核心内容。

步骤二　第三方物流的业务特征

1. 以合同为导向的物流服务

第三方物流又称为合同物流或外协物流，合同或契约关系既是其运营的基础，也是其最明显的特征。第三方物流企业可以管理整个物流过程或者选择几项物流服务项目，如订单管理、库存管理、运价谈判、选择承运人等。需求方在选择第三方物流服务时一般都签订专门的合同，规定服务项目和目标，并且包括一定的惩罚措施，有的企业还制定了一定的激励条款。

2. 新型客户关系的物流服务

企业选择第三方物流服务的动机是降低成本、提高核心竞争力、寻求增值服务等，各类企业与第三方物流企业合作有多种形式：整体外包供应链物流业务、聘请物流公司来管理运作企业自有物流资产设备等。虽然形式各异，但是本质上是合作双方为了共同的战略目标，在信息共享的条件下，共同制定物流解决方案，其业务深深地触及客户企业销售计划、库存管理、订货计划、生产计划等整个生产经营过程。第三方物流企业与客户远远超越了一般意义上的买卖关系，更紧密地结合成一体，形成了一种战略伙伴关系。因此，第三方物流企业的客户服务理念应该深入贯彻，并切实与客户企业建立战略合作关系，为企业提供完善的物流服务支持。

3. 需求拉动经营理念的建立

由于行业性质、产品特点、市场状态等方面不同，传统的第三方物流所提供的运输、仓储等基础性服务已远远不能满足目前工商企业的需要，促使当今的第三方物流企业的经营理念从供给推动模式向需求拉动模式转变。第三方物流企业正在努力采用“一企一策”的方式为工商企业提供特殊的、个性化的专属服务，并充分发挥物流服务与客户接触的便利，及时获取市场和客户信息，为工商企业提供决策支持。

4. 以信息技术为基础的物流服务

信息技术的发展是第三方物流发展的必要条件，信息共享是第三方物流企业与工商企业成功合作的关键。许多信息技术，如 GIS（地理信息系统）、GPS（全球卫星定位系统）、EDI（电子数据交换）、Bar Code（条码）等实现了数据快速、准确的传递，使企业之间的及时协调、合作成为可能，并促使了 MBP、ERP、DRP 等物流计划方法的产生和发展，提高了第三方物流服务水平

步骤三 第三方物流模式的优势

与企业自营物流相比，第三方物流作为一种战略联盟，对所服务的对象企业（开展电子商务的企业）而言，具有突出的战略优势，主要表现为下述几个方面。

1. 使电子商务企业集中于核心能力

日趋激烈的市场竞争使企业越来越难以成为业务上面面俱到的专家，企业要想维持其市场竞争优势，出路在于将有限的资源集中于其核心能力上。在这种情况下，电子商务营运商把经营重点放在自己的核心业务上，物流环节全部分包给专业物流企业，即通常说的第三方物流。这种物流模式的好处在于，对电子商务营运商来说，可以把精力集中于电子商务平台的建设和完善，加大专业业务的深度；对专业物流企业来说，既可以拓展服务范围，又可以借以提高自身的信息化程度。两者都在自己熟悉的业务范围内工作，对成本的降低和盈利的提高有较高的确定性。而第三方物流，凭借其物流专长，正好为其所服务的对案企业提供了一种充分利用外部资源处理非核心业务（物流管理），集中精力于其最擅长领域的机会。换而言之，对于物流并非其核心竞争力所在的企业而言，物流问题最好外包由 3PL 来解决。

2. 为客户企业提供技术支持或解决方案

随着技术进步和需求的变化，供应商或零售商对物流配送与信息技术方面的要求越来越高。例如，需要使用特殊的软件来设计把商品发送给客户的优化顺序和路线，或者需要一种公告的电子信息交换平台以实现信息共享。物流企业要满足这些需求就必须具备较强的技术创新能力，这同时也是物流企业得以生存和发展的关键；而普通的物流公司受限于其技术单一、实力薄弱，往往难以做到这一点。可以说，只有诸如 3PL 供应商这样具备丰富专业知识（包括最新的 IT 知识）、深谙物流中存在的各种问题、把物流作为自己核心业务的企业，才肯投入 100%的力量来进行物流领域的技术创新，并且往往能够以一种更快速、更具有成本有效性的方式来满足用户对新技术的需求。

3. 为客户提供灵活性增值服务

3PL 供应商可以提供各类物流增值服务，满足客户在地理分布或个性化服务等多方面的灵活性要求。例如，美国 UPS 的一个部门，向那些哪怕一小时的设备停顿都会造成巨大损失的特殊客户提供一种更加复杂的第三方物流服务，这种服务明显节省了客户的成本，同时，由于客户“愿意为速度付钱”，这项业务也使这家物流企业获利颇丰。另外，3PL 供应商可以不拥有任何车辆、仓库及人力等物流资源，却可以凭借其独特的解决方案，通过资源的外包，为客户组织这些物流资源。

4. 节省物流费用，减少库存

专业的 3PL 企业有规模优势、专业优势和成本优势，通过提高各环节的利用率节省费用，使客户企业能从费用结构中获益。3PL 服务提供者还借助精心策划的物流计划和适时配送等手段，最大限度地盘活库存，改善企业的现金流量。

5. 提升客户的企业形象

3PL 企业的利润并非仅源自于运费、仓储费等直接收入，而且来源于与客户企业共同在物流领域创造的新价值。所以，3PL 与客户企业的关系不是竞争对手而是战略伙伴。为实现“双赢”的结果，3PL 企业会处处为客户企业着想。例如，通过全球性的信息网络使客户企业的供应链管理完全透明化，企业可随时了解供应链的情况；极大地缩短交货期，以利于企业改进服务，树立自己的品牌形象；通过“量体裁衣”式的设计，制定出以顾客为导向、低成本、高效率的物流方案，为企业在竞争中取胜创造了有利条件。

正因为 3PL 具有如上所述的诸多优点，所以在国际范围内得到了蓬勃的发展。近年来，第三方物流正以较高的增长率成长着，其市场发展潜力极大，它的突出优势和特点使它成为适合电子商务的一种全新的物流模式。

步骤四　电子商务企业第三方物流模式的局限性

目前在我国，把物流外包给第三方物流公司，有下述两点需要注意。

1. 第三方物流尚未成熟

第三方物流出现时间尚短，分析我国第三方物流的发展现状不难看出，我国第三方物流尚未成熟，没有达到一定的规模化与专业化，成本节约、服务改进的优势在我国并不明显，而且常常会造成外包物流的失败。

2. 容易受制于人

签订物流服务外包合同后，物流业务交由第三方物流公司打理，双方的力量对比因此发生了变化。就物流公司来说，他们对电子商务物流企业有依赖，但不强烈，尤其是当这笔交易是其众多交易中的一笔业务时；但对电子商务企业而言，服务质量与效率将对企业的正常生产经营活动产生重大影响。在供应链中，由于第三方物流企业还不成熟，电子商务企业若过分依赖供应链伙伴，容易受制于人，在供应关系中处于被动地位，容易与最终顾客失去联系并存在被淘汰出局的危险。

触类旁通

第四方物流

第四方物流是 1998 年由美国埃森哲咨询公司率先提出的，专门为第一方、第二方和第三方提供物流规划、咨询、物流信息系统、供应链管理等活动。第四方并不实际承担具体的物流运作活动。

从定义上讲，第四方物流供应商是一个供应链的集成商，它对公司内部和具有互补性的服务供应商所拥有的不同资源、能力和技术进行整合和管理，提供一整套供应链解决方案。从概念上看，第四方物流是有领导力量的物流提供商，它可以通过对整个供应链的影响力，提供综合的供应链解决方案，为顾客带来更大的价值；它不仅控制和管理特定的物流服务，而且对整个物流过程提出解决方案，并通过电子商务将这个过程集成起来。

综上所述，第四方物流的特点之一是其提供了一整套完善的供应链解决方案，以有效地适应需方多样化和需求多样化，集中所有资源为客户解决问题。它通过对咨询公司、技术公司和物流公司的集成管理，为客户提供价值最大化的、统一的技术方案的设计、实施和运作。第四方物流的特点之二是通过其对整个供应链的影响力来增加价值，即其能够为整条供应链的客户带来利益。4PL 充分利用一批服务提供商的能力，包括 3PL、信息技术供应商、合同物流供应商、呼叫中心、电信增值服务商等，再加上客户的能力和 4PL 自身的能力，提供物流集成解决方案。这个方案关注供应链管理的各个方面，既提供持续更新和优化的技术方案，又能满足客户的独特需求。在满足客户需求的同时，为供应链上各参与方实现价值增值。

第四方物流的基本功能可以总结为以下三个方面：

（1）供应链管理功能，即管理从货主、托运人到用户、顾客的供应全过程。

（2）运输一体化功能，即负责管理运输公司、物流公司之间在业务操作上的衔接与协调问题。

（3）供应链再造功能，即根据货主、托运人在供应链战略上的要求，及时改变或调整战略战术，使其经常处于高效率地运作。第四方物流的关键是以“行业最佳的物流方案”为客户提供服务与技术。

按照安德森咨询公司的说法，第四方物流存在以下三种可能的应用模式：

（1）知识密集型模式，也称“协助提高者”，即第四方物流为第三方物流工作，并提供第三方物流缺少的技术和战略技能。

（2）方案定制模式，也称“方案集成商”，即第四方物流为货主服务，是所有第三方物流提供商及其他提供商联系的中心。

（3）整合模式，也称“产业革新者”，即第四方物流通过对同步与协作的关注，为众多的产业成员运作供应链。

事实上，第四方物流无论采取哪一种模式，它都是在解决企业物流的基础上，整合社会资源，解决物流信息充分共享、社会物流资源充分利用的问题。第四方物流是中国物流业发展和提升的助力器，随着近几年国内掀起的“物流热”，第四方物流正成为一个新兴的行业燃点，而且国内已经有这方面的实践案例。2002 年 11 月 1 日，威尚集团旗下的安得物流公司宣告其定位物流高端的第四方物流公司——广州安得供应链技术有限公司正式成立，这是国内具有实际业务与运作实力的第三方物流公司孵化的第一家第四方物流公司。2002 年 11 月 28 日，安得物流公司就与广州著名的家电销售商东泽电器签署战略合作协议，双方在第三方物流基础上共同打造第四方物流，为东泽电器提供从供应商到经销商、从经销商到单一客户的一整套涉及货物运输、仓储、货物跟踪等全流程的解决方案，从而开始了第四方物流公司正式的业务运作。

案例 2-2 美国通用汽车的第三方物流

美国通用汽车在美国的 14 个州中，大约有 400 个供应商负责把各自的产品送到 30 个装配工厂进行组装，由于卡车满载率很低，库存和配送成本急剧上升，为了降低成本，改进内部物流管理，提高信息处理能力，委托 Penske 专业物流公司为其提供第三方物流服务。

调查了解半成品的配送路线之后，Penske 公司建议通用汽车公司在 Cleveland 使用一家有战略意义的配送中心，配送中心负责接受、处理、组配半成品，由 Penske 派员工管理，同时 Penske 也提供 60 辆卡车和 72 辆拖车，除此之外，还通过 EOI 系统帮助通用汽车公司调度供应商的运输车辆以便实现 JIT 送货。为此，Penske 设计了一套最优送货路线，增加供应商的送货频率，减少库存水平，改进外部物流活动，运用全球卫星定位技术，使供应商随时了解行驶中的送货车辆的方位。与此同时，Penske 通过在配送中心组配半成品后，对装配工厂实施共同配送的方式，既降低卡车空载率，也减少通用汽车公司的运输车辆，只保留了一些对 Penske 所提供的车队有必要补充作用的车辆，这样也减少了通用汽车公司的运输单据处理费用。

另外，美国通用汽车公司选择目前国际上最大的第三方物流公司 Ryder 负责其土星和凯迪拉克两个事业部的全部物流业务，选择 Allied Holdings 负责北美陆上车辆运输任务，选择 APL 公司、WWL 公司负责产品的洲际运输。

［本案例来源：《物流技术》，2001（6）：35］

请思考：通用公司的第三方物流能为客户带来哪些经济效益？

任务 3　物流联盟模式及电子商务物流模式选择

任务要点

- 关键词：物流联盟、物流系统总成本、物流模式选择
- 理论要点：物流联盟的优势、物流联盟的方式、电商企业物流模式
- 实践要点：电商企业物流模式选择方案

任务情境

“中关村电子商务与现代物流产业联盟”（以下简称“联盟”）于 2012 年成立，京东商城 CEO 刘强东担任理事长。联盟将以服务产业为导向，以共享资源为主线，以攻关技术为核心，推动电子商务与现代物流产业的发展。联盟是在中关村管委会指导下，由北京物资学院、京东商城、当当网、北京物流协会、电子贸易产业联盟、拉卡拉、普天物流、慧聪网、用友软件等在电子商务与物流产业链上下游具有优势的企业和科研机构共同发起成立，会员企业 33 家。联盟将凝聚产业链上下游资源，促进电子商务与现代物流领域产、学、研合作，营造良好的产业发展环境，促进国内电子商务及物流产业的发展。

任务分析

物流联盟是介于独立的企业与市场交易关系之间的一种组织形态，是企业间由于自身某些方面发展的需要而形成的相对稳定的、长期的契约关系。物流联盟是以物流为合作基础的企业战略联盟，它是指两个或多个企业之间，为了实现自己物流战略目标，通过各种协议、契约而结成的优势互补、风险共担、利益共享的松散型网络组织。

任务实施

步骤一　物流联盟的产生

利益是物流联盟产生的最根本原因，企业之间有共享的利益是物流联盟形成的基础。物流市场及其利润空间是巨大的，在西方发达国家物流成本占 GDP 的 10%左右，而在我国占 15%～20%，如此大的市场与我国物流产业的效率低下形成鲜明的对比。生产运输企业通过物

流或供应链的方式形成联盟，有利于提高企业的物流效率，实现物流效益的最大化。

中小企业为了提高物流服务水平，可以通过联盟方式解决自身能力的不足。近年来随着人们消费水平的提高，零售业的迅猛发展，给物流业带来发展机遇的同时，也带来了新的挑战。因物流发展水平的长期落后，如物流设备老旧、技术落后、资金不足、按行政条块划分物流区域等，很多企业尤其是中小企业不能很快适应新的需求，于是通过联盟的方式来解决这个矛盾。

国际互联网技术的广泛应用使跨地区的物流企业联盟成为可能。由于信息高速公路的建成，异地物流企业利用网络也可以实现信息资源共享，为联盟提供了有利的条件。

我国物流企业面临跨国物流公司的竞争压力，可以通过物流联盟形式来应对。我国加入WTO，给国外的投资商带来无限的商机，而具有巨大潜力的物流业当然也成了令其眼红的一块“肥肉”，世界上著名的物流公司丹麦的马士基集团全面进军我国的物流业，其在上海建立全国配送中心便是明证。面对如此强劲的竞争对手，我国的物流企业只有结成联盟，通过各个行业和从事各环节业务的企业之间的联合，实现物流供应链全过程的有机融合，通过多家企业的共同努力来抵御国外大型物流企业的入侵，形成一个强大的力量，共进退、同荣辱，才有可能立于不败之地。

步骤二　物流联盟的优势

1. 从建立物流联盟的角度看

物流联盟的建立的最明显效果就是在物流合作伙伴之间减少了相关交易费用。物流合作伙伴之间经常沟通与合作，可使得搜寻交易对象信息方面的费用大为降低；提供个性化的物流服务建立起来的相互信任与承诺，可减少各种履约的风险；物流契约一般签约时间较长，可通过协商来减少在服务过程中产生的冲突。

2. 从构建物流联盟的过程看

联盟企业可以寻找合适的合作伙伴，能够有效地维持物流联盟的稳定性。双方出于自身的利益选择有效的长期合作是最优策略，进而双方可以充分依靠建立联盟机制协调形成的内部环境，减少交易的不确定性和交易频率，降低交易费用，实现共同利益最大化。

3. 从建立物流联盟的绩效看

一个稳定、长期的合作会激励双方把共同的利润做大，获得稳定的利润率。从物流发展的角度看，物流联盟是企业与专业物流服务商建立的一种现代物流合作形式。在物流联盟中，随着物流组织的发展，供应链中的联系会进一步加深，也会通过协作加深用户的物流需求，双方开展持续、诚信的合作，可以相互学到对方的优点（如技术优势、丰富的经验等）。

步骤三　物流联盟的方式

供应链联盟可分类为资源补缺型、市场营销型和联合研制型三种。物流联盟的方式可分为下述几种。

1. 纵向

纵向即垂直一体化，这种联盟方式是基于供应链一体管理的基础形成的，即从原材料到产品生产、销售、服务形成一条龙的合作关系。垂直一体化联盟能够按照最终客户的要求为其提供最大价值的同时，也使联盟总利润最大化。但这种联盟一般不太稳固，主要是在整个供应链上，不可能每个环节都能同时达到利益最大化，因此打击了一些企业的积极性，使它们有随时退出联盟的可能。

2. 横向

横向即水平一体化，由处于平行位置的几个物流企业结成联盟，包括第三方物流。这种联盟能使分散物流获得规模经济和集约化运作，降低了成本，并且能够减少社会重复劳动。但也有不足的地方，如它必须有大量的商业企业加盟，并有大量的商品存在，才可发挥它的整合作用和集约化的处理优势。此外，商品的配送方式的集成化和标准化也是不容易解决的问题。

3. 混合模式

混合模式是既有处于上下游位置的物流企业，也有处于平行位置的物流企业的加盟。

4. 以项目为中心的联盟模式

该模式以项目为中心，各个物流企业之间进行合作，形成一个联盟。由于这种联盟方式只限于一个具体的项目，联盟成员之间合作的范围不广泛，所以优势不明显。

5. 基于 Web 的动态联盟

在市场经济激烈的竞争中，为了占据市场的领导地位，供应链应成为一个动态的网络结构，以适应市场变化、柔性、速度、革新、知识的需要。不能适应供应链需求的企业将从中淘汰，并从外部选择优秀的企业进入供应链。供应链成为一个能快速重构的动态组织，从而实现供应链的动态联盟，但这种联盟方式缺乏稳定性。

步骤四　如何建立一个强有力的物流联盟？

1. 联盟要给成员带来实实在在的利益

联盟采取的每一项措施都要考虑每个成员的利益，使联盟的每个成员都成为受益者，并能协调处理成员间的摩擦，提高客户服务能力，减少成本和获得持久的竞争优势。

2. 联盟战略目标与企业的物流战略一致或部分一致

联盟是一个独立的实体，是一个系统一体化的组织，联盟成员需采取共同目标和一致的努力，优化企业的外部行为，共同协调并实现联盟的目标。

3. 联盟成员的企业文化的精神实质基本一致

企业文化往往决定着企业的行为，只有企业文化大体相同的企业才有可能在行为上取得一致，从而结盟。

4. 联盟成员的领导层相对稳定

如果联盟成员经常更换领导层，后一任领导可能不认同前一任领导的决策，从而导致联盟不稳定性增加，因此领导层的相对稳定是联盟长期稳固发展的重要因素。

物流联盟模式为电子商务企业组建物流配送体系提出新的发展方向，企业可以在不同的区域内选择合适的物流公司，用计算机网络技术将各地的仓储、配送等信息连接起来，通过对各物流企业商流、物流信息的共享及一系列的决策支持技术来进行统一调度和管理，从而使得物流服务范围与商流集散空间变大，最终实现对消费者的配送。

企业在选择物流联盟模式的过程中，应建立联盟伙伴之间的调查评估与淘汰体制，通过不断优化联盟进行资源的最优化整合。这不仅加强了企业物流配送的跨区域合作与物流系统资源优化配置，而且对物流企业形成了相互制约的优胜劣汰局面，有助于提高行业竞争力。

步骤五　电子商务企业物流模式选择

电子商务企业物流模式主要有自营物流和第三方物流等。在进行物流决策时，应根据自己的需要和资源条件，综合考虑以下主要因素，慎重选择物流模式，以提高企业的市场竞争力。

1. 电子商务企业对物流模式选择应考虑的因素

（1）物流对企业成功的影响度和企业对物流的管理能力。如果物流对企业成功的重要度高，而企业处理物流的能力相对较低，则采用第三方物流；如果物流对企业成功的重要度较低，同时企业处理物流的能力也低，则采用外购物流服务；如果物流对企业成功重要度很高，且企业处理物流能力也很强，则可采用自营物流。

（2）企业对物流控制力的要求。对于竞争激烈的产业，企业应该强化对供应和分销渠道的控制，此时企业最好选择自营物流。也就是说，主机厂或最终产品制造商对渠道或供应链过程的控制能力比较强，往往选择自营物流，即作为龙头企业来组织全过程的物流活动和制定物流服务标准。

（3）企业产品自身的物流特点。对于大宗工业品原料的回运或鲜活产品的分销，应利用相对固定的专业物流服务供应商和短渠道物流；对全球市场的分销，宜采用地区性的专业物流公司提供支援；对产品线单一的或为主机厂做配套的企业，则应由龙头企业统一组织自营物流；对于技术性较强的物流服务，如口岸物流服务，企业应采用委托代理的方式；对非标准设备的制造商来说，企业自营虽有利可图，但还是应该交给专业物流服务公司去做。

（4）企业的规模和实力。一般来说，大中型企业由于实力较雄厚，有能力建立自己的物流系统，制定合适的物流需求计划，保证物流服务的质量。例如麦当劳公司，每天必须把保鲜食品运往各地，为保证供货的准确、及时，就组建了自己的货运公司。另外，还可以利用过剩的物流网络资源拓展外部业务（为其他企业提供物流服务）。而小企业则受人员、资金和管理资源的限制，物流管理效率难以提高，此时，企业若想把资源用于核心业务上，就适合把物流管理交给第三方专业物流代理公司。

（5）物流系统总成本。在选择是自营还是物流外协时，必须弄清两种模式物流系统总成本的情况。其计算公式为：物流系统总成本=总运输成本+库存维持费用+批量成本+总固定仓储费用+总变动仓储费用+订单处理和信息费用+顾客服务费用。

这些成本之间存在着二律背反现象：减少仓库数量时，可降低保管费用，但会带来运输距离和次数的增加而导致运输费用增加。如果运输费用的增加部分超过了保管费用的减少部分，总的物流成本反而增大。因此，在选择和设计物流系统时，要对物流系统的总成本加以论证，最后选择成本最小的物流系统。

（6）第三方物流的客户服务能力。在选择物流模式时，考虑成本尽管很重要，但第三方物流为本企业及企业顾客提供服务的能力才是选择物流服务至关重要的因素。第三方物流是否具备满足企业对原材料及时需求的能力和可靠性，以及对企业的零售商和最终顾客不断变化的需求的反应能力等方面应该作为首要的因素来考虑。

2. 电子商务企业物流模式选择方案

企业采用自营物流模式、第三方物流模式还是物流联盟模式取决于物流对于企业成功的关键程度与企业的物流管理能力两个因素的平衡，如图 2-1 所示。

（1）选择自营物流模式。采取自营物流运作模式的企业大都是规模较大的集团公司，其中最具代表性的是一些连锁企业的物流管理，像沃尔玛集团、海尔集团和连邦软件等。采取自营物流的企业有以下共同的特征：

1）适合于拥有覆盖面很广的代理、分销、连锁店，而企业业务又集中在其覆盖范围内。

2）业务集中在企业所在城市，送货方式比较单一，网络资源丰富，物流管理能力强。由于业务范围不广，企业独立组织物流所耗费的人力不是很大，所涉及的配送设备也仅仅限于汽车及人力车而已，如果交由专业物流公司处理，既浪费时间，又增加配送成本。

物流对于企业成功的关键程度	高	寻找强有力的合作伙伴	自营物流模式
	低	第三方物流模式	成为合作关系的领导
		低	高
		企业的物流管理能力	

图 2-1　电子商务企业物流模式选择方案

3）对于一些规模较大、资金雄厚、物流量巨大的企业来说，投入资金建立自己的物流系统，掌握物流的主动权，是一种战略选择。例如，亚马逊是全球最大的网上书店、音乐盒商店和录像带店，其网上销售的方式有网上直销和网上拍卖，它的配送中心在实现其经营业绩的过程中功不可没。亚马逊以全资子公司的形式经营和管理配送中心，拥有完备的物流配送网络。亚马逊认为，配送中心是能接触到客户的最后一环，是实现销售的关键环节，它不想因为配送环节的失误而损失任何销售机会。

（2）选择物流联盟模式。

1）寻找强有力的合作伙伴。如果企业的物流管理能力很低，但是物流是企业战略的核心，物流对于企业成功很关键，那么寻找物流伙伴将会给企业带来很多收益。好的合作伙伴在市场上拥有的物流设施，可以向企业提供自营物流模式无法获得的物流服务及专业化的管理。

2）成为合作关系的领导。如果物流活动对企业来说不那么重要，但是企业的物流管理能力较高，有专业人员管理，那么企业就会主动寻找需要物流服务的伙伴，通过共享物流系统，提高货物流量，实现规模经济效益，降低企业成本。

（3）选择第三方物流模式。如果对于一家公司来说，物流并不是其核心战略，企业内部物流管理水平也不高，那么将物流活动外包给第三方物流供应商就有利于降低成本，提高客户服务质量。不具备现代化物流技术手段、无法满足物流系统的高标准需要的企业应采用第三方物流模式。中小企业受人员、资金和管理资源的限制，物流管理效率难以提高，应把资源用于主要的核心业务上，可以把物流管理交给第三方物流公司。例如，DELL 公司认为其核心竞争力是营销，是制造高科技的个人电脑硬件，而不是物流，因此，DELL 电脑在世界各地直销时，就与几家第三方物流企业合作，在一定地理范围内分销商品。

触类旁通

物流一体化

所谓物流一体化，就是以物流系统为核心的由生产企业经由物流企业、销售企业，直至消费者的供应链的整体化和系统化，它是物流业发展的高级和成熟阶段。只有当物流业高度发达，物流系统日趋完善，物流业成为社会生产链条的领导者和协调者时，才能够为社会提供全方位的物流服务。

1. 物流一体化的演变过程

物流一体化的目标是应用系统、科学的方法充分考虑整个物流过程的各种环境因素，对商品的实物活动过程进行整体规划和运行，实现整个系统的最优化。美国等发达国家的企业物流普遍实行了一体化运作，而且企业物流的一体化不再仅仅局限于单个企业的经营职能，而是贯穿于生产和流通的全过程，包括了跨越整个供应链的全部物流，实现由内部一体化到外部一体化的转变。在20世纪70年代以前，物流一体化只是针对企业内部的各个职能部门的运作与协调。欧美等发达国家的许多企业都设立了物流部或物流服务部，全面负责生产经营过程中的采购、物料管理、生产制造、装配、仓储、分销等所有环节的物流活动，实现了采购物流、生产物流和分销物流的统一运作和管理，称为企业物流的内部一体化。

在20世纪80年代，许多企业把物流管理的一部分或全部分离出来，由一个具有法人资格的独立企业实行社会化、专业化经营。物流子公司的成立，使物流管理人员的工作从面向企业内部，发展为面向企业同供货商及用户的业务关系上来。到了20世纪90年代，企业纷纷与上游供应商和下游分销商合作，以最优的商品供应体系，实现了跨企业的供应链管理一体化。供应链管理是集生产商、供应商、分销商、零售商及运输、信息及其他物流服务供应商为一体的管理，是物流管理的最高境界。企业通过与外部组织对整个供应链的计划和从原料采购、加工生产、分销配送，到商品销售给顾客的物流过程进行统一运作和管理，降低了整个供应链的物流成本，实现了对顾客的快速反应，提高了顾客服务水平和企业竞争力。典型的运作模式是物流外包或缔结战略联盟。

物流外包指企业整合利用外部最优秀的专业化资源，从而达到降低成本、提高效率、充分发挥自身核心竞争力和增强企业对环境的迅速应变能力的一种管理模式。企业在内部资源有限的情况下，为取得更大的竞争优势，仅保留其最具竞争优势的功能，而其他功能借助于整合、利用外部优秀的资源，产生巨大的协同效应，使企业获得竞争优势，提高对环境的应变能力。

战略联盟指核心企业打破了供应链伙伴之间传统的交易关系，以非合同的形式，积极寻求与供应商、分销商、顾客等供应链外部参与者的合作或联盟，以广泛的团队，通过共担风险、共享收益、共享信息、共同完成长期目标，实现对顾客需求的快速反应，追求整条供应链总利润的最大化。

物流一体化的发展可分为以下三个层次：

（1）物流自身一体化，指物流系统的观念逐渐确立，运输、仓储和其他物流要素趋向完备，子系统协调运作，整体发展系统化。

（2）微观物流一体化，指市场主体企业将物流提高到企业战略的地位，并且出现了以物流战略作为纽带的企业联盟。

（3）宏观物流一体化，指物流业在经济发展中占到国民生产总值的一定比例，或者处于社会经济生活的主导地位，它使跨国公司从内部职能专业化和国际分工程度的提高中获得规模经济效益。

2. 物流一体化产生的原因

（1）消除利益冲突。传统的物流活动多分散在不同部门，各部门各自为政，追求的目标往往相互冲突，难以形成统一的目标。为了克服部门间的利益冲突，发达国家的企业将各种物流活动集成在一个部门（如物流部），对物流进行统一运作与管理，以消除部门间的利益冲突。

（2）成本的交替损益。物流活动各项成本间存在交替损益关系。例如，减少商品库存的数量可以降低库存成本，但由于库存数量减少，在市场规模不变的情况下，为了满足同样的需求，势必要频繁进货，增加了运输次数，从而导致运输成本的上升，也就是在追求库存合理性时又牺牲了运输的合理性。如果采用分项物流管理，各个部门追求自身的最优化，势必会影响到整个系统的优化性。只有通过采用一体化物流管理把相关的物流成本放在一起考虑，才能实现整个系统的最优化并实现最低总成本物流。

（3）提高运作效率。物流系统的构成要素既相互联系又相互制约，其中一项活动的变化，会影响到其他要素相应地发生变化。例如，运输越集成，包装越简单；反之，杂货运输对包装的要求就很严格。再者，商品库存数量和仓库地点的改变，会影响到运输次数、运输距离甚至运输方式的改变等。因此，只有对系统各功能进行统一管理，才能更有效地提高整个系统的运作效率。

（4）提高物流绩效。物流子公司作为代企业专门从事物流业务管理的组织部门，通过独立核算、自负盈亏，使得物流成本的核算变得简单、明确，有利于物流成本的控制；通过对物流业务统一指挥、运作，有利于提高物流的交付速度、物流质量、物流可靠性和柔性及劳动生产率；通过市场交易的手段从事物流运作，有利于破除来自生产部门和销售部门的限制；与此同时，企业多余的物流能力可参与社会经营，避免了物流能力的闲置和浪费，实现了资源共享，从而实现价值增值和提高物流绩效。

（5）提高竞争力。内部一体化只能实现厂商内部的最优化。很显然，供应链上的所有企业各自孤立地优化它们的物流活动，跨越供应链物流一体化的物流很难达到优化。

就物流成本来说，运输成本和库存保管成本在物流成本中占据绝大部分比例。依据美国的经验，近 20 年来运输成本在 GDP 中的比例大体保持不变，而库存费用比重降低是导致美国物流总成本比例下降的最主要原因。如果仅仅实行的是内部一体化，由于没有与供应商和分销商实现一体化管理，供应商或分销商往往保有大量原材料或产/成品库存，这些库存保管成本归根结底都会转嫁到最终消费者，而这种成本的转移并不能提高企业的竞争力。因此，要真正做到减少甚至消除原材料和产/成品库存，降低交付成本，就必须与上游供应商和下游分销商合作，进行统一管理，统一行动，降低整个供应链的成本，提高企业的竞争力。

（6）扩大竞争优势。核心竞争力被认为是企业借以在市场竞争中取得并扩大优势的决定性力量，其内涵十分丰富，反映在技术资源、知识文化、组织与管理系统中。

由于任何企业所拥有的资源都是有限的，它不可能在所有的业务领域都获得竞争优势。有的企业具有核心技术能力、核心制造能力，却不具备核心营销能力、核心企业组织协调管理能力和企业战略管理的核心能力。自 20 世纪 90 年代以来，在快速多变的市场竞争中，单个企业依靠自己的资源进行自我调整的速度很难赶上市场变化的速度，因而企业纷纷将有限的资源集中在核心业务上、强化自身的核心能力，而将自身不具备核心能力的业务通过外包或战略联盟等形式交由外部组织承担。通过与外部组织共享信息、共担风险、共享收益，将上述五种核心能力加以整合、集成，从而以供应链强大的核心竞争力赢得并扩大竞争优势。

案例 2-3

山东博远物流发展有限公司是一家以钢材流通为主业的现代物流企业，在企业成立之初的两年里，员工人数由几人发展到近百人，总资产增长了十几倍，达到四亿多元人民币。如此惊人的发展速度，如此骄人的业绩是怎样创造出来的？我们不妨来探访一下博远公司独特的钢材流通模式。

一、“联盟”模式的兴起

我国加入 WTO 后，市场进一步开放，钢铁行业的竞争更趋激烈，特别是一些中小钢铁流通商，由于融资环境差、融资渠道少、受资金限制，因而只能从各钢厂的大户手里的第二手甚至第三手供货商那里获得资源，这就使得采购成本过高，资源受限制。由于小而散，流通中资源无法统筹运输，导致运输成本增加、安全系数低。这些企业间存在的相互低价竞争，甚至赔销竞争等不规范行为，也致使下游生产商不讲诚信，使其利益严重缩水。随着中小钢铁流通企业的发展步履维艰，他们开始积极寻找新的合作方式，壮大实力。

当前，各行业中联盟形式日渐兴起，例如家电行业中的“中永通泰”公司就是由北京“大中”、上海“家乐”等企业联合组建的采购联盟。还有诸如由江苏“五星”、天津“一商”等流通大户发起组建的“超级采购联盟”。2002 年，钢铁流通界也出现了联盟——“山东博远钢铁联盟”，这是山东博远物流发展有限公司超越传统钢材营销模式创造的全新的钢材流通模式。

二、“联盟”模式的效果

通过成立这种互利互惠、合作共赢的联盟方式，统购分销，以其中实力较强的山东博远物流发展有限公司为龙头，集中联盟其他企业的力量，以更强大的姿态集中采购，取得在价格、服务等方面企业分散采购无法享有的优惠。同时，该公司结合自身的优势兴建了“博远物流经济园”“山东博远钢材市场”，利用政府给予的政策支持广泛吸纳客户入驻，并引进了先进的钢材剪切设备及运输车辆等为客户提供采购、仓储、剪切、加工及配送等一条龙服务。这就大大降低了单个企业的采购成本与运行等各种费用，从而提高了联盟各企业的竞争力，对用户来讲也可得到更多的实惠。

“博远物流钢铁联盟”网络覆盖山东省及省外其他地区。联盟并未设立固定的办公机构，其运作方式主要是采用现代通信手段或定期聚会等形式来汇总或分享相关信息，共同商定后由山东博远物流发展有限公司牵头来操作采购。联盟企业享受协议价，各企业间互利互惠，合作共赢，这一举措无疑会对维护钢铁市场特别是山东地区钢铁市场的稳定起到积极的作用。毫无疑问，在钢铁流通领域，“博远钢铁联盟”成为先行者、排头兵，做了榜样，树了大旗，创立了行业内中小企业的联盟运作模式。总之，博远公司钢铁流通的“联盟共赢”是一种全新的思路，开创了一种不拘一格的经营模式，它必将会在壮大中小企业实力、维护市场秩序等方面起到积极的作用。相信这一模式将会为更多行业企业所接受并采纳。

（本案例来源：中国物流与采购网 http://www.chinawuliu.com.cn/xsyj/200409/06/ 132089.shtml）

请思考：

1. 山东博远钢铁联盟流通模式的优势体现在何处？
2. 山东博远钢铁联盟流通模式对电子商务物流联盟有什么借鉴意义？

项目小结

由于信息化程度各地区发展不均衡，基础设施欠完善和物流政策发展滞后所导致的过高的物流成本，已或多或少地抵消了电子商务的种种优势，物流问题已成为电子商务发展过程中越来越凸显的一大障碍。为了突破电子商务的物流瓶颈，研究和探讨适合我国国情的电子商务物流模式就成为当务之急。本项目主要探讨了电子商务运作的自营物流模式、第三方物流模式和物流联盟模式运作的优势及局限性，以及电子商务企业选择物流模式时需要考虑的因素。

实战强化

实训　电子商务企业物流模式选择

一、实训目的

分析各电子商务企业物流模式的运作。

二、实训组织

通过网络购物，体验几个知名的电子商务企业，如三只松鼠、DELL、聚美优品等。分析其物流模式，比较其异同。

三、实训要求

将参加实训的同学分组，运用所学知识及网络工具在教师的指导下进行调研，撰写实训报告，写出实训过程，并比较其异同。

项目 3　电子商务采购管理

随着电子商务在这些年发展的势头势不可挡，越来越多的客户通过互联网进行供应商的选择。与传统采购模式相比，电子商务采购具有不可比拟的优势。如何有效地选择供应商，是新的电子商务企业需要面临的课题。

知识目标

了解电子商务采购的定义及其在供应链中的价值，掌握电子商务采购与传统采购的区别，熟悉电子商务采购平台的功能及实施步骤，掌握采购管理的作业流程。

能力目标

熟悉采购技巧和降低采购成本的方法，掌握供应商的选择方法，具备采购策略分析能力。

素质目标

培养与人沟通的能力，增强有关业务操作能力并培养开拓创新的精神。

项目重点

电子商务采购的定义及作用。

项目难点

电子商务采购与传统采购的区别，采购管理的作业流程。

任务 1　采购管理的定义及作用

任务要点

- 关键词：采购管理、接口
- 理论要点：采购管理的概念、采购管理的作用
- 实践要点：如何将物流技术与采购相结合

任务情境

1986 年，一个日本客户与东北某省外贸公司洽谈毛皮生意，条件优惠却久拖不决。转眼过去了两个多月，原来一直兴旺的国际毛皮市场货满为患，价格暴跌，这时日商再以很低的价格收购，使我方吃了大亏。当时，一个美国代表被派往日本谈判。日方在接待的时候得知对方需于两个星期之后返回，于是日本人没有急着开始谈判，而是花了一个多星期的时间陪对方在

国内旅游，每天晚上还安排宴会。谈判终于在第12天开始，但每天都早早结束，为的是客人能够去打高尔夫球。终于在第14天谈到重点，但这时候美国人该回去了，已经没有时间和对方周旋，只好答应对方的条件，签订了协议。

任务分析

阅读此案例后谈谈你对商务谈判心理的感受如何？一个成功的商务谈判者应注重收集哪些信息？

任务实施

步骤一　采购管理的概念

采购管理是企业为了完成生产和销售计划，在确保质量的前提下，从适当的供应厂商处以适当的价格，适时购入必需数量的物品或服务的一切管理活动。

步骤二　采购管理的作用

1. 保障企业正常生产和经营

降低缺货风险物资供应是物资生产的前提条件，生产所需要的原材料、设备和工具都要由物资采购来提供，没有采购就没有生产条件，没有物资供应就不可能进行生产。

2. 采购供应的物资质量好坏直接决定了本企业生产产品的质量

能不能生产出合格的产品，取决于物资采购所提供的原材料及设备工具的质量好坏。

3. 采购成本构成了企业生产和经营成本的主体部分

采购的成本包括采购费用、购买费用、进货费用、仓储费用、流动资金占用费用及管理费用等。采购的成本太高，将会大大降低物资生产的经济效益，甚至造成亏损，致使企业生产和经营陷入困境。

4. 采购是企业和资源市场的关系接口

采购是企业外部供应链的操作点，只有通过物资采购部门人员与供应商的接触和业务交流，才能把企业与供应商们联合起来，形成一种相互支持、相互配合的关系。待条件成熟以后，可以组织成一种供应链关系，从而使企业在管理方面、效益方面都登上一个崭新的台阶。

5. 采购是企业与市场的信息接口

物资采购人员虽然主要和资源市场打交道，但是资源市场和销售市场是交融混杂在一起的，都处在大市场环境之中。所以，物资采购人员也和市场打交道，比较容易获得市场信息，是企业的市场信息接口，可以为企业及时提供各种各样的市场信息，供企业进行管理决策。

6. 采购是企业科学管理的开端，企业物资供应是直接和生产相联系的

物资供应模式往往会在很大程度上影响生产模式。如果实行准时采购制度，则企业的生产方式类似丰田公司的“看板方式”，企业的生产流程、物料搬运方式都要做很大的变动。如果要实行供应链采购，就需要实行供应商管理库存、多频次小批量补充货物的方式，这也将大大改变企业的生产方式和物料搬运方式。因此，如果物资采购提供一种科学的供应模式，必然会要求生产方式、物料搬运方式都做出相应的变动，共同构成一种科学的管理模式，而且这种科学管理模式是以物资采购供应作为开端而运作的。

触类旁通

采购中存在的利润杠杆效应

采购在企业管理中具有重要地位的原因首先在于采购存在利润杠杆效应。正是这个效应的存在才使得企业的高层管理者们想方设法在采购上下功夫，为企业获取更多的利润，也正因为如此才使采购部门在这个微利时代越来越受到企业高层管理者们的重视。

那么，什么叫利润杠杆效应呢？

举个例子，假设一个企业 50%的资金用于采购原材料，其税前利润为 10%，那么它每收入 10 万元，将获得 1 万元的利润，并且这 10 万元收入中将有 5 万元用于采购。

我们假设采购部经过努力降低了 2%的采购成本，那么在利润中将增加 1000 元。如果换成通过增加销售来获取这 1000 元利润的话，那么要增加 10%的销售额才能实现，即要多卖 1 万元才行。但是不要简单地将 2%和 10%进行比较，因为要降低 2%的采购成本看似不难，但在实际作业中可能就要为这 2%费尽心机，有时虽经过了努力但仍有可能达不到目标。

案例 3-1

在当前全球经济一体化的大环境下，采购管理作为企业提高经济效益和市场竞争能力的重要手段之一，它在企业管理中的战略性地位日益受到国内企业的关注，但现代采购理念在我国的发展过程中，却遭遇到体制和观念的束缚。在采购体系改革方面，对于许多国有企业，虽然集团购买、市场招标的意识慢慢培养起来，但企业内部组织结构却给革新的实施带来了极大的阻碍。中国的大多数企业，尤其是国有企业采购管理薄弱，计划经济、短缺经济下粗放的采购管理模式依然具有强大的惯性。采购环节漏洞带来的阻力难以消除。统计数据显示，在目前中国工业企业的产品销售成本中，采购成本占到 60%左右，可见，采购环节管理水平的高低对企业的成本和效益影响非常大。一些企业的采购行为在表面上认可和接纳了物流的形式，但在封闭的市场竞争中，在操作中没有质的改变。一些采购只是利用了物流的技术与形式，但经常是为库存而采购，而大量库存实质上是企业或部门之间没有实现无缝连接的结果，库存积压的又是企业最宝贵的流动资金。这一系列的连锁反应正是造成许多企业资金紧张、效益低下的局面没有本质改观的主要原因。

与国内从计划模式艰难蜕变出来的大型国有企业相比，欧美企业的理念要先进得多。比如通用汽车公司的采购体系，相对于尚在理论层次彷徨的众多国有企业和民营企业而言，通用汽车公司的采购已经完全上升到企业经营策略的高度，并与企业的供应链管理密切结合在一起。据统计，通用汽车公司在美国的采购量每年为 580 亿美金，全球采购金额总共达到 1400 亿～1500 亿美金。1993 年，通用汽车提出了全球化采购的思想，并逐步将各分部的采购权集中到总部统一管理，并推行 JIT 采购以降低库存损失。目前，通用汽车公司下设四个地区的采购部门：北美采购委员会、亚太采购委员会、非洲采购委员会、欧洲采购委员会。四个区域的采购部门定时召开电视会议，把采购信息放到全球化的平台上来共享，在采购行为中充分利用联合采购组织的优势，协同杀价，并及时通报各地供应商的情况，把某些供应商的不良行为在全球采购系统中备案。

在资源得到合理配置的基础上，通用汽车公司开发了一整套供应商关系管理程序，对供应商进行评估。对好的供应商，采取持续发展的合作策略，并针对采购中出现的技术问题与供应商一起协商，寻找解决问题的最佳方案；而在评估中表现糟糕的供应商，则请其离开通用汽车公司的业务体系。同时，通过对全球供应物流路线的整合，通用汽车公司将各个分部原来自行拟定的繁杂的海运线路集成为简单的洲际物流线路。采购和海运路线经过整合后，不仅使总体采购成本大大降低，而且使各个分部与供应商的谈判能力也得到了质的提升。

（本案例来源：百度文库 https://wenku.baidu.com/view/89be26a30029bd64783e2c68.html）

请思考：

1. 结合资料说明我国国内采购管理和欧美的主要差距。
2. 文中提到，通用汽车的采购是全球供应链集团采购，试阐述其含义。
3. 通用汽车在采购管理中应用到哪些供应链管理和物流技术？有什么作用？

任务 2　电子商务采购与传统采购的区别

任务要点

- 关键词：传统采购、电子商务采购
- 理论要点：电子商务采购、传统采购、信息沟通、标准化
- 实践要点：现代采购的特点

任务情境

信息采购可以在网上进行招标、开标和评标，从而大大加速采购速度。通用电气公司（GE）每天都要向合作者发出零部件采购招标书，为此，通用电气公司要从库房中找到该零部件的蓝图并复印成册，附在采购单后面，装入信封并邮寄给供应商，得到他们的报价后开标采购。1996 年 GE 公司开发了一个开放式的在线采购系统 TPN，用来进行原材料的零部件的招标采购。GE 照明器具公司采用该系统后，企业处理采购事务的人员减少了 60%，相关费用降低了 30%，采购周期也从 18～23 天缩短到 9～11 天，缩短了将近一半，并发现了新的合格供应商。

任务分析

请根据案例给出的信息，通过查阅资料找出 GE 公司具体采取了哪些措施来减少采购时间并降低成本。

任务实施

步骤一　电子商务采购的内涵

电子商务采购是在电子商务环境下的采购模式，也就是网上采购。通过建立电子商务交易平台，发布采购信息，或主动在网上寻找供应商、寻找产品，然后通过网上洽谈、比价、网上竞价实现网上订货，甚至网上支付货款，最后通过线下的物流过程进行货物的配送，完成整个交易过程。

电子商务采购是由采购方发起的一种采购行为，是一种不见面的网上交易，比如网上招标、网上竞标、网上谈判等。人们把企业之间在网络上进行的这种招标、竞价、谈判等活动定义为 B2B 电子商务。事实上，这也只是电子商务采购的一个组成部分。电子商务采购比一般的电子商务和一般性的采购在本质上有了更多的概念延伸，它不仅仅完成采购行为，而且利用

信息和网络技术对采购全程的各个环节进行管理，有效地整合了企业的资源，帮助供求双方降低了成本，提高了企业的核心竞争力。可以说，企业采购电子化是企业运营信息化不可或缺的重要组成部分。电子商务采购使企业不再采用人工办法购买和销售它们的产品，在这一全新的商业模式下，随着买主和卖主通过电子网络而联结，商业交易开始变得具有无缝性，其自身的优势是十分显著的。

步骤二 电子商务采购的模式

1. 卖方模式

卖方模式是指供应商在互联网上发布其产品的在线目录，采购方则通过浏览来取得所需的商品信息，以做出采购决策，并下订单及确定付款和交付选择。

2. 买方模式

买方模式是指采购方在互联网上发布所需采购产品的信息，供应商在采购方的网站上录入自己的产品信息，供采购方评估，并通过采购方网站双方进行进一步的信息沟通，完成采购业务的全过程。此模式与卖方模式是完全相反的。

3. 市场模式

市场模式是指供应商和采购方通过第三方设立的网站进行采购业务的过程。在这个模式里，无论是供应商还是采购商都只需要在第三方网站上发布并描述自己提供或需要的产品信息，第三方网站则负责产品信息的归纳和整理，以便用户使用。该模式是现在电子商务采购模式中应用最广泛的。

可以说以上三种模式都各有利弊，企业应该根据自己的特点来选择最适合自己的模式。

步骤三 传统采购的弊端

1. 采购过程中，采购、供应双方都不进行有效的信息沟通

在传统的采购过程中，选择供应商是一个首要的任务。采购一方为了能够从多个供应商中选择一个最佳的供应商，往往会保留私有信息，因为给供应商提供的信息越多，供应商的竞争砝码就越大，这样对采购一方越有利。因此，采购一方尽量保留私有信息，而供应商也在和其他供应商的竞争中隐瞒自己的信息。这样，采购、供应双方都不进行有效的信息沟通，供应链上的各级企业都无法共享需求、库存信息，各级节点企业都独立地采用订货点技术进行库存决策，不可避免地会产生需求信息的扭曲现象。

2. 没有给予供应商产品质量保证方面的技术支持和信息反馈

质量控制靠采购部门事后把关，采购中要考虑的另外两个重要因素是质量与交货期。但是在传统的采购模式下，要有效控制质量和交货期只能通过事后把关的办法。因为采购一方很难参与供应商的生产组织过程和有关质量控制活动，相互的工作是不透明的，缺乏合作的质量控制会导致采购部门对采购物品质量控制的难度增加。因此，需要通过各种有关标准如国际标准等进行检查、验收。

3. 供应商与需求企业之间是一种简单的买卖关系

在传统的采购模式中，供应与需求之间的关系是一种简单的买卖关系，合作也是临时性的，或者短时间的，而且竞争多于合作。由于缺乏合作与协调，采购过程中各种抱怨和扯皮的事情比较多，很多时间消耗在解决日常事务性问题上，没有更多的时间用来做长期性预测与计划协作，供应与需求之间这种缺乏合作的气氛增加了许多运作中的不确定性。

4. 供应商对采购部门的要求不能做出实时的响应

在传统采购方式中，供应商对制造过程的信息不了解，也不关心制造商的生产活动。由于供应与采购双方在信息的沟通方面缺乏及时的信息反馈，即使在市场需求发生变化的情况下，采购方也不能改变供应方已有的订货合同。因此，采购方在需求减少时库存增加，需求增加时出现供不应求的情况，而重新订货需要增加谈判的过程。

步骤四　电子商务采购的优势

1. 从宏观角度来看

（1）能保证整个市场内部供求双方有效地衔接起来。电子商务采购提高了市场供求信息的透明度，通过其在线交易市场将大量买方和卖方聚集起来，使得供求双方都有了更多的选择，买家更容易找到卖家，卖家也更容易找到买家，有利于供求双方的衔接。

（2）能突破地理和语言障碍，实现从本地化采购向全球化采购的转变。随着世界经济一体化的加剧，全球化采购成为一种必然的趋势，其基本模式就是应用电子商务进行采购。因为互联网既不受时空的限制，也不受语言的限制（它能提供多语言平台），所以电子商务采购能促进国际化采购的发展。

2. 从微观角度来看

（1）有利于扩大供应商范围，提高采购效率，降低采购成本。电子商务面对的是全球市场，所以采购人员用电子商务的模式进行采购时，能从货比三家扩展到货比千家，寻找到最物美价廉的产品，节省了采购费用。

（2）有利于实现采购业务程序的标准化。电子商务采购是在业务流程进行优化的基础上进行的，必须按软件规定的标准流程进行，所以其可以规范采购行为，规范采购市场，大大减少了采购过程中的随意性。

（3）有利于防止采购人员的腐败问题。电子商务是一种“不见面”的交易，采购的相关信息和流程都会在网站公开，计算机会根据设定的标准自动选择供应商，因此交易双方人员无法私下接触，也不存在采购人员收取回扣的事情，遏制了采购人员的腐败问题。

（4）有利于随时了解市场行情和库存情况，科学制订采购计划。企业可以通过网络平台了解最新的产品价格等信息，同时建立自己的电子库存信息档案并且及时更新，这样就可以通过网上查询来获取库存信息，企业结合市场行情和自身的库存情况就能制订出比较科学的采购计划。

（5）有利于缩短采购周期，从而缩短产品生产周期。电子商务采购省略了采购的中间环节，比如采购人员省去了与供应商讨价还价的过程等，而对于挑选供应商的工作也会简单化，可以节省大量的时间，因而电子商务采购将会缩短采购周期，进而缩短产品周期，降低企业生产成本。

触类旁通

电子化采购的实现

电子化采购指应用电子商务技术开展的企业间采购行为。

在电子化采购过程中，从招标方发布招标信息到最后双方签约，主要实现环节如下：

（1）招标方的主要工作是编辑标书并且生成 XML 格式的标书文件，然后再将招标文件发送到电子化采购系统。

（2）由系统将招标文件入库并公布。

（3）招标方在招标文件发布后可以接收投标方的投标文件，并在开标后审阅投标书。

（4）评标方评标后招标方接受评标书。

（5）招标方审阅评标书决定中标者，在决定中标者后给中标者发送采购订单。

在电子化采购过程中，投标方的主要工作是查阅招标书，编辑投标书并数字签名，将投标书生成 XML 文件，加密，发送给招标方，如果中标则接受订单。评标方的主要工作是在开标后审阅授权投标文件，生成评标书，并且数字签名，生成 XML 文件，登录，查看信息加密，发送给招标方。

案例 3-2 克莱斯勒公司：现代采购与供应链管理

很难想象 1979 年的某一天，克莱斯勒公司会没有足够的现金支付给它的雇员、供应商和金融债权人，公司几乎要宣布破产。造成这一现象的主要原因在于它的运营管理，该公司组织内部有功能强大的信息库，但在跨部门或供应链其他成员相联系的功能方面却很差。

资方与工会为敌，采购部门与供应商为敌，而产品开发以工程师为主，生产为客户并不想要的产品，整体公司的运作也不能有效地提高产品质量。

现在的克莱斯勒公司与 30 年前已经大不相同。为了更好地满足汽车购买者的需求，该公司采取了“大企业”策略，将整个公司的采购供应链进行了更好的整合：从原材料到零部件到各零部件的供应商，从生产商到分销商，最后将产品递送给客户。通过这种高度紧密的整合，使克莱斯勒对市场需求的反应更迅速。

采购在克莱斯勒公司的变革中发挥了与众不同的作用。该公司被认为是北美地区与供应商关系最好的企业之一，以前散乱的关系已经让位给更为紧密的供应商管理，供应商能够更早、更积极地参与到新产品的开发中。实际上，主要供应商已经为克莱斯勒开发的每辆汽车和卡车提供了实际的设计和制造系统。采购部门已建立了一项极为成功的供应商建议项目（称为 Score Program），该项目每年能产生数千条的供应商建议，从这些建议中节约的资金每年达到数亿美元。

如果没有了解现代采购流程及知道如何利用这些流程创造价值的人们，这些变化是不可能发送的。克莱斯勒公司意识到采购并不是仅供低素质的采购人员随意进行的传统操作，而是更接近于供应商管理。公司招募大量高学历的专业人员进入采购梯队，当这些人的工作内容从业务采购转变为战略资源管理时，他们必须对现代采购的基本原理有彻底的了解，克莱斯勒公司也使用了一套强有力的训练项目帮助他们发展。管理层明白，采购部门的未来领导者必须在他们承担开发战略的重任之前拥有足够的采购运作经验。

（本案例来源：百度文库 https://wenku.baidu.com/view/66a6d3d9710abb68a98271fe910ef12d2af9a99b.html）

请思考：

1. 克莱斯勒公司在采购方面做出了哪些改变？
2. 结合案例谈谈你对采购工作重要性的认识。

任务 3 电子商务采购流程

任务要点

- 关键词：电子商务采购流程、供应商考核表

- 理论要点：电子商务采购流程
- 实践要点：电子采购的优势

任务情境

1. 彩虹集团实施电子采购三部曲

彩虹集团是电视机中最关键、最核心的技术部件——彩色显像管的制造商。近年来，随着彩电行业的快速升级换代和企业之间竞争加剧，集团领导希望借助信息化手段，达到规范采购管理、降低采购成本的目的，从而为企业效益的提高提供有力的支持。经过广泛的市场调研，彩虹集团最终选择了北京网达信联科技发展有限公司的电子采购解决方案。目前，该系统已经在彩虹集团大规模投入使用，在降低采购成本和提供采购工作效率方面，取得了巨大的成功。

2. 选择合适的方案

电子采购系统包括竞价采购和询比价采购两种模式。竞价采购，又称反拍卖采购，是传统拍卖业务的反向功能，供应商依照采购方制定的规则背靠背多次报价，最终采购方获得最优报价。询比价采购是基于互联网的比质比价系统，侧重于询价，可以有效征集市场潜在供应商。两种采购模式相辅相成，同时包括供应商管理、统计分析等模块，为采购部门提供新式武器，统称为 Wonder-Rat 系统。

3. 小试牛刀

首次应用电子采购系统，项目小组成员在采购物料和投标单位上进行了认真的论证，客户登录电子采购系统，发送产品报价。通过这次应用，业务人员初步掌握了系统的功能操作，对系统操作有了一个直观的认识。组织过多次网上采购之后，随着对系统使用越来越熟练，采购部门的业务人员发现：软件里提供了大量的配置开关，针对不同的采购物资和市场情况，采购部门需要做的就是讨论公司的采购策略，然后在系统中设置相应的参数。例如，对于某些需要供应商保证售后服务的物资，就可以设定评标竞价模式，综合服务质量与供应商报价来确定中标单位。在实验阶段结束时，公司领导发现该系统确实为公司节约了成本，它能以比原来低 5%～15%的价格采购物料，与供应商的交流更加迅速、有效。

4. 大规模应用

大规模应用，首先对集团公司内部更多采购人员进行系统培训；其次对供应商进行系统培训。制定规章制度，要求采购人员必须掌握 Wonder-Rat 系统的功能操作，这也成为采购人员的必备素质。

任务分析

分析电子化采购改变了传统采购的哪些内容；如何更好地让供应商接受培训，在这个电子化采购系统应用中供应商有哪些收获？

任务实施

电子商务中电子采购是其中心功能，已成为各种企业的主要兴趣点。采购是发生在企业与其上游供应商之间的商务活动，是商业中存在最大潜在获益机会的领域，也是企业可以通过节约成本赢得竞争优势的领域。采购管理历来是企业管理的重要领域，其运作管理水平对于企业提升经营绩效起到了决定性作用。而从现代采购管理的环境看，在电子商务模式下，采购供应活动真正改变了原来无战略细分和供应管理的局面，实现了采购管理的 5R，即采购供应有恰当的数量、恰当的时间、恰当的地点、恰当的价格及恰当的来源。

电子商务采购实施可以按照如下几个步骤进行：

第一步，要进行采购分析与策划，对现有采购流程进行优化，制定出适宜网上交易的标准采购流程。

第二步，建立网站。这是进行电子商务采购的基础平台，要按照采购标准流程来组织页面。可以通过虚拟主机、主机托管、自建主机等方式来建立网站，特别是加入一些有实力的采购网站，通过它们的专业服务，可以享受到丰富的供求信息，起到事半功倍的作用。

第三步，采购单位通过互联网发布招标采购信息（即发布招标书或招标公告），详细说明对物料的要求，包括质量、数量、时间、地点等，以及对供应商的资质要求等。也可以通过搜索引擎寻找供应商，主动向他们发送电子邮件，对所购物料进行询价，广泛收集报价信息。

第四步，供应商登录采购单位网站，进行网上资料填写和报价。

第五步，对供应商进行初步筛选，收集投标书或进行贸易洽谈。

第六步，网上评标，由程序按设定的标准进行自动选择或由评标小组进行分析评比。

第七步，在网上公布中标单位和价格，如有必要对供应商进行实地考察后签订采购合同。

第八步，采购实施。中标单位按采购订单通过运输交付货物，采购单位支付货款，处理有关善后事宜。按照供应链管理思想，供需双方需要进行战略合作，实现信息的共享。采购单位可以通过网络了解供应单位的物料质量及供应情况，供应单位可以随时掌握所供物料在采购单位中的库存情况及采购单位的生产变化需求，以便及时补货，实现准时化生产和采购。

触类旁通

供应商的评估

供应商的管理与选择过程是复杂和费时的，尤其是在供应商评估方面，如表 3-1 所示为某企业选择供应商的考核表，可作为参考。

表 3-1　供应商的考核表

供应商名称：			联系人：	
地址及邮箱：			电话：	
项目	配分	考核内容及方法	得分	考核人
价格	最高分为 40 分，标准分为 20 分	根据市场最高价、最低价、平均分，自行评估制定标准价格，标准价格对应分数为 20 分。每高于标准价格 1%，标准分扣 2 分，每低于标准价格 1%加 2 分。统一供应商供应几种物料，得分按平均分计算		
品质	30 分	以交货批退率考核 批退率=退货批数÷交货总批数 得分=30 分×(1−批退率)		

续表

逾期率	20 分	逾期率=逾期批数÷交货批数 得分=20 分×(1−逾期率) 另外，逾期一天，加扣 1 分；逾期造成停工待料 1 次加 1 分		
配合度	10 分	1．出现问题，不太配合解决，每次扣 1 分 2．公司会议正式批评或抱怨一次扣 1 分 3．客户批评一次或抱怨一次扣 1 分		
总计				

案例 3-3

山东鲁抗医药集团有限公司是中国重要的抗生素生产基地，是国有大型企业，公司总资产 38 亿元，拥有 9 家控股子公司，一家上市公司，现有员工 7000 余人。公司产品于 1995 年在全国西药系统首家通过 ISO9001 国际质量体系认证，享有进出口自营权，远销 40 多个国家和地区，年出口创汇 3000 万美元。

鲁抗医药的客户及供应商遍布全国，主要供应商有 400 余家，其原有采购流程主要依靠 E-mail 或传真方式与供应商进行交互，供应商来源则通过朋友介绍或网上搜寻，在不断合作中逐渐形成自己的合格供应商库。2007 年 1 月开始借助必联采购网，实施电子化采购，并采取有力措施持续推进网上采购。

在供应商的支持与配合下，鲁抗医药在采购管理工作上实现了跨越式发展，网上采购成交金额快速增长。截至 2008 年年底，网上累计成交 41 亿元，网上年采购金额达 40.98 亿元。并且，经过两年多的推广，鲁抗医药生产所需要的医药原辅料、钢材、机电设备等都实现了网上采购，网上采购品种也从最初的 3 大类，上升到 17 大类，包括原辅料等战略性物资。

鲁抗医药运用电子采购平台以来，简单、快捷、安全的交易方式受到了其供应商的一致认可，也提高了采购方本身的业务效率。采购管理平台使得采购业务和企业生产管理更为密切，实现了数据的一体化管理，减少了采购管理上的信息盲区。目前，鲁抗医药电子采购系统应用模式已步入成熟，该系统也正在被快速应用到鲁抗医药的更多供应商，对鲁抗医药的其他信息化推广项目，必联采购网发挥出巨大的效益。

（本案例来源：百度文库 https://wenku.baidu.com/view/f5891c0af12d2af90242e679.html）

请思考：

1. 鲁抗医药集团有限公司先后采取了什么措施来实现由传统采购向电子化采购转变的？
2. 这些措施为公司带来的好处有哪些？
3. 请课后查阅相关资料，再举例分析电子化采购的优势。

项目小结

电子商务采购是指通过建立电子商务交易平台，发布采购信息，或主动在网上寻找供应商、寻找产品，然后通过网上洽谈、比价、网上竞价实现网上订货，甚至网上支付货款，最后通过线下的物流过程进行货物的配送，完成整个交易过程。电子商务采购在供应链中起着至关重要的作用，与传统采购相比具有不可比拟的优势，其平台与功能及实现需要相关技术的配备。

实战强化

实训　电子商务采购运用

一、实训目的

理解电子商务在物流企业采购中的作用，培养学生分析问题的能力和表达能力。

二、实训组织

假设自己所在的班级是一个传统企业，现在需要引进电子商务对企业的采购业务模式进行改造，以提高公司运行效率以及盈利能力。

全班学生可分别扮演公司中不同角色，并结合本项目所学知识和不同角色所处的地位，提出对公司改革的一些意见。

三、实训要求

（1）学生要独立完成。

（2）每位学生撰写实训报告，由老师对其进行评价。

项目 4　物流系统及基本功能概述

系统对于物流来说是一个十分重要的概念，物流与运输、仓储等的本质区别就在于物流贯穿着系统化管理思想和系统化运作方式，物流本身就是一个系统。物流管理就是运用物流系统的思想方法对物流活动实施计划、控制、组织、协调，以实现降低物流成本、提高物流运作效率、提高物流服务水平的目的。物流思想就是系统思想在物流领域的体现。准确地把握物流系统的本质，对于理解物流、学习物流的理论和方法，具有十分重要的意义。

知识目标

能够清晰描述物流系统的概念及特征；了解物流系统的构成要素及其目标；能够对物流系统进行合理的分析；能够理解物流系统各基本功能的概念、作用及相互联系。

能力目标

学会运用所学知识，分析现实生活中的物流系统；能够正确理解物流系统的功能和作用；能够对物流系统各基本功能进行详细描述；熟练地对各基本功能的作业流程以及要点进行描述。

素质目标

培养强烈的集体荣誉感、养成不断学习的习惯，培养开拓创新的精神。

项目重点

能够对物流系统的功能以及物流系统各基本功能进行详细描述。

项目难点

能够对物流系统各基本功能的作业流程进行描述。

任务 1　物流系统

任务要点

- 关键词：物流系统、社会经济、目标
- 理论要点：物流系统的概念、特点、目标
- 实践要点：物流系统的整合

任务情境

情境 1

“系统”一词源于英文 System 的音译，指将零散的东西进行有序的整理、编排形成的具

有整体性的整体。在生活、学习、工作中，我们太多次听到这个词。比如，我们拨打通信运营商的客服电话经常会听到：系统正忙，请您稍后再拨；医学课上老师会讲到人体的呼吸系统、消化系统、神经系统等；稍具规模的企业一般内部会分为生产系统、信息系统、销售系统等；运算器、控制器、存储器、输入/输出设备组成了计算机的硬件系统，而硬件系统又是计算机系统的一个子系统。

情境 2

目前，蒙牛的产品运输主要通过汽车和火车集装箱两种方式。蒙牛在保证产品质量的情况下，会尽量选择费用较低的运输方式。对于低温产品的长途运输，为使产品能够快速地送达消费者手中，蒙牛也会采用成本较为高昂的汽车运输。例如，北京销往广州等地的低温产品，全部采用汽运。虽然汽运成本较铁路运输高出很多，但在时间上得到了保证。为了更好地了解汽车运行的状况，蒙牛还在一些运输车上安装了 GPS 系统，GPS 系统可以跟踪了解车辆的情况，比如行驶状态、所处位置、车速、车箱内温度等。管理人员可以在网站上查看所有安装 GPS 系统的车辆信息。GPS 系统的应用，给物流管理和客户都带来了便利，并可防止司机在途中长时间停车而影响货物及时送达。

对那些保质期比较长的产品，主要依靠内蒙古的工厂来供应，因为这里有最好的奶源。产品的长途运输主要依靠火车集装箱来完成。与公路运输相比，这样更能节省费用。在火车集装箱运输方面，蒙牛与中铁集装箱运输公司开创了牛奶集装箱“五定”班列这一铁路运输的新模式。“五定”即“定点、定线、定时间、定价格、定编组”。“五定”班列一站式直达有效地保证了牛奶运输的及时、准确和安全。

2003 年 7 月 20 日，首列由呼和浩特至广州的牛奶集装箱“五定”班列开出，来自内蒙古的优质牛奶由此被运送到了祖国的大江南北，打通了蒙牛运输的“瓶颈”。目前，蒙牛销往华东、华南的牛奶有 80%是依靠铁路运到上海、广州，然后再向其他周边城市分拨。现在，得益于“五定”列车，上海的消费者在 70 个小时内就能喝上来自草原的鲜奶。

此外，蒙牛的每一次运输活动都经过了周密的计划，运输车辆每次往返都会将运进来的外包装原材料和运出去的产成品做好细致的安排，使车辆的使用率提高了很多。

任务分析

你还在哪里听到过“系统”这个词？请用自己的语言描述系统的含义。并结合案例描述物流系统的含义。企业在进行物流运输系统设计时需考虑哪些关键因素？

任务实施

步骤一　物流系统的内涵

物流系统指在一定的时间和空间里，由所需输送的物料和包括有关设备、输送工具、仓储设备、人员及通信联系等若干相互制约的动态要素构成的具有特定功能的有机整体物流系统。随着计算机科学和自动化技术的发展，物流管理系统也从简单的方式迅速向自动化管理演变，其主要标志是自动物流设备（如自动导引车、空中单轨自动车、堆垛机等）和物流计算机管理与控制系统的出现。

物流系统是典型的现代机械与电子相结合的系统。现代物流系统由半自动化、自动化及具有一定智能的物流设备和计算机物流管理与控制系统组成。任何一种物流设备都必须接受物流系统计算机的管理控制，接受计算机发出的指令，完成其规定的动作，反馈动作执行的情况或当前所处的状况。智能程度较高的物流设备具有一定的自主性，能更好地识别路径和环境，本身带有一定的数据处理功能。

步骤二 物流系统的特点

物流系统是由人和形成劳动手段的设备、工具所组成的，它表现为物流劳动者运用运输设备、装卸搬运机械、仓库、港口、车站等设施，作用于物资的一系列生产活动。物流系统的特点主要有以下几点。

1. 物流系统是一个“人机系统”

在一系列的物流活动中，人是系统的主体。因此，在研究物流系统各个方面的问题时，应把人和物有机地结合起来，作为不可分割的整体，加以考察和分析，并且始终把如何发挥人的主观能动作用放在首位。

2. 物流系统是一个大跨度系统

这表现在两个方面：第一，地域跨度大；第二，时间跨度大。在现代经济社会中，企业间的物流经常会跨越不同的地域，国际物流的地域跨度更大。此外，现在通常采取储存的方式解决产需之间的时间矛盾，这样导致时间跨度往往也很大。大跨度系统带来的问题是管理难度较大，对信息的依赖程度较高。

3. 物流系统是一个可分系统

作为物流系统，无论其规模多么庞大，都可以分解成若干个相互联系的子系统。这些子系统的多少和层次的阶数，是随着人们对物流的认识和研究的深入而不断扩充的。系统与子系统之间，子系统与子系统之间，存在着时间和空间上及资源利用方面的联系；也存在总的目标、总的费用以及总的运行结果等方面的相互联系。

4. 物流系统是一个动态系统

一般的物流系统总是联结多个生产企业和用户，随着需求、供应、渠道、价格的变化，系统内的要素及系统的运行也经常发生变化。这就是说，社会物资的生产状况、社会物资的需求变化、资源的变化、企业间的合作关系，都随时随地影响着物流，物流受到社会生产和社会需求的广泛制约。人们必须对物流系统的各组成部分不断地修改、完善，这就要求物流系统具有足够的灵活性与可改变性。在社会变化较大的情况下，要对物流系统重新进行系统的设计。

5. 物流系统是一个复杂的系统

物流系统运行的对象是遍及全社会的物质资源，资源的大量化和多样化带来了物流的复杂化。首先，物资资源品种成千上万，数量极大；其次，从事物流活动的人员数以百万计，队伍庞大；再次，占用着大量的流动资金；最后，物资供应点遍及全国城乡各地。如何将这些人力、物力、财力资源组织并合理利用，是一个非常复杂的问题。

6. 物流系统是一个多目标函数系统

物流系统的多目标常常表现出“目标背反”。因此，我们讲系统要素间有着非常强的“背反”现象，常称为“交替背反”或“效益背反”现象（图 4-1），在处理时稍有不慎就会出现总体恶化的结果。通常，对物流数量，希望最大；对物流时间，希望最短；对服务质量，希望最好；对物流成本，希望最低。显然，要满足上述所有要求是很难的。例如，在储存子系统中，站在保证供应、方便生产的角度，人们会要求大数量、多品种储存物资；而站在加速资金周转、减少资金占用的角度，人们则提出减少库存。又如，最快的运输方式是航空运输，时间效用虽好，但运输成本高，经济效益不一定最佳；而选择水路运输，则情况相反。所有这些相互矛盾的问题，在物流系统中广泛存在。然而，物流系统又恰恰要在这些矛盾中运行。若使物流系统在各方面都能满足人们的要求，显然要建立物流多目标函数，并在多目标中求得物流的最佳效果。

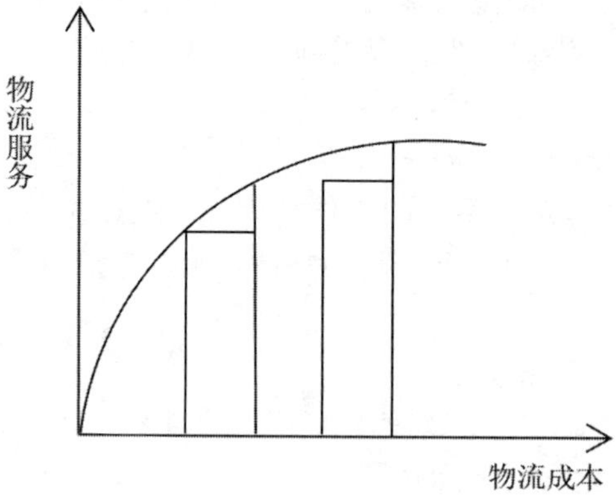

图 4-1　效益背反示意图

步骤三　物流系统的目标

物流系统是社会经济的一部分，其目标是宏观经济效益和微观经济效益。

物流系统的宏观经济效益指物流系统作为一个子系统，对整个社会流通及国民经济效益的影响。物流系统是社会经济系统的一部分，如果物流系统的建立破坏了母系统的功能及效益，那么，物流系统尽管功能理想，也是不成功的。物流系统不但对宏观经济效产生作用，而且对社会其他方面发生影响，比如，物流设施的建立还会对周边的环境带来影响。

物流系统的微观经济效益指该系统本身在运行活动中所获得的企业效益。其直接表现形式是这一物流系统通过组织“物”的流动，实现本身所耗与所得之比。系统基本运行商定后，效益主要表现在企业通过物流活动所获得的利润，或者物流系统为其他系统所提供的服务上。

建立和运行物流系统时，要以宏观和微观两个效益为目标。具体来说，也就是“5S”目标。

1. 服务（Service）

以用户为中心，树立用户第一的观念。在物流运输中要防止缺货、货物损伤或丢失等情况发生，满足消费者的需求，就要求物流公司对消费者有很强的服务意识。物流系统采取的送货、配送等形式，是其服务性的体现。

2. 快速（Speed）

物流配送的快速、及时是服务性的延伸，既是用户的要求，也是社会发展进步的要求。随着社会大生产的发展，对物流快速的要求也更加强烈。诸如直达物流、多式联运时间表系统等管理和技术，就是快速目标的体现。

3. 低成本（Saving）

物流成本过高一直是约束物流公司发展的问题之一。在物流领域中，由于流通过程消耗大，但基本上不增加或不提高商品的使用价值，所以除了节约流通时间之外，依靠节约来降低投入是提高相对产出的重要手段。比如：推行集约化经营方式，提高物流作业的能力，采取各种节约、省力、降耗措施，均可实现降低物流成本的目标。

4. 规模优化（Scale Optimization）

物流系统比生产系统的稳定性差，因此难于形成标准的规模化模式，也难以获得规模效益。以物流规模作为物流系统的目标，是以此来追求“规模效益”。可以分散或集中等不同方式建立物流，研究物流的集约化程度，来体现规模优化。

5. 库存控制（Stock Control）

库存控制是及时性的延伸，也是物流系统本身的要求，涉及物流系统的效益。物流系统通过自身的库存，对众多生产企业与消费者的需求起到保证作用，从而创造一个良好的社会外部环境。库存过多则需要更多的保管场所，并且产生浪费；库存过少，难以满足消费者的需求。因此，必须按照生产与流通的需求变化对库存进行控制。

要提高物流系统化的效果，就要把从生产到消费过程的货物量作为一贯流动的物流量来看待，依靠缩短物流线路、缩短物流时间使物流作业合理化、现代化，从而实现物流系统的目标。

触类旁通

商贸物流发展“十三五”规划

商贸物流是指与批发、零售、住宿、餐饮、居民服务等商贸服务业及进出口贸易相关的物流服务活动。加快发展商贸物流业，有利于提高流通效率，降低物流成本，引导生产，扩大消费。根据《国民经济和社会发展第十三个五年规划纲要》《物流业发展中长期规划（2014—2020 年）》，制定本规划。规划期为 2016—2020 年。

主要任务：

（1）构建多层次商贸物流网络。服务于“一带一路”建设、京津冀协同发展、长江经济带发展等国家战略，构建具有国际竞争力、区域带动力的全国性商贸物流节点城市和具有地区辐射能力的区域性商贸物流节点城市。以满足消费升级、产业转型和城市发展为目标，加快构建物流分拨中心、专业配送中心、末端配送网点三级网络为主的城市配送体系。加强农村物流网络体系建设，支持建设县、乡镇综合性物流配送中心和末端配送网点。畅通城乡商贸物流通道，促进城市物流和农村物流的高效衔接。加大对老少边穷地区的支持，完善商贸物流服务网络，打通特色产品销售渠道。

（2）加强商贸物流基础设施建设。推进物流园区转型升级，加强园区水、电、路、网络、通信、热力等基础设施建设，提升仓储、运输、配送、信息等公共服务水平，通过信息平台引导线上、线下对接，拓展物流园区增值服务功能。加强城市配送中心建设，支持具有公益性的城市配送公共服务设施建设，推动位于城市或城乡结合部的货运场站转型为社会化配送中心。加强末端配送网点建设，提升末端配送网点覆盖率，完善配送停靠和装卸设施。

（3）加强商贸物流标准化建设。重点完善基础类、服务类商贸物流标准，加快形成覆盖仓储、运输、装卸、搬运、包装、分拣、配送等环节的商贸物流标准体系。鼓励和引导企业主动应用国家标准，支持行业协会、科研机构和企业参与物流标准的制订和宣传贯彻工作。以“互联网+”为驱动，推动适应电子商务、连锁经营、共同配送等现代流通方式发展的商贸物流设施设备标准化、服务标准化和信息标准化。发展单元化物流，以标准托盘（1200mm×1000mm）循环共用为切入点，推广包装基础模数（600mm×400mm）和集装器具，带动上下游物流标准化水平提高。

（4）加强商贸物流信息化建设。深入实施“互联网+”高效物流行动，构建多层次物流信息服务平台，发展经营范围广、辐射能力强的综合信息平台、公共数据平台和信息交易平台。运用市场化方式，提升商贸物流园区、仓储配送中心、末端配送站点信息化、智能化水平。推广应用物联网、云计算、大数据、人工智能、机器人、无线射频识别等先进技术，促进从上游供应商到下游销售商的全流程信息共享，提高供应链精益化管理水平。鼓励有条件的地区开展政府物流信息共享平台建设，将交通运输、海关、税务、工商等部门可公开的电子政务信息进行整合后向社会公开，实现便民利企。顺应流通全渠道变革和平台经济发展趋势，探索发展与生产制造、商贸流通、信贷金融等产业协调联动的智慧物流生态体系。

（5）推动商贸物流集约化发展。大力提升商贸物流企业组织化程度，鼓励商贸物流企业进行资产重组、业务融合和流程再造，形成一批技术水平先进、主营业务突出、核心竞争力强的大型现代物流企业集团。鼓励中小企业通过联盟、联合等多种方式，实现资源整合优化，提升集约化发展水平。鼓励大企业通过平台集聚带动中小企业的组织化和信息化水平提高。打破地区和行业界限，按照物流需求规模及增长潜力，整合需求不足和同质化竞争严重的物流园区，推动各类分散仓储配送资源与大型物流园区衔接配套，引导企业自用仓储配送设施对外开放。支持第三方物流发展，拓展物流方案设计、智能包装、设备租赁等增值服务，着力提升第三方物流服务水平。

（6）推动商贸物流专业化发展。重点推动电子商务、冷链、医药、生产资料等专业物流发展。大力发展电子商务物流，引导向中小城市以及县、乡镇延伸服务网络，形成“结构优化、功能强大、运作高效、服务优质”的电子商务物流体系。发展冷链物流，加强多温层节能冷库、加工配送中心、末端冷链设施建设，鼓励应用专业冷藏运输、全程温湿度监控等先进技术设备，建设标准健全、功能完善、上下游有效衔接的冷链物流服务体系。加快发展医药物流，推进医药物流资源集中配置，鼓励大型医药批发企业提供社会化医药物流服务，提升专业化医药物流水平。鼓励生产资料流通企业强化物流服务功能，拓展仓储、加工、配送、追溯、展示等配套服务，推进生产资料物流企业向供应链集成服务商转型发展。

（7）推动商贸物流国际化发展。推动国际物流发展，支持在“一带一路”国际大通道、沿线中心城市、重点港口、重点境外经贸合作区建设物流中心，发展商贸物流型境外经贸合作区。以跨境电子商务发展为重点，引导和鼓励有条件的企业科学规划、有序建设海外物流基础设施，打造具有较强辐射能力的公共海外仓。支持行业协会开展国际合作，建设仓储资源信息平台，促进国内外仓储资源共享。鼓励国内商贸物流企业与外商投资企业加强合作，提升商业创新水平和现代服务理念，实现结构升级和服务能力提升。

（8）促进商贸物流绿色化转型。引导企业创新绿色物流运作模式，通过信息技术优化物流资源配置和仓储配送管理，实现节能降耗。推动物流企业建设能源管理体系，建立绿色节能低碳运营管理流程和机制，加快淘汰落后用能设备。发展绿色仓储，建设绿色物流园区，加强仓库建筑创新与节能减排技术应用。推广节油技术和绿色节能运输设备，鼓励配送企业使用新能源汽车、经济型节油车、轻量化起重搬运设备。积极研发和推广可循环利用、可降解的新型包装材料，鼓励使用绿色循环低碳产品。推动流通企业、电子商务企业、物流企业等利用销售配送网络，建立逆向物流回收体系，利用大数据、云计算等技术优化逆向物流网点布局，提高运营效率。

（9）建设商贸物流信用体系。建立科学合理的商贸物流信用评价体系，研究制定规范统一的信用评价办法，建立信用评价长效机制。将物流企业行政许可、行政处罚、经营异常目录和严重违法失信企业名单（黑名单）、抽查检测结果等信息，通过全国信用信息共享平台和国家企业信用信息公示系统进行归集公示。引导物流园区、物流信息平台、电子商务物流企业等建立对入驻商户和上下游企业的信用评价机制，倡导企业诚信经营。充分发挥行业组织作用，为商贸物流企业和从业人员提供政策、法律、咨询、市场信息等配套服务，增强商贸物流企业和从业人员的诚信意识和风险防范意识。

案例 4-1

SGM 是一家中美合资的汽车公司，它拥有世界上最先进的弹性生产线，能在一条流水线上同时生产不同型号、不同颜色的车辆，每小时可生产 27 辆汽车，在国内首创订单生产模式，即根据市场需求控制产量；同时生产供应采用 JIT 运作模式。为此，该公司需实行零库存管理，所有汽车零配件的库存在运输途中，不占用大型仓库，仅在生产线旁设立小配送中心，维持最低安全库存。这就要求公司在采购、包装、海运、港口报关、检疫、陆路运输等一系列环节的衔接必须十分紧密，不能有丝毫差错。

在实际执行过程中，SGM 公司的市场计划周期为一周，而运输周期为 4 个月。这样一来，市场计划无法指导运输的安排，为了确保生产的连续性，该公司只能扩大其零配件的储备量，致使大量到港的集装箱积压。造成的结果是：加大库存量，不得不另租用集装箱场地；为解决部分新零件的供应，在库存饱和状态下，只能采取人工拆箱，工人们 24 小时拆箱仍跟不上生产的进度；由于拆箱次数的增多，SGM 公司的信息管理系统出现混乱，无法确认集装箱的实际状态，导致该公司的物流总成本有较大增加。

（本案例来源：百度文库 https://wenku.baidu.com/view/5a34f275b94ae45c3b3567ec102de2bd9605de6f.html）

请思考：尝试分析案例中 SGM 汽车公司的困境，并说说如何才能解决该公司的困境。

任务 2　包装

任务要点

- 关键词：物流、包装、标志
- 理论要点：包装的概念、功能、分类、标志
- 实践要点：商品的具体包装细节

任务情境

网购达人尹小姐趁着“双 11”淘了不少东西。尹小姐告诉记者，拆包裹让她很头疼。“化妆品的包裹，里面塞满了大大小小的海绵块，商品的体积其实很小。快递包裹（图 4-2）外面缠着厚厚的胶带，还有一层又一层的纸箱、塑料袋。”据媒体报道，近两年，我国收发快递总件数每年都在 48 亿件左右，如果按照每件快递使用 1 米长的胶带计算，我国快递业每年用掉的 PVC（聚氯乙烯）透明胶带足以沿赤道绕地球近 120 圈，这些垃圾埋在土壤里 100 年都不会降解。

图 4-2　快递包裹

而国家邮政局统计数据显示，2017 年 11 月 11 日至 16 日“双 11”期间，全国快递业务总量为 15 亿件，比去年“双 11”同期增长 30%。随着快递件数越来越多，过度包装造成的浪费与污染也越来越令人担忧。

任务分析

我国生产和流通领域的包装存在哪些问题？“双 11”购物后大量商品的包装处理问题给你带来哪些启示？

任务实施

在社会再生产过程中，商品包装出现在生产过程的末尾和物流过程的开端。传统的生产观念认为，商品包装是生产过程的最后一个环节，所以在实际的生产过程中，商品包装的设计都是从生产的角度来考虑的，不足以适应物流的需要。在现代物流领域，一般都把商品包装看成物流过程的起点。

步骤一　包装的定义及功能

包装是指在流通过程中为保护产品、方便储存、促进销售，按一定技术方法而采用的容器、材料及辅助物等的总体名称，包括为了达到上述目的而进行的操作活动。

包装的功能主要有：防止物资的破损变形；防止物资发生化学变化；防止有害生物对物资的影响；防止异物混入、污物污染、丢失、散失；方便物资的储存、装卸；销售功能等。

步骤二　物流与包装的关系

包装在整个物流活动中具有特殊的地位。在生产和流通过程中，包装处于生产过程的末尾和物流过程的开头，即包装既是生产的终点，又是物流过程的始点。包装是物流活动的基础，没有包装几乎不可能实现物流的其他活动（散货物流除外）。因此，包装贯穿于整个物流过程，它的材料、形式、方法及外形设计都对其他物流环节产生重要的影响。包装除了对物流活动的经济性产生影响以外，还对物流活动的安全性也产生重要的影响。包装为物流系统的构成要素之一，与运输、保管、搬运、流通加工均有十分密切的关系。运输与物流的关系如图 4-3 所示。

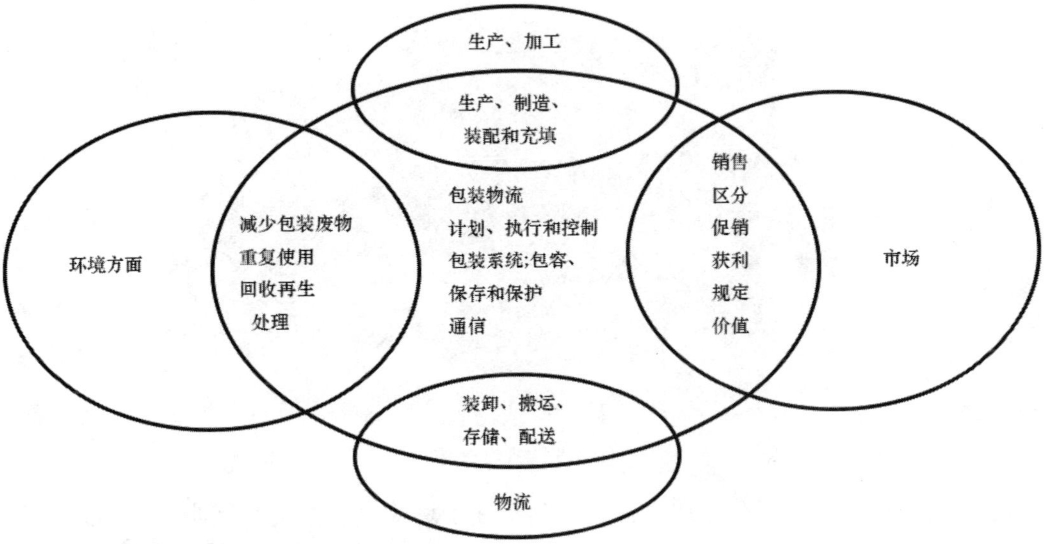

图 4-3　运输与物流的关系

包装是生产的终点，同时又是物流的起点。因此，应根据生产后的物流系统情况来考虑包装；同时，物流也受包装的制约。

步骤三　包装的分类

包装的分类就是把包装作为一定范围的集合总体，按照一定的分类标准或者特征，将其划分为不同的类别。

1. 按包装目的分类

（1）运输包装（Transport Package）。运输包装（图 4-4）又称工业包装、外包装，以保护功能为主，也具有便利功能。

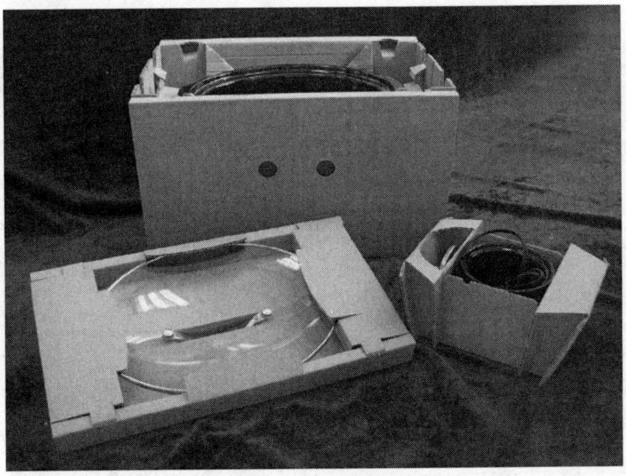

图 4-4　运输包装

（2）销售包装（Promotion Package）。销售包装（图 4-5）以销售为主要目的，与内装物一起具有保护、美化、宣传商品的作用，对商品起促销作用。

图 4-5 销售包装

运输包装与销售包装存在矛盾。例如，为了便于运输，包装应当结实。但如此一来，外部形体不够美观，不利于销售。而有促进销售效果的销售包装，大多比较单薄，强度较低，保护效果较差。为了实现物流的合理化，可以使运输包装采用与销售包装同样的创意，同时具有销售包装的功能。

2. 按形态不同分类

可以分为大包装、中包装、小包装，或硬包装、软包装等。

3. 按包装方法分类

可以分为缓冲包装、防锈包装、真空包装、充气包装、灭菌包装、贴体包装、组合包装等。

4. 按包装材料分类

可以分为纸类包装、塑料类包装、金属类包装、玻璃和陶瓷类包装、木材和复合材料类包装等。常用包装材料如图 4-6 所示。

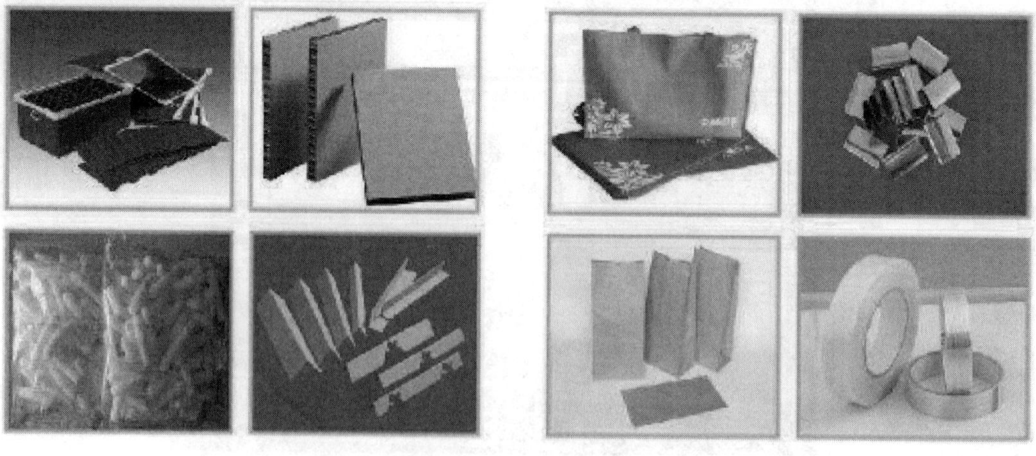

图 4-6 常见包装材料

5. 按包装使用次数分类

可以分为一次性包装、复用性包装、周转性包装等。

6. 包装的其他分类方法

（1）按运输方式不同，分为铁路货物包装、卡车货物包装、船舶货物包装、航空货物包装及零担包装和集合包装等。

（2）按包装防护目的不同，分为防潮包装、防锈包装、防霉包装、防震包装、防水包装、遮光包装、防热包装、真空包装、危险品包装等。

（3）按包装操作方法的不同，分为罐装包装、捆扎包装、裹包包装、收缩包装、压缩包装和缠绕包装等。

步骤四　商品包装储运标志

商品包装上的储运标志是根据商品的性质，在包装的一定位置上以简单醒目的图案和文字提示货物在运输、搬运、装卸、储存、堆放和开启时应该注意的事项。

我国国家标准《包装储运图示标志》（GB/T 191—2008），对标志的名称、图形、尺寸、颜色和使用方法等都做了明确的规定。标志名称和图形见表 4-1。

表 4-1　标志名称和图形

序号	标志名称	标志图形	含义
1	易碎物品		运输包装件内装易碎品，因此搬运时应小心轻放
2	禁用手钩		搬运运输包装件时禁用手钩
3	向上		表明运输包装件的正确位置是竖直向上
4	怕晒		表明运输包装件不能直接日光照晒
5	怕辐射		包装物品一旦受辐射便会完全变质或损坏

续表

序号	标志名称	标志图形	含义
6	怕雨		包装件怕雨淋
7	重心	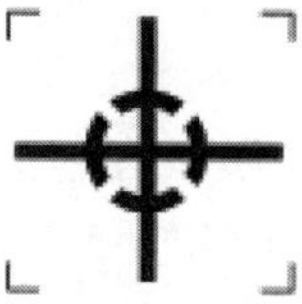	表明一个单元货物的重心
8	禁止翻滚		不能翻滚运输包装
9	此面禁用手推车		搬运货物时此面禁放手推车
10	禁用叉车		不能用升降叉车搬运的包装件
11	由此夹起		表明装运货物时夹钳放置的位置
12	此处不能卡夹		表明装卸货物时此处不能用夹钳夹持
13	堆码重量极限		表明该运输包装件所能承受的最大重量极限

续表

序号	标志名称	标志图形	含义
14	堆码层数极限	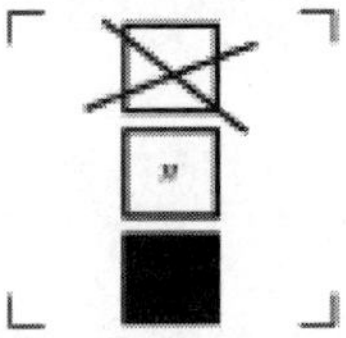	相同包装的最大堆码层数
15	禁止堆码	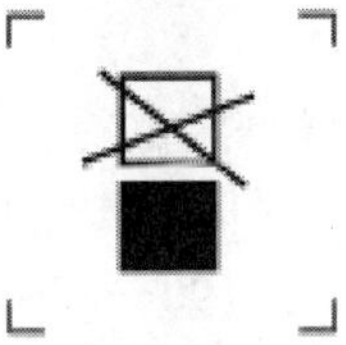	该包装件不能堆码，并且其上也不能放置其他负载
16	由此吊起	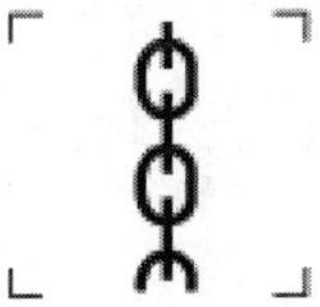	起吊货物时挂链条的位置
17	温度极限		表明运输包装件应该保持的温度极限

包装储运标志的尺寸分为 4 种，详见表 4-2。

表 4-2　包装储运标志的尺寸　　单位：（cm）

序号	长	宽	序号	长	宽
1	70	50	3	210	150
2	140	100	4	280	200

注　如遇特大或特小的运输包装件，标志的尺寸可以适当扩大或缩小。

步骤五　标志的使用方法

1. 标志的打印

可采用印刷、粘贴、拴挂、钉附及喷涂等方法打印标志。印刷时，外框线及标志名称都要印上；喷涂时，外框线及标志名称可以省略。

2. 标志的数目和位置

一个包装件上使用相同标志的数目，应根据包装件的尺寸和形状决定。

标志在包装件上的粘贴位置：

（1）箱类包装：位于包装端面或侧面。

（2）袋类包装：位于包装明显处。

（3）桶类包装：位于桶身或桶盖。

（4）集装单元货物：应位于四个侧面。

标志的使用应按如下规定：

（1）标志 1“易碎物品”应标在包装件所有四个侧面的左上角处。

（2）标志 3“向上”应标在与标志 1 相同的位置上，当标志 1 和标志 3 同时使用时，标志 3 应更接近包装箱角。

（3）标志 7“重心”应尽可能标在包装件所有六个面的重心位置上，至少也应标在包装件四个侧、端面的重心位置上。

（4）标志 16“由此吊起”至少贴在包装件的两个相对面上。

步骤六　危险货物包装标志

危险货物包装标志是指在商品包装上以特定的标记，表明危险货物的类别和性质，以便物流各个环节有关人员严格按照作业要求，采取防护措施，保证安全。

我国国家标准《危险货物包装标志》（GB 190－2009）对标志的类别、名称、尺寸、图案、颜色和使用方法等都做了明确的规定。危险货物包装标志名称及图案见表 4-3。

表 4-3　危险货物包装标志名称及图案

图案	标志名称	简介	图案	标志名称	简介
	爆炸品	爆炸品（符号：黑色；底色：橙红色）		爆炸品	爆炸品（符号：黑色；底色：橙红色）
	爆炸品	爆炸品（符号：黑色；底色：橙红色）		杂类	杂类（符号：黑色；底色：白色）
	易燃气体	易燃气体（符号：黑色或白色；底色：正红色）		易燃液体	易燃液体（符号：黑色或白色；底色：正红色）
	不燃气体	不燃气体（符号：黑色或白色；底色：绿色）		有毒气体	有毒气体（符号：黑色；底色：白色）

续表

图案	标志名称	简介	图案	标志名称	简介
	易燃固体	易燃固体（符号：黑色；底色：白色红条）		自燃物品	自燃物品（符号：黑色；底色：上白下红）
	氧化剂	氧化剂（符号：黑色；底色：柠檬黄色）		遇湿易燃物品	遇湿易燃物品（符号：黑色或白色；底色：蓝色）
	有机过氧化物	有机过氧化物（符号：黑色；底色：柠檬黄色）		腐蚀品	腐蚀品（符号：上黑下白；底色：上白下黑）
	剧毒品	剧毒品（符号：黑色；底色：白色）		三级放射性物品	三级放射性物品（符号：黑色；底色：上黄下白，附三条红竖条）
	有毒品	有毒品（符号：黑色；底色：白色）		二级放射性物品	二级放射性物品（符号：黑色；底色：上黄下白，附二条红竖条）
	有害品（远离食品）	有害品（符号：黑色；底色：白色）		一级放射性物品	一级放射性物品（符号：黑色；底色：白色，附一条红竖条）
	感染性物品	感染性物品（符号：黑色；底色：白色）			

危险品标志的尺寸详见表 4-4。

表 4-4 危险品标志的尺寸 单位：（cm/dm）

序号	长	宽	序号	长	宽
1	50	50	3	150	150
2	100	100	4	250	250

注 如遇特大或特小的运输包装件，标志的尺寸可以适当扩大或缩小。

触类旁通

1. 绿色包装的特征

第一，实行包装减量化（Reduce）。包装在满足保护、方便、销售等功能的条件下，应是用量最少的。

第二，包装应易于重复利用（Reuse），或易于回收再生（Recycle）。通过生产再生制品、焚烧利用热能、堆肥化改善土壤等措施，达到再利用的目的。

第三，包装废弃物可以降解腐化（Degradable）。其最终不形成永久垃圾，进而达到改良土壤的目的。Reduce、Reuse、Recycle 与 Degradable 即当今世界公认的发展绿色包装的 3R1D 原则。

第四，包装材料对人体与生物应无毒无害。包装材料中不应含有有毒性的元素、病菌和重金属，或这些成分的含有量应控制在有关标准以下。

第五，包装制品从原材料采集、材料加工、制造产品、产品使用、废弃物回收再生，直到其最终处理的生命全过程均不应对人体及环境造成公害。

2. 绿色包装的来源

绿色包装发源于 1987 年联合国环境与发展委员会发表的《我们共同的未来》。1992 年 6 月，联合国环境与发展大会通过了《里约环境与发展宣言》《21 世纪议程》，随即在全世界范围内掀起了一个以保护生态环境为核心的绿色浪潮。绿色包装（Green Package）有人称其为环境之友包装（Environmental Friendly Package）或生态包装（Eco-logical Package）。

绿色包装应是对生态环境与人体健康无害，能循环复用与再生利用，可促进国民经济持续发展的包装。也就是说，包装产品从原材料选择、产品制造、使用、回收与废弃的整个过程均应符合生态环境保护的要求。它包括了节省资源、能源、减量、避免废弃物产生、易回收复用、再循环利用，可焚烧或降解等生态环境保护要求的内容。随着科技的进步，绿色包装的内容还将有新的内涵。

3. 绿色包装的分级

绿色包装分为 A 级与 AA 级。A 级绿色包装是指废弃物能够循环复用、再生利用或降解腐化，含有毒物质在规定限量范围内的适度包装。AA 级绿色包装是指废弃物能够循环复用、再生利用或降解腐化，且在产品整个生命周期中对人体及环境不造成公害，含有毒物质在规定限量范围内的适度包装。上述分级主要是考虑首先要解决包装使用后废弃物的问题，这是一个过去、现在、将来需继续解决的问题。

4. 包装的绿色标识与法规

（1）绿色包装标识。

1975 年，世界上第一个绿色包装的“绿色”标识在德国问世。世界上第一个绿色包装的“绿点”标识是由绿色箭头与白色箭头组成的圆形图案，上方文字由德文 DER-GRNEPONKT 组成，意为“绿点”。

绿点的双色箭头表示产品或包装是绿色的，可以回收使用，符合生态平衡、环境保护的要求。1977 年，德国政府又推出“蓝天使”绿色环保标识，授予具有绿色环保特性的产品，包括包装。“蓝天使”标识由内环与外环构成，内环是由联合国的桂冠组成的；蓝色花环，中间是蓝色小天使双臂拥抱地球状图案，表示人们拥抱地球之意；外环上方为德文循环标识，外环下方则为德国产品类别的名字。

德国使用环境标识后，许多国家也先后开始实行产品包装的环境标识。如加拿大的“板叶”，日本的“爱护地球”，美国的“自然友好”与证书制度，中国的“环境标志”，欧共体的“欧洲之花”，丹麦、芬兰、瑞典、挪威等北欧诸国的“白天鹅”，新加坡的“绿色标识”，新西兰的“环境选择”，葡萄牙的“生态产品”等。

1993 年 6 月，国际标准化组织成立了“环境管理技术委员会”（TC207），制定了像质量管理那样的一套环境管理标准并颁发实施。

（2）绿色包装的法规。

1981 年，丹麦政府鉴于饮料容器空瓶增多带来的不良影响，首先推出了《包装容器回收利用法》。由于这一法律的实施影响了欧共体内部各国货物自由流动协议，影响了成员国的利益，于是一场“丹麦瓶”的官司打到了欧洲法庭。1988 年，欧洲法庭判丹麦获胜。欧共体为缓解争端，1990 年 6 月召开都柏林会议，提出“充分保护环境”的思想，制定了《废弃物运输法》，规定包装废弃物不得运往他国，各国应对废弃物处理承担责任。

1994 年 12 月，欧共体发布《包装及包装废弃物指令》。《都柏林宣言》之后，西欧各国先后制定了相关法律法规。与欧洲相呼应，美国、加拿大、日本、新加坡、韩国、非律宾、巴西等国家及中国香港地区也制定了包装法律法规。

我国自 1979 年以来，先后颁布了《中华人民共和国环境保护法》《固体废弃物防治法》《水污染防治法》《大气污染防治法》等法律法规，明文规定了包装废弃物的管理条款。

5. 绿色包装的主要手段

（1）从用材方面入手。

1）可降解塑料：目前，国际上流行的“可降解新型塑料”具有废弃后自行分解消失、不污染环境的优良品质。

德国发明了一种由淀粉制造的、遇到流质不溶化的包装杯，可以盛装奶制品，这项发明为德国节省了 40 亿只塑料瓶，其废弃后也容易分解掉。美国研制出一种以淀粉与合成纤维为原料的塑料袋，它可在大自然中分解成水与二氧化碳。荷兰与意大利等国已立法，规定某些塑料包装材料必须采用可降解塑料，有害环境的包装一律不得投放市场。

2）纸包装；由于纸制品包装使用后可再次回收利用，即使废弃，在大自然环境中也可以自然分解，对自然环境没有不利影响，所以世界公认纸、纸板及纸制品是绿色产品，符合环境保护的要求，对造成白色污染的塑料能起到机械的替代作用。目前，国内外正在研究与开发的纸包装材料有纸包装薄膜、一次性纸制品容器、可食性纸质品等。

当前，许多企业已考虑使用中型、重型的瓦楞纸箱或白色板箱来包装，并使用各种防潮保鲜纸张代替塑料包装来使用。美国已有一半以上的塑料包装改用新型纸张包装。我国的上海嘉宝包装公司引进先进设备研制成纸浆模型，这种产品采用天然植物纤维，如芦苇浆、蔗渣浆、木浆等原料，经科学配方模压成型而制成。这种纸浆模型是替代泡沫餐具最理想的产品。

3）玻璃包装：如果不含有金属、陶瓷等其他物质，玻璃几乎可以全部回收利用。也正是由于玻璃包装具有可视性强、易于回收复用等优点，它已成为饮料等产品传统包装的主要容器。

4）竹包装：竹包装具有无毒、无污染、易回收等特点。品种有竹胶板箱、丝捆竹板箱等。中国是世界上木材缺乏的国家，但中国的竹林总面积与竹资源蓄积量分别居世界首位与第二位。中国具有浓郁传统文化气息的竹包装已受到欧美及日本等国的青睐。

（2）从可重复使用、可食用、可降解方面入手。

1）可重复使用：如啤酒、饮料、酱油、醋等包装采用玻璃瓶，可重复使用。瑞典等国家制造的聚酯PET饮料瓶与PC奶瓶，可重复使用20次以上。荷兰Wellman公司与美国Holmson公司对PET容器进行100%回收。聚酯瓶在回收之后，可用两种方法再生：第一，物理方法，指直接彻底净化粉碎，无任何污染物残留，经处理后的塑料再加工成包装容器；第二，化学方法，指将回收的PET粉碎洗涤之后，用解聚剂甲醇、乙二醇或二甘醇等，在碱性催化剂作用下使PET全部解聚成单体或部分解聚成低聚物，纯化后再将单体或低聚物重新聚合成再生PET树脂包装材料。

2）可食用：几十年来，大家熟知的糖果包装上使用的糯米纸、包装冰激淋的玉米烧烤包装杯都是典型的可食性包装。人工合成可食性包装膜中，比较成熟的是20世纪70年代已工业化生产的普鲁兰树脂，它是无味、无臭、非结晶、无定形的白色粉末，是一种非离子性、非还原性的稳定多糖。由于它是由α-葡萄糖甙构成的多聚葡萄糖，因而在水中容易溶解，可作黏性、中性、非离子性的不胶化水溶液。其5%～10%的水溶液，经干燥或热压能制成厚度为0.01 毫米的薄膜，该薄膜透明、无色、无臭、无毒，具有韧性、高抗油性，能食用，可作为食品包装，其光泽、强度、耐折性能都比高链淀粉制得的薄膜好。

科研人员还研制出一种新型的内包装材料——可食性包装膜。将苕干、土豆和碎米等原料经发酵转化成多糖，然后将多糖延成薄膜。该薄膜是由葡萄糖连接而成的高分子物质，具可食性、可降解性、无色透明、隔氧性好等特点。作为食品包装膜，其直角撕裂强度、机械强度、透光性等均可达到塑料包装优等膜标准。该薄膜制成袋后，装奶粉不会漏，并可与奶粉共溶于水一起食用。

3）可降解：可降解材料是指在特定时间、特定环境下，其化学结构发生变化的一种塑料。其既具有传统塑料的功能与特性，又可以在阳光中紫外线的作用下或土壤与水中微生物的作用下，在自然环境中分解与还原，最终以无毒形式重新进入生态环境中。可降解塑料主要分为合成光降解塑料、添加光敏剂的光降解塑料和生物降解塑料，以及多种降解塑料复合在一起的多功能降解塑料。也可按降解塑料的环境条件，分为光降解塑料、生物降解塑料（完全生物降解塑料、部分生物降解塑料）、化学降解塑料（氧气降解塑料、水降解塑料），以及上述三种降解塑料组成的复合降解塑料。

6. 我国积极发展绿色包装

出口商品的包装材料只有符合进口国的规定，才能被准许输入该进口国，否则进口国海关将不放行。许多国家以法规形式对进口商品的包装材料进行限制或进行强制性监督与管理。

例如：美国规定进口商品包装不得用稻草，否则将被强制烧毁。新西兰农渔部规定进口商品的包装不得为竹席干草、稻草等。为此，我国针对出口产品包装做了许多工作：第一，避免使用含有毒性的材料。包装容器或标签所使用的颜料、染料、油漆等应采用不含重金属的原料；作为接合材料的粘剂，除应不含毒性或有毒成分外，还应在分离时易于分解。第二，尽可能使用循环再生材料。目前，国际上使用的可循环再生材料多是再生纸。第三，积极开发植物包装材料。大量使用植物一般不会对环境、生态平衡与资源的维护造成危害，植物包装材料受到国际包装市场的青睐。第四，选用单一包装材料。这样不必使用特殊工具即可将材料解体，还可以节省回收与分离的时间，避免使用黏合方法而导致回收、分离困难。

7. 在环境标志方面向国际靠拢

ISO1400 环境管理体系国际标准中规定对那些不符合该标准的产品，任何国家都可以拒绝进口，从而使不符合标准的产品被排除在国际贸易之外。我国的环境标志制度产品种类较少，远不能满足对外贸易发展的需要，只有顺应这一国际潮流，采用积极有效的手段迎头赶上，才能从根本上保护我国的外贸利益。

8. 在包装设计方面要突出环保内涵

设计者必须调查国际市场对环保包装的具体要求，如出口国有关环保包装的法规、消费者环保消费观念的深度、绿色组织活动、环保包装发展趋势等，以便在包装设计时充分考虑这些因素。另外，在包装设计中还应考虑突出环保营销的标志，这种标志不同于环境标志，可由制造商、供应商或批发商自行设计，用以表示某种商品有特定的环境品质来获得消费者的好感，达到扩大营销的目的。

案例 4-2

不管是国际货物运输还是国内货物运输，物流包装工作一定要做好，避免在运输过程中由于包装出现问题，导致货物损坏、掉漏等。有些物流公司暴力分拣，如果货物的包装被损坏，在没有买保险的情况下，顾客只能得到相当于运费 3 倍的赔偿，国际快递只赔偿 100USD，顾客将遭受重大损失。

纸箱物流包装分析：纸箱通常被用作商品的外包装。可根据商品的大小选择纸箱的体积，纸箱上通常会印有请如“小心轻放”“怕湿”“向上”“堆码极限”“怕晒”“防潮”“质量安全”“禁止翻液”“注意防火”“易碎物品”“绿化环境”“怕热”“食品”“防异味”等多种标识，对内装物品起到保护的作用。

通常情况下，纸箱的规格不同，厚度也不同。如果货物怕压，建议用 5 层的厚纸箱，保证货物安全包装、安全运输，如图 4-7 所示。

图 4-7　纸箱

编织袋物流包装的案例：编织袋通常用于服装类的包装。由于服装比较软，外包装的纸箱受挤压容易变形，这时在纸箱外再加个编织袋，用绳绑好就更安全了，如图 4-8 所示。

图 4-8　编织袋

编织绳加固包装的案例：有些长途运输的货物在运输的过程中，如果中转多次，难免会出现货物被挤压的情况。为了避免被压破包装后货物掉出来，就可以采用编织绳加固的物流包装方法，如图 4-9 所示。

图 4-9　编织绳加固包装

木箱包装与木架物流包装的案例：木箱物流包装与木架物流包装主要应用于容易被压坏的货物，如灯具、陶瓷、精密仪器、液体物品、高货值货物等，如图 4-10 所示。

图 4-10　木箱包装

托盘物流包装的案例：在货物比较多的情况下，为了便于运输，采用托盘包装比较好。例如，美国生产的沐浴露从美国快递到中国，货物有 1 吨，每件 5 千克，共 200 件，如果采用单件发货，搬货就要花很长时间。如果采用托盘包装，长途运输中可以减少丢货的可能性；运输中转时也方便搬运，可使用叉车中转搬运，比较快捷，如图 4-11 所示。

图 4-11　托盘包装

请思考：

为什么说物流包装很关键，并结合自己身边的一件商品，描述其物流包装时应注意的事项及关键点。

任务 3　装卸和搬运

任务要点

- 关键词：装卸搬运、作业方式、配置
- 理论要点：装卸搬运的含义、作业方式、配置及主要设备
- 实践要点：在实际物流系统中如何降低装卸搬运环节，提高物流反应能力

任务情境

云南双鹤医药有限公司是北京双鹤这艘医药航母部署在西南战区的一艘战舰，是一个以市场为核心、现代医药科技为先导、金融支持为框架的新型公司，是西南地区经营药品品种较多、较全的医药专业公司。

虽然云南双鹤已形成规模化的产品生产和网络化的市场经营，但其流通过程中物流管理严重滞后，造成物流成本居高不下，不能形成价格优势，而这已成为公司业务发展的瓶颈。

装卸和搬运活动是衔接物流各环节正常进行的关键，而云南双鹤却忽视了这一点。首先，公司拥有的搬运设备的现代化程度低，仅有几个小型货架和手推车，大多数作业仍处于人工作业为主的原始状态，工作效率低，且易损坏物品。其次，仓库的设计也不合理，货物进出仓库

需长距离搬运。最后，库内作业流程混乱，形成重复搬运，搬运次数过多，既浪费时间，又极易造成货物损坏。

任务分析

分析装卸和搬运环节在企业发展中的作用。请结合医药企业的特点，对云南双鹤公司货物装卸和搬运系统的改造提出合理化建议。

任务实施

装卸和搬运是物流各个作业环节连接成一体的接口，是运输、保管、包装等物流作业得以顺利实现的根本保障。

步骤一　装卸和搬运的含义

在同一地域范围内（如车站范围、工厂范围、仓库内部等）以改变“物”的存放或支承状态的活动称为装卸，以改变“物”的空间位置的活动称为搬运，两者统称为装卸和搬运。在特定场合，称“装卸”或称“搬运”也包含了“装卸和搬运”的完整含义。

步骤二　装卸和搬运的作业方式

1. 单件作业

单件作业（图 4-12）指对非集装箱、按件计的货物，逐个进行装卸操作的作业方法。单件作业对机械装备等装卸条件要求不高，因而机动性比较强，可以在很广泛的地域内进行，不受固定设施或设备的地域局限。

图 4-12　单件作业

单件作业可采取人力装卸、半机械化装卸及机械化装卸。由于逐件处理，装卸速度慢；

装卸要逐件接触货体，因而容易出现货损；反复作业次数多，也容易出现货差。单件作业的装卸对象主要是包装杂货，以及多种类、小批量的单件大型的或笨重的货物。

2. 集装作业

集装作业（图 4-13）是对集装货载进行装卸和搬运的作业方法。

集装作业的特点如下：

（1）因为其受装卸机具的限制，也受集装货载存放条件的限制，所以机动性比较差。

（2）一次作业装卸量大，装卸速度快。

图 4-13 集装作业

集装作业的适用对象为：

（1）经过一定包装的粉末、粒状、液体、气状的货物。

（2）经分解处置后体积巨大、笨重或超长的货物。

集装作业的方法有以下几种：

（1）托盘装卸：利用叉车对托盘货载进行装卸，属于“叉上叉下”方式。

（2）集装箱装卸：主要采用港口岸臂吊车、龙门吊车等各种垂直起吊设备进行“吊上吊下”式的装卸。

（3）货捆装卸：主要采用各种类型起重机进行装卸，货捆的捆具可与吊具、索具有效配套进行“吊上吊下”式的装卸。

（4）集装网或集装袋装卸：主要采用各种类型吊车进行“吊上吊下”作业，也可与各种搬运车配合进行吊车所不能及的搬运。

（5）挂车装卸：利用挂车的可行走特点，连同车上组合成的货物一起拖运到火车车皮上或船上的装卸方式，属于水平装卸，是所谓“滚上滚下”的装卸方法。

3. 散装作业

（1）散装作业的概念。散装作业（图 4-14）指对大批量粉状、粒状货物进行无包装、散装的装卸方法。装卸可连续进行，也可采取简短的装卸方式，但是都采用机械化设施设备。在特定情况下，小批量也可采用人力装卸。

图 4-14 散装作业

（2）散装作业的方法。

1）重力法：利用货物的位能来完成装卸作业的方法。即利用散货本身重量进行装卸，首先将散货提升到一定高度，具有一定势能之后，才能利用本身重力进行下一步装卸。

2）气力输送法：主要设备是管道及气力输送设备，以气流运动裹携粉状、粒状物沿管道运动而达到装、搬、卸的目的。

3）机械法：采用专门的工作机械，比如吊车、叉车、皮带、刮板等，通过舀、抓、铲等作业方式装卸货物的方法。

步骤三 主要的装卸和搬运设备

装卸和搬运设备是指生产厂内、仓库、货运中转站、配送中心等物流现场用来从事货物装卸和搬运的各种机械设备的总称。装卸和搬运设备分为：装卸和搬运车辆、起重机械、连续运输机械。装卸和搬运车辆是指依靠本身的运行和装卸机构功能，实现货物的水平搬运和短距离运输、装卸的各种车辆。装卸和搬运车辆可分为固定平台搬运车、牵引车和起升车辆。起重机械是用来垂直升降货物或兼作货物的水平移动，以满足货物的装卸、转载等作业要求的器械。起重机适用于装卸大件笨重货物，借助于各种吊索具也可用于装卸其他货物。同时，起重机也是唯一以悬吊方式装卸和搬运货物的设备。最常用的起重机有龙门起重机、桥式起重机和汽车起重机等。连续运输机械是以连续方式沿着一定的线路从装货点到卸货点均匀输送散装货物和成件包装货物的机械。仓储中主要运送机械是辊筒输送机、皮带输送机、链条输送机和悬挂式输送机。物流运作环节常见装卸和搬运设备见表 4-5。

表 4-5 物流运作环节常见机械设备

机械设备	说明
	叉车：是指对成件托盘货物进行装卸、堆垛和短距离运输作业的各种轮式搬运车辆，是工业搬运车辆。常用于仓储大型物件的运输，通常使用燃油机或者电池驱动
	堆高车：结构简单、操控灵活、微动性好、防爆安全性能高，可广泛应用于石油、化工、制药、轻纺、军工、油漆、颜料、煤炭等行业，在港口、铁路、货场、仓库等含有爆炸性混合物的场所也被广泛使用。它可进入船舱、车厢和集装箱内进行托盘货物的装卸、堆码和搬运作业，适合在狭窄通道和小范围的空间内作业。它是高架仓、车间内装卸托盘货物的理想设备
	自动式龙门吊（跨车）：车体跨在货物的上方，利用专用的工作装置装卸、堆垛和短距离搬运物料的起升车。通用跨车多用于港口、车站，可搬运木材、钢管、钢材、混凝土制品等长形货物，也可搬运金属板和装在托盘上的单元货物。装上隔热罩后还可搬运高温钢坯和铸件
	双立柱堆垛机：比单立柱更适合于大负载（大于 1500 千克）、超高度（大于 20 米）、长大件（长度大于 2 米）的应用场合。可配置多货叉，同时搭载两个单元负载，从而提高储存和出货效率

续表

	固定平台搬运车：采用进口速度控制器实现无级调速，高效、可靠、静音。具有操作顺序、过电压及欠电压保护功能，实现故障自动检测、诊断并在线自动显示
	双驱牵引车、半挂车：前面有驱动能力的车头叫牵引车，后面没有牵引驱动能力的车叫挂车，挂车是被牵引车拖着走的。牵引车和挂车的连接方式有两种：第一种是半挂，挂车的前面一半搭在牵引车后段上面的牵引鞍座上，牵引车后面的桥承受挂车的一部分重量；第二种是全挂，挂车的前端连在牵引车的后端，牵引车只提供向前的拉力，拖着挂车走，但不承受挂车的重量
	双梁吊钩桥式起重机：具有起升及运行机构的小车位于桥架上运行，金属结构为箱式双主梁形式。按照取物装置特点分为吊钩、抓斗、电磁及多用途桥式起重机，主要用于矿山、工厂、码头及仓库等作业频繁的物料搬运场站。淬火起重机作为热处理工艺装备，具有高速下降的特性。冶金铸造起重机适用于运钢水包，是冶炼工业必不可少的设备。采用现代科技手段，可使起重机的任何一个机构具备调速性能，还可配用旋转吊钩用于高层堆放作业
	门式起重机：该机械功能全面、效率较高，是货场、码头、工厂、仓库等物资转运作业中的理想设备
	履带起重机：是将起重作业部分装在履带底盘上，行走依靠履带装置的流动式起重机。可以进行物料起重、运输、装卸和安装等作业。履带起重机具有起重能力强、接地比压小、转弯半径小、爬坡能力大、不需支腿、带载行驶、作业稳定性好以及桁架组合高度可自由更换等优点，在电力、市政、桥梁、石油化工、水利电力等建设行业应用广泛

续表

	轮胎起重机：车身短，转弯半径小，作业移动灵活，轮距较宽，稳定性好，可在 360° 范围内工作。但其行驶时对路面要求较高，行驶速度较汽车式慢，不适合在松软泥泞的地面上工作。利用轮胎式底盘行走的动臂旋转起重机由上车和下车两部分组成，上车为起重作业部分，设有动臂、起升机构、变幅机构、平衡重和转台等；下车为支撑和行走部分。上、下车之间用回转支承连接。吊重时一般需放下支腿，增大支承面，并将机身调平，以保证起重机的稳定
	悬挂式输送机：可以自由选择输送线路，能有效地利用空间、节省人力、提高工作效率，主要是由链条、轨道、吊具、支架、传动座和调整座等组成。采用变频调速控制系统。广泛适用于工件的远距离输送、楼层提升、空中储存、送料等工艺及自动化涂装生产线。悬挂输送链适用于工厂之烤漆、金属涂装、生产组装线上，如家具厂、自行车厂、电子厂、电镀厂、五金厂、牛皮制品厂、汽车厂等。悬挂式输送机分类：分提式、推式和拖式
	网带输送机：可以根据客户现场实际情况设计制作，如倾斜式输送机、转弯机、垂直输送机、升降机械、装卸货机械等。可根据不同作业环境设计生产传送机械，适合室内、室外及不同楼层间、不同楼房间等各种环境
	链式输送机：以链条作为牵引和承载体输送物体，链条可以采用普通的套筒滚子输送链，也可采用其他各种特种链条。输送能力大，可承载较大的负荷。输送速度准确稳定，能保证精准的同步输送。易于实现积放输送，可用作装配生产线或进行物料的储存输送。链条的结构和种类丰富多样，还可采用多种附件，能满足各种不同的要求

续表

	辊筒输送机：按其输送形式，可以分为自由辊筒（无动力辊筒）输送机、动力辊筒输送机、积放辊筒输送机、摩擦带输送机、单链辊筒输送机、双链辊筒输送机。按其结构形式，可分为水平输送、爬坡输送、转弯输送、螺旋输送等输送形式。按其材质，可分为碳钢、不锈钢、铝合金等材质辊筒输送机。辊筒输送机输送能力强，输送距离远，拆装方便，结构简单，易于维护，能方便地实行程序化控制和自动化操作，适用于电子、五金、机械、化工、食品、林木、矿山、图书、超市、橡胶等各行各业。可根据客户要求进行非标设计、生产定做

步骤四　装卸和搬运设备的配置及原则

1. 根据作业性质和作业场合进行配置、选择

装卸和搬运作业性质与作业场合不同，需配备不同的装卸和搬运设备。根据作业是单纯的装卸或单纯的搬运，还是装卸、搬运兼顾，从而可选择更合适的装卸和搬运设备；作业场合不同，也需配备不同的装卸和搬运设备。

2. 根据作业运动形式进行配置、选择

装卸和搬运作业运动形式不同，需配备不同的装卸和搬运设备。水平运动，可配备选用卡车、牵引车、小推车等装卸和搬运设备；垂直运动，可配备选用提升机、起重机等装卸和搬运设备；倾斜运动，可配备选用连续运输机、提升机等装卸和搬运设备；垂直及水平运动，可配备选用叉车、起重机、升降机等装卸和搬运设备；多平面式运动，可配备选用旋转起重机等装卸和搬运设备。

3. 根据作业量进行配置、选择

装卸和搬运作业量大小关系到设备应具有的作业能力，从而影响所需配备的设备类型和数量。作业量大时，应配备作业能力较高的大型专用设备；作业量小时，最好采用构造简单、造价低廉而又能保持相当生产能力的中小型通用设备。

4. 根据货物种类、性质进行配置、选择

货物的物理性质、化学性质及外部形状和包装千差万别，对装卸和搬运设备的要求也不尽相同。

5. 根据搬运距离进行配置、选择

长距离搬运一般选用牵引车和挂车等装卸和搬运设备；较短距离搬运可选用叉车、跨运车等装卸搬运设备；短距离搬运可选用手推车等装卸搬运设备。为了提高设备的利用率，应当结合设备种类和特点，使行车、货运、装卸和搬运等工作密切配合。

6. 装卸和搬运设备的配套

成套地配备装卸和搬运设备，使前后作业相互衔接、相互协调，是保证装卸和搬运工作持续进行的重要条件。因此，需要对装卸和搬运设备在生产作业区、数量吨位、作业时间、场地条件、周边辅助设备上进行适当协调。

触类旁通

关于企业拥有物料搬运设备与产品的情况，根据调查数据，企业拥有叉车设备的占 81%，其中拥有内燃叉车的占 45%，拥有电瓶叉车的企业占 36%，拥有特种叉车的占 16%，大部分企业都拥有轻小型搬运叉车等设备；企业拥有叉车配套件的占 22%，其中主要是叉车属具和叉车蓄电池等主要配件；企业拥有托盘及单元化产品的占 93%，其中拥有木托盘的企业比例为 38%，塑料托盘的比例为 35%。物流周转箱的比例为 24%，仓库笼的比例为 25%，其他单元化产品的企业比例 29%；企业拥有货架设施的占 49%；企业拥有仓储拣选系统的占 19%；拥有各类输送分拣设施的占 9%；拥有起重升降设备的占 5%；拥有自动识别产品的占 23%；拥有各类物流周边设备的占 26%。综合来看，企业拥有的叉车、托盘、货架的比例很高，近两年企业对装卸和搬运设备的采购需求也较大。

案例 4-3

云南烟叶烟草公司作为云南烟草行业的重点骨干企业，是云南省最大的云烟原料加工企业，是集收购、加工、储存、销售为一体的国有中型企业。公司总的仓储、复烤能力达到了 150 万担，承担着云南省烤烟 15%的复烤加工任务，担负着省内烟厂及全国 40 多家烟厂的烟叶调拨任务。1995 年从国外引进了两条 12000kg/h 打叶复烤生产线，加速了资产流动，优化了资源配置，迅速实现了资产的保值增值。多年来，公司倡导“服务、管理、质量、诚信”的经营管理理念，制定了有利于企业发展的方针“改革促发展、管理求效益、心中有客户、精诚铸信誉”。注重企业信誉，以一流的产品、一流的服务获取良好的社会效益和经济效益是公司始终不渝的追求。同时，公司依靠市场开拓、技术创新和广大员工的艰苦努力，使企业经济效益大幅度增长，成绩令人瞩目。云南省烟叶烟草公司已步入现代化复烤企业的行列，一个以原料为核心，以销售为龙头，以出口为纽带，以烤烟为主业，兼顾多种经营的、新的发展格局已经形成。在烟草行业新的机遇与挑战面前，云南省烟草烟叶公司在继续发挥企业各种优势的同时不断强化管理，采取行之有效的措施降低成本，提高企业利润。

（本案例来源：百度文库 https://wenku.baidu.com/view/08bd4b35a8114431b90dd8e4.html）

请思考：云南烟叶烟草公司为了降低物流成本、真正实现物流系统管理思路、改进现有的生产物流系统，应从哪些方面入手？（可参考以下几个方面：

1. 取消合并装卸搬运环节和次数。
2. 实现生产物流作业的集中和集散分工。
3. 进行托架单元化组合，充分利用机械进行物流作业。
4. 合理分解装卸和搬运程序，改进装卸和搬运各项作业，提高装卸和搬运效率，力争在最短时间内完成烟叶加工的所有工艺流程。
5. 提高生产物流的快速反应能力。

任务 4　运输

任务要点

- 关键词：运输、场所效用、第三利润源

- 理论要点：运输的含义、作用、特点
- 实践要点：如何为企业选择合适的运输方式

任务情境

铁路、民航、高速公路、港口等在运输市场的竞争日益激烈。在交通运输业务发展方面，传统的客运、货运业务已经跟不上交通行业结构调整的步伐，将逐步向现代物流业转变，提供以物流信息网络平台为支撑的现代仓储业务、现代配送业务和现代货物运输业务等新兴主导业务。

任务分析

通过学习物流的运输环节，了解运输的主要方式和特点；掌握公路、铁路、航空、水路、管道运输的运输组织和作业过程。

任务实施

运输是物流各环节中最主要的部分，是物流的关键，是创造空间价值的过程。生产出来的产品，如果不能输送至需求者手中，等于该产品没有被利用，也就没有产生使用价值。

步骤一　运输的含义

运输是指物品借助于运力在空间上所发生的位置的移动。具体地讲，它是在不同的地域范围内，以改变“物”的空间位置为目的，实现物流的空间效应。它具有扩大市场、稳定价格、促进社会分工、扩大流通范围等社会经济功能。

运输、搬运和配送等概念有时容易被人们混为一谈，它们之间其实有着明显的区别。运输和搬运的区别在于：运输是在较大范围内（如不同城市）的活动；搬运是在同一地域内（如同一城市）的活动。运输和配送的区别在于：运输一般指长途运输；配送是从物流网点到用户的短距离、小批量运输。

步骤二　运输的作用

1. 运输是物流的主要功能要素之一

物流是“物”的物理性运动，它包含着物的时间状态和空间状态的改变。

2. 运输是社会物质生产的必要条件之一

在社会上，运输是生产过程的继续，这一活动连接生产与再生产、生产与消费的环节；连接着国民经济各部门、各企业；连接着城乡；连接着不同国家和地区。

3. 运输可以创造“场所效用”

由于空间场所不同，同种“物”的使用价值的实现程度亦不同。通过运输，将“物”运到场所效用最高的地方，就能发挥“物”的潜力，实现资源的优化配置。

4. 运输是“第三个利润源”的主要源泉

运输要靠大量的动力消耗才能实现。运输承担着大跨度空间转移任务，时间长、距离长、消耗也大。通过体制改革和运输合理化，可大大缩短运输吨公里数，从而获得比较大的利润。

5. 合理的运输能降低物流费用，节约物流成本

运输费用是物流费用的主要组成部分，在物流费用中占着很大的比例。通过合理组织运输，缩短运输里程，提高运输工具的运用效率，降低运输费用，可以达到降低物流费用、节约

物流成本的目的。

6. 合理的运输能加快资金周转速度，减少资金占用时间，提高物流的经济效益和社会效益

从宏观的角度讲，合理的运输能促使物流建设的加快，减少物品的库存量，加快资金周转，减少了资金占用的时间，相应地提高了社会产品的使用效率，提高了物流的经济效益和社会效益。

步骤三　运输的方式及特点

本书主要介绍五种常见运输方式的体系构成、优点、缺点、种类及运输组织和作业过程，详见表 4-6。

表 4-6　五种常见运输方式的介绍

运输方式	体系构成	优点	缺点	种类	运输组织和作业过程
铁路运输	1.运载工具：铁路机车与车辆 2.装卸场所：车站、货站 3.运输通道：铁路线网 4.管理系统：铁路运输管理系统	1.巨大的运送能力 2.廉价的大宗运输 3.较少受天气、季节等自然条件的影响，能保证运行的经常性和持续性（相对而言） 4.计划性强，比较安全，准时 5.运输总成本中固定费用所占的比重大（一般占 60%），收益随运输业务量的增加而增长	1.始建投资大，建设周期较长 2.始发与终点作业时间长，不适用于运距较短的运输业务 3.由于受轨道限制，灵活性较差，必须有其他的运输方式为其集散客、货 4.需大量资金、物资用于建筑工程，如路基、站场等，一旦停止营运，不易转让或回收，损失较大	1.按运输组织方式可分为整车货物运输、零担货物运输和集装箱运输 2.直通运输与联合运输 3.货物快递运输（可分为必须按快运办理和按托运人要求办理两种） 4.国际铁路联运	按货物运输过程分为货物发到作业、货物途中作业和货物到达作业三部分
公路运输	1.运载工具：各种车辆（主要指货车） 2.装卸场所：货运站、停车场 3.运输通道：公路线网 4.管理系统：公路货运系统	1.机动灵活，适应性强 2.可实现“门到门”直达运输 3.在中、短途运输中，运送速度较快 4.原始投资小，资金周转快 5.比较容易掌握车辆驾驶技术	1.运量较小，运输成本较高 2.运行持续性较差 3.安全性较低 4.容易造成环境污染	1.按运输组织方式可分为零担货物运输、整批货物运输和集装箱运输 2.按运输条件可分为一般货物运输和特种货物运输（如大型特型笨重物件运输、危险货物运输、鲜活货物运输） 3.按经营方式可分为公共货物运输、契约货物运输、自用货物运输和货运代理经营的货物运输	公路运输竞争激烈，货物运输组织方法直接影响运输费用 1.首要任务是货源组织（内容包括：货源经济调查、运力运量平衡、联络协调承托双方） 2.构建、完善覆盖全国的即时的、高效的公路运输物理及信息网络

续表

运输方式	体系构成	优点	缺点	种类	运输组织和作业过程
水路运输	1.运载工具：各种货船 2.装卸场所：港口 3.运输通道：海上航道、内河航道和人工航道	1.水上运输运量大，成本低，非常适用于大宗货物的运输 2.水上航道四通八达，通航能力几乎不受限制 3.水路运输是开展国际贸易的主要方式，是对外发展经济和友好往来的主要交通工具	与其他运输方式相比，水路运输速度较慢，受自然气候和条件的影响较大	1.按其航行区域分为沿海运输、远洋运输、内河运输 2.根据货物的包装形式可分为散装货物运输、成件货物运输和集装箱货物运输 3.按货物的性质可分为普通货物运输和特种货物运输（如散装液体、危险货物、笨重货物、鲜活货物等） 4.按货物的装卸方式可分为垂直装卸的货物运输、液体货物运输和单元滚装货物运输 5.按船舶营运方式可分为班轮运输和租船运输	1.内河货物运输组织的基本流程包括货物的托运、支付费用、货物的领取 2.远洋货物运输组织的主要营运方式分为班轮运输和租船运输两种
航空运输	1.运载工具：各种飞行器，主要是各种民用飞机 2.装卸场所：机场 3.运输通道：空中航线 4.管理系统：空中交通管理系统	1.速度快 2.机动性大 3.舒适、安全 4.基本建设周期短、投资小	1.飞机机舱容积和载重量都比较小，运载成本和运价比地面运输高 2.飞机往往要受气象条件限制，因而会影响其准点到达 3.航空运输速度快的优点在短途运输中难以体现	1.国内航空货物运输服务分为航空普通货物运输、航空邮件运输和航空快递运输 2.国际航空货物运输分为班机运输、包机运输、集中托运和航空快递	1.航空货运的进口程序：到货、分类整理、到货通知、缮制单证、报关、提货、费用结算 2.航空货运的出口程序：托运受理、订舱、货主备货、接单提货、缮制单证、报关、航空运输、信息传递、费用结算

续表

运输方式	体系构成	优点	缺点	种类	运输组织和作业过程
管道运输	1.运载工具：各种管道 2.装卸场所：油田、煤矿、加油站、气化站等 3.管道系统：管道管理系统	1.运量大 2.占地小 3.不受地形限制 4.基本不受气候影响，可以长期稳定运行 5.易于就地自动化和进行集中遥控，用人较少，使运输费用大大降低 6.沿线不产生噪声，污染少，有利于环境保护	只能运输流体	1.输油管道 2.输气管道 3.煤浆管道	1.油品输送方法有油品顺序输送方法和易凝高粘油品输送方法 2.输送流程分为开式流程和闭式流程 3.管道输气作业的流程分为压气站设置和末端储气

触类旁通

我国幅员辽阔，东西和南北跨度分别达 5400 千米和 5200 千米，各省会城市之间平均距离达 1500 千米，人口数量众多、分布广。由于区域经济发展不平衡，产业布局与资源分布不对称等原因，形成了区域间客货巨大的流量，从而也决定了区域干线交通运输网络在综合运输网络中的重要地位。干线交通运输网络的布局与主要运输方式的选择不仅直接关系到全国运输的机动性水平，而且直接关系到运输效率和运输的经济性，以及总体运输费用占国民经济的比重，还会影响到人员或货物空间位移能力的强弱、资源配置的效率、市场范围的广度和商品经济的发达程度、区域间的公平发展及产品的国际竞争力等。因此，在我国综合运输体系建设中，必须根据各种运输方式的技术经济特征，发挥各自的优势，合理分工，协调发展。在干线运输中要突出运输的经济性，同时满足实效性的要求。

我国是一个典型的大陆性国家，经济联系和相互交往跨度大，需要有一种强有力的运输方式将整个国家和国民经济联系起来，而且它还能够引导和促进其他运输方式的发展。铁路运输就是最佳的选择。它最显著的特点是载运量大、运行成本低、能源消耗少，在大宗的中长途以上的客货运输方面具有绝对优势，而且在大流量、高密度的城际中短途客运中具有很强的竞争优势。铁路运输也是最适合我国经济地理特征和人们收入水平的、区域的、骨干的运输方式。自 20 世纪 90 年代以来，尽管我国高速公路和民航运输业获得了巨大发展，对铁路运输形成了明显的竞争态势，但是我国铁路在国民经济中的支柱作用和在综合运输网络中的骨干作用都是其他运输方式难以替代的。

铁路在综合运输网络中的骨干作用，不仅反映在铁路在能源、原材料运输、中长途旅客运输等方面的不可替代性上，也反映在对其他运输方式的影响上。铁路运输紧张，将造成其他运输也相对紧张，如果铁路不能及时疏港，就将造成港口积压，公路疏港任务加重；铁路客运紧张，航空客运也随之紧张。我国交通运力紧张与否，首先所指的就是铁路，只有铁路运输的紧张状况缓解了，全国交通运输的紧张局面才有可能得到真正缓解。其他运输方式的发展，虽然可以减轻对铁路的需求压力，但都无法替代铁路在我国中长途客货运输中的根本性作用。

案例 4-4

起运点：湖北省武汉市。

目的地：辽宁省沈阳市。

运输对象：一批由武汉工厂发往辽宁沈阳的冬季最新款服装。

运输量：各类上衣 2.3 万件，各类裤子 3 万条，鞋袜、丝巾等服饰品共 1.4 万件。每 200 件上衣打包为一箱，每 300 条裤子打包为一箱，每 100 件服饰品打包为一箱。每箱体积均为 0.6×0.6×1 立方米，此批货物总毛重 28 吨，体积 128 立方米。

要求：由于此批服装是冬季新款服装，要求在尽可能短的时间内运达沈阳中转仓库，然后配送至各大专卖店。

请思考：根据材料，结合运输的方式及特点，为这批货物选择最佳运输方式。

任务 5　仓储

任务要点

- 关键词：仓储、盘点、自动化、货架、仓库
- 理论要点：仓储的概念、原则、货架类型、作业流程
- 实践要点：自动化仓库实施的原则

任务情境

丰田汽车制造公司为提高管理效率、降低生产成本，在创业初期就着手对仓储管理进行改革。丰田在日本有许多联合生产厂家，原来每个厂家生产的零部件都存放在各自管理的仓库中，按照一定时间运送到丰田汽车的总成品安装车间所属的仓库。后来，丰田公司把仓库从单个生产厂家中分离出来，成立专门的仓储中心，集中存放和管理零部件，直接供应给总成品安装车间。这一变革意义十分重大，它促使日本出现了专门从事仓储管理的社会化物流中心，大大推动了物流的发展。

任务分析

通过学习物流的仓储环节知识，达到以下要求：

（1）了解常用货架的类型。

（2）掌握出、入库的作业流程和货物存放的基本方法。

（3）能独立地进行出、入库和盘点操作。

任务实施

仓储保管是物流各个环节中十分重要的组成部分，是连接生产、供应、销售的中转站。产品离开生产线后到最终使用之前，一般都要有一个存放、保养、维护和管理的过程，起着缓冲和调节的作用，即克服季节性、时间性间隔。因此，仓储是创造时间价值的过程。

步骤一　仓储的概念

仓储是物流（配销）配送系统的必要组成部分之一，它包括对货物的验收、存放、整理、

分拣及保管，以保证物料完好。同时，根据所有订单，准确、及时地对物料进行分拣、出货，确保配送系统正常运转。

步骤二 仓储管理五原则

1. 先进先出

目的：确保物料在有效期内被正常使用，保证产品的质量；有利于质量异常的追溯，当质量发生异常时，可以及时追溯到该物料的整批进货的 LOT，并及时进行隔离。

释义：FIFO（First in First out）：先进库的物料先出库。

作业细则：

（1）确认进货日期。

（2）入库时必须确认合格标签，同一批物料必须存放在一起且摆放原则要清晰（前后/左右/内外/上下）。

（3）备料发放时依合格标签及摆放原则备发料。

（4）物料料卡要进行颜色管控，使用某一批号时就用荧光笔画出，并必须保证物料料卡上的进货批号与实物一致。

2. 随即盘点

目的：通过不定时盘点，可以及时发现异常，稽核并保证账物处理及时准确。

作业细则：

（1）入库的备发料等异动后即对所异动的物料进行盘点。

（2）随时对没有异动过的物料进行盘点，自我检查。

（3）账务采取稽核的方式不定时、不定料号抽盘。

3. 账物一致

目的：随时确保账物一致，能将物料的库存等信息准确地提供给相关部门，以利于生产及物料的管控。

释义：三账一致即电脑账（HH 或 BS 与 HFJ）、料卡账、实物账。

作业细则：

（1）通过盘点（随即盘点、每日盘点、每月盘点、季度盘点、年中盘点、年终盘点）确保账物一致。

（2）由账务不定时、不定料号进行稽核。

4. 适时适量

目的：通过库存管控，以达成 JIT（Just in Time）目标，确保不会造成断料或呆料。

作业细则：

（1）物控通过生产计划、MRP、WDN 等对物料进行管控。

（2）仓库依生产计划对厂内的物料状况进行模拟分析，提出瓶颈物料及库存过高的物料，并由物控提出相应的改善对策。

（3）仓库针对库存金额及库存货龄进行设定与分析，如果出现异常，由物控提出相应的对策加以改善。

（4）适时适量地满足生产的需求。

5. 自动化管理

目的：通过自动化，使仓库管理更完善，提高作业效率，为创建自动化仓库奠定基础。

作业细则：通过改善系统，以期能达到系统自动管控的目的。

步骤三　常用货架类型

按照货架的结构特点，货架可分为层架、单元式货架、悬臂式货架、托盘式货架、移动式货架、旋转式货架、进车式货架等。

1. 层架

层架由主柱、横梁、层板构成，架子本身分为数层，层间用于存放货物，如图 4-15 所示。

图 4-15　层架

层架的分类：

（1）按层架存放货物的重量级别，分为重型层架、中型层架和轻型层架三种。

（2）按层架结构方式，分为装配式、固定式及半固定式三种。

（3）按层架封闭程度，分为开放型、半开放型、金属网型和前挡板型等若干种。

（4）按层板安装方式，分为固定层高及可变层高两种。

2. 单元式货架

单元式货架与层架类似，它的一些层甚至整体的每层中用间隔板分成若干个格。每格内原则上只能放一种物品，这样物品不易混淆，但存放数量不大，层间光线暗。单元式货架主要用于规格复杂多样、必须分开摆放的物品，如图 4-16 所示。

图 4-16　单元式货架

3. 悬臂式货架

悬臂式货架由塔形悬臂和纵梁相连结而成，分为单面和双面两种，如图 4-17 所示。双面货架在架子两边存放货物，存取货物作业强度大，适于长条形材料的存放。

图 4-17　悬臂式货架

4. 托盘式货架

托盘式货架适合存放装有货物托盘的货物，如图 4-18 所示。

图 4-18　托盘式货架

如果不使用托盘式货架，而用托盘直接堆码，会存在下列问题：

（1）用平托盘直接堆码，两盘之间及最下层的货物会受到挤压，不能实现货物先进先出。

（2）托盘装载不同货物时，只能单摆，不能堆码，库容率很低。

（3）仅使用立柱式托盘或框架式托盘时，堆码太高后稳定性差，很不安全。

采用托盘货架后，使每一个托盘占一个货位，就能克服上述问题。

5. 移动式货架

移动式货架是一种带轮且可移动的货架，如图 4-19 所示。根据驱动方式不同，分为人力摇动式和电力驱动式两种。

图 4-19 移动式货架

特点：①使仓库空间利用率成倍提高；②货物存取方便，易于控制，安全性好。

移动式货架主要用于小件、轻体货物的存取，适用于对环境条件要求高、投资大的仓库，如冷冻、气调等仓库，可相应减少对环境条件的投资。

6. 旋转式货架

旋转式货架也称回转式货架，可以水平、垂直、立体回转，如图 4-20 所示。它的优点是：存贮密度大；拣货路线简捷，拣货效率高，拣选差错少；适合存放拣选频繁、量大的货物。

7. 进车式货架

进车式货架也称驶入式货架，两端有出入口，叉车可以驶入或穿梭作业，可实现货物先进先出，如图 4-21 所示。进车式货架是一种高密度存放的货架，它的库容利用率很高，可达 90%以上。

图 4-20　旋转式货架

图 4-21　进车式货架

步骤四　一般仓储作业的流程

仓储作业主要由入库、存储、出库这三个阶段组成。

1．入库

仓库管理人员应根据签订的仓储合同或入库单，及时地进行库场准备，以便货物能及时入库。入库阶段的作业流程见表 4-7。

表 4-7　入库流程表

工作目标	知识准备	关键点控制	细化执行	流程
1．提高入库管理规范化水平 2．避免收货和入库违规行为的发生 3．提高接货和入库的工作效率	1．熟悉收货及入库管理规定 2．掌握货物验收的方法 3．掌握货物入库的方法和步骤	1.接受入库信息：仓储部接收到上级主管或供货方发来的到货信息	《到货通知书》	1.接受入库信息 2.入库准备 3.点收和检验 4.卸货、搬运、堆垛 5.办理交接手续 6.入库登记 7.立卡 8.建立货物档案
		2.入库准备：仓库管理员根据入库信息，进行货位准备、装卸设备准备及相关表单的准备等	《货物检验单》	
		3.点收和检验：仓库管理员对货物进行点收和检验，重点是对货物数量、质量等进行检验	《入库单》	
		4.卸货、搬运、堆垛：仓库管理员组织相关人员对检验合格的货物进行卸货、搬运和堆垛	《验收入库控制程序》	
		5.办理交接手续：仓库管理员和供货方代表就货物交接情况在相关单证上签字，明确双方责任	《验收入库控制程序》	
		6.入库登记：仓库管理员对货物进行入库登记，建立货物明细账，包括货物的基本信息，如名称、数量、规格、入库日期等	《货物检验单》	
		7.立卡：仓库管理员将货物名称、数量、规格或出入状态等内容填在货卡上，将货卡放在摆放货物的货架支架上或摆放在货垛正面明显的位置	《货物资料卡》	
		8.建立货物档案：仓库管理员对入库货物建立明细表，并建立每一类、每一批货物的管理档案，确保对货物的跟踪管理	《验收入库控制程序》	

2．存储

（1）商品的分区分类储存。仓库商品分区分类储存的依据是“四一致”原则，即性能一致、养护措施一致、作业手段一致和消防方法一致。可将仓库划分为若干保管区域，把储存的商品划分为若干类别，以便统一规划储存和保管。

仓库的分区分类与专仓专储的主要区别：

1）仓库的性质不同。

2）储存商品的种类不同。

3）储存商品的数量不同。

4）储存商品的性质不同。

（2）分区分类储存商品的作用：

1）可缩短商品拣选及收、发作业的时间。

2）能合理使用仓容，提高仓容利用率。

3）有利于保管员熟悉商品的性能，提高保管养护的技术水平。

4）可合理配制和使用机械设施，有效提高机械化、自动化操作程度。

5）有利于仓储商品的安全，减少损耗。

（3）商品分区分类储存应遵循的原则：

1）商品的自然属性或性能要一致。

2）商品的养护措施要一致。

3）商品的作业手段要一致。

4）商品的消防方法要一致。

（4）商品分区分类储存的方法。由于仓库的类型、规模、经营范围、用途各不相同，各种仓储商品的性质、养护方法也迥然不同，因而分区分类储存的方法也有多种，需统筹兼顾、科学规划。

1）按商品的种类和性质分区分类储存。按照商品的自然属性，把怕热、怕光、怕潮、怕冻、怕风等具有不同自然属性的商品分区分类储存。

2）按商品的危险性质分区分类储存。商品的危险性质主要是指易燃、易爆、易氧化、腐蚀性、毒害性、放射性等。

3）按商品的发运地等分区分类储存。针对一些储存期较短，但是吞吐量较大的商品，可按商品的发往地区或运输方式或货主名称等进行分区分类储存。

4）按仓储作业的特点分区分类储存。

5）按仓库的条件及商品的特性分区分类储存。

（5）货位编号。

货位编号的要求：

1）标志设置要适宜。

2）标志制作要规范。

3）编号顺序要一致。

4）段位间隔要恰当。

（6）商品分类的原则和方法。商品分类是指为满足某种目的和需要，根据商品的特征，选择适当的分类标志，将商品划分为不同类别和组别的过程。

商品分类的原则如下：

1）科学性原则。

2）系统性原则。

3）实用性原则。

4）可扩性原则。

5）兼容性原则。

6）唯一性原则。

商品分类的方法有以下几种：

1）按商品的用途，可分为生产资料和生活资料两大类。若将生活资料继续按用途分类，又可分为食品、医药用品、纺织品等。

2）按商品的原材料分类。这种分类适用于原材料的种类和质量对商品性能和品质的影响较大，或起决定作用的情况。

3）按商品的加工方法分类。因生产工艺不同，生产出的商品特性、品种也就不同的商品可采用这种分类方法。

4）按商品的主要成分或特殊成分分类。有的商品，其特性、质量、用途往往是由其主要成分或特殊成分所决定的，则可采用该种分类方法。

5）按其他特征分类。例如按商品的形状、尺寸、颜色、重量、产地、产季等分类。

（7）商品编码的原则和方法。商品编码又称商品货号或商品代码，它赋予商品以一定规律的代表性符号。符号可以由字母、数字或特殊标记等组成。

商品编码的原则如下：

1）唯一性原则。

2）简明性原则。

3）标准性原则。

4）可扩性原则。

5）稳定性原则。

商品编码按所用的符号类型分为四种：数字代码、字母代码、字母和数字代码、条形码。其中，最常用的是数字代码和条形码。

常用的商品编码方法有三种：层次编码法、平行编码法和混合编码法。

1）层次编码法：按照商品类目在分类体系中的层次、顺序依次进行编码，主要采用线分类体系。

2）平行编码法：以商品分类面编码的一种方法，即每个分类面确定一定数量的码位，各代码之间是平行的关系。

服装的平行编码法见表 4-8。

表 4-8　服装的平行编码法

服装面料	式样	款式	服装面料	式样	款式
全毛（A）	男士装（I）	西装（1）	毛涤纶（C）	童装（III）	连衣裙（3）
全棉（B）	淑女装（II）	大衣（2）	丝麻（D）	婴儿装（IV）	衬衫（4）

3）混合编码法：层次编码法与平行编码法的综合运用。

（8）堆码的要求。

对堆码场地的要求：

1）库房内堆码场地：库房内用于堆码货物的地坪，要求平坦、坚固又耐摩擦；一般要求 1 平方米的地面承载能力为 5～10 吨；堆码时，货垛要在墙基线和柱基线以外，垛底需适当垫高。

2）货棚内堆码场地：货棚是一种半封闭式的建筑，为防止雨雪渗漏、积聚，货棚堆码场地四周必须有良好的排水系统，如排水沟、排水管道等。货棚内堆码的地坪应高于棚外地面，并做到平整、坚实；堆码时，垛底应垫高 20～40 厘米。

3）露天堆码场地：露天货场的地坪材料可根据堆存货物对地面的承载要求，采用夯实泥地、铺砂石、块石地或钢筋水泥地等，一定要坚实、平坦、干燥、无积水、无杂草；四周要有良好的排水设施；堆码场地必须高于四周地面，垛底需垫高 40 厘米。

商品在正式堆码前，需达到以下要求：

1）商品的名称、规格、数量、质量已经全部查清。

2）商品已根据物流的需要进行编码。

3）商品外包装完好、清洁、标志清晰。

4）部分受潮、锈蚀或发生质量变化的不合格商品，均已剔除。

5）为便于机械化作业，准备堆码的商品已完成集装单元化。

堆码操作的要求：安全、合理、方便、整齐、节约。

货垛安排要求如下：

1）货垛要按照“五距”的规范要求去做。货垛的“五距”指垛距、墙距、柱距、顶距和灯距。

2）货垛底层排列：一般应先计算出货垛可堆高的层数，再进行货垛底层排列。

3）货垛的基本形式：为适应不同商品的性能、外形和保管要求，货垛的形式也各异。箱形商品的堆垛通常有以下四种基本形式：重叠式、砖砌式、纵横交错式、中心留空通风式。

（9）苫盖技术。

苫盖的目的：防止商品受到风吹、雨打、日晒、冰冻的侵蚀，存放在露天货场的商品一般都需苫盖。

苫盖的材料：通常使用的苫盖材料有塑料布、席子、油毡纸、铁皮、苫布等，也有利用一些商品的旧包装材料改制成的苫盖。

苫盖的方法主要有以下四种：

1）垛形苫盖法。

2）鱼鳞苫盖法。

3）隔离苫盖法。

4）活动棚架苫盖法。

（10）垫垛技术。垫垛就是在商品堆垛前，根据货垛的形状、底面积的大小、商品保管养护的需要、负载重量等要求，预先铺好垫垛材料的作业。

垫垛的目的是使堆垛的货物免受地坪潮气的侵蚀，使垛底通风透气，提高储存货物的保管养护质量。垫垛是仓储保管作业中必不可少的一个环节。

垫垛材料通常采用枕木、石墩、水泥墩、木板、防潮纸等，根据不同的储存条件及货物的不同要求，采用不同的垫垛材料。

垫垛的方法主要有码架式、垫木式和防潮纸式。此外，若采用货架存货，或采用自动化立体仓库的高层货架存货，则货垛下面可以不用垫垛。

3. 出库

仓库管理员只有依据货主开具的“商品调拨通知单”，才能办理商品出库。

（1）对商品出库的要求：

1）“三不”，即未接单据不登账，未经审单不备货，未经复核不出库。

2）“三核”，即在发货时，要核实凭证、核对账卡、核对实物。

3）“五检查”，即对单据和实物要进行品名检查、规格检查、包装检查、件数检查、重量检查。

商品出库的形式有五种：送货、自提、过户、取样、转仓。

（2）商品出库的程序。

出库流程：

1）内部：领料人填写领料单→主管签字→凭单领料→核对品名、规格、数量并发料。

2）外部：商务代表填写出库单→用户确认→收款→出库单送到装机处→装机人员领料→仓库发料→装机人员核对规格、数量并签字。

货物出库的方式主要有三种：客户自提、委托发货和送货。

1）客户自提是指客户自己派人或派车来公司的库房提货。

2）委托发货是指提货有困难的客户委托公司去找第三方物流公司提供送货服务。

3）送货是指仓储企业派自己的货车给客户送货。

出库程序：核单→复核→包装→点交→登账→清理。

1）核单：发放货物必须有正式的出库凭证，严禁无单或白条发料。

2）复核：为防止出差错，备料后应立即进行复核。

3）包装：对出库的货物进行运输方式所要求的包装。

4）点交：货物经复核后，如果是本单位内部领料，则将货物当面点交给提货人，办清交接手续；如果是办理托运的货物，则与提货人员或运输部门办理交接手续，当面将货物点交清楚。之后，提货人员应在出库凭证上签章。

5）登账：点交后，保管员在出库单上填写发货数量、发货日期并签名，然后将出库单等有关凭证资料交给货主，货主凭出库单等资料办理货款结算。

6）清理：现场清理包括清理库存货物、库房、场地、设备和工具等。

（3）退货手续。

退货流程：商务代表填红字出库单→收银→装配→核对货单、办理退库手续→货物归还原位。

商品出库过程中会出现多方面的问题，主要有以下几种：

1）出库凭证（提货单）上的问题。

2）账目上的货物数量与实际库存数不符。

3）串发货和错发货。

4）包装破损。

5）漏记账和错记账。

触类旁通

2017年中国物流仓储市场需求趋势报告

1. 宏观需求趋势分析

过去20年间，中国家庭人均消费支出随着可支配收入的增长而提升，随之带动了中国仓储需求的不断攀升。日益增长的收入拉动了一系列产品的零售销售额，产品种类包括快时尚、耐用消费品、食品饮料、家居用品和汽车等。

如今，中国的中产阶级和零售市场在地理分布上呈多样化趋势发展。近年来，随着二、三线城市，甚至是四线城市人口的逐步增长和财富的累积，越来越多的人群成为主力消费群体。2000年，中国只有3个城市的零售年销售规模超过1000亿人民币（145亿美元）；而截至2015年，中国已有76个城市跻身此行列。

2. 主要需求驱动力分析

电子商务：经历了10余年的发展，中国已经跻身为全球最大的电子商务市场。2015年，中国线上销售以1.55万亿美元的年销售额占到全球市场的43%；预计到2020年，这一比例将提升至59%。

第三方物流：尽管一些消费品和电子商务企业会直接租赁仓储空间，但仍有众多企业选择第三方物流运营商外包其分销或配送业务。近年来，由于企业将更多的物流预算分配到第三方物流服务，中国的第三方物流收入呈指数型增长，预算比例从2009年的49%上升至2014年的65%。如今，第三方物流已成为推动中国高标准仓储市场需求的最强驱动力。2016年第四季度，第三方物流占据了高标准非保税仓库净吸纳量的40%以上。

3. 新兴发展趋势

多层仓储日益普遍：由于客户使用习惯以及相对较低的建造费用，中国高标准仓储市场过去一直以单层仓库为主。但自2013年以来，这种情况开始改变，尤其是在上海这样的重要物流枢纽门户，地价的上涨和政府对提高投资密度的要求使得开发商不得不增加仓库的楼层数。随着地价的不断上涨以及对于重要物流节点城市周边的高标仓储需求的增长，今后10年，多层项目这一趋势将越来越为租户所接受。

卫星城市的兴起：在中国最为成熟的市场，租户倾向于布局区域内的配送中心，而非只覆盖单个城区，因此，卫星城市的仓储市场快速兴起。例如上海周边的昆山、太仓、嘉兴等城市，就能够有效地服务上海以及长三角其他富裕中型城市的消费市场。同样的趋势还存在于北京和天津之间的廊坊，以及临近广州、深圳的东莞和佛山。

案例4-5 自动化仓库的困惑

20世纪70年代，北京某汽车制造厂建造了一座高层货架仓库（即自动化仓库）作为中间仓库，存放装配汽车所需的各种零配件。此厂所需的零配件大多数由其协作单位生产，然后运至自动化仓库。该厂是我国第一批发展自动化仓库的企业之一。

该自动化仓库结构分高库和整理室两部分，高库采用固定式高层货架与巷道堆垛机的结构，从整理室到高库之间设有辊式输送机。当入库的货物包装规格不符合要求时，则还需要对货物的包装进行重新整理。由于当时各种物品的包装还没有达到标准化，整理货物包装的工作量相当大。

货物出入库管理采用的是电脑控制与人工操作相结合的人机系统。这套系统在当时是非常先进的。仓库建在距离该厂装配车间较远的地方，零配件需先出库，再装车运到装配车间，才能进行组装。

但自动化仓库建成后，这套先进的设施在企业的生产经管中所起的作用并不理想，利用率也是逐年下降，最后不得不拆除。

（本案例来源：百度文库 https://wenku.baidu.com/view/921e30c94028915f804dc235.html）

请思考：

1. 为什么自动化仓库在该企业的生产经营中没有发挥其应有的作用？
2. 我们从中会得到哪些启示？

任务 6 物流的配送与流通加工

任务要点

- 关键词：配送、配送中心、流通加工、合理化
- 理论要点：配送的概念、流通加工的定义、特点、作用及合理化措施
- 实践要点：做好流通加工为何能给企业带来更好的收益

任务情境

2002 年莱芜市有钢铁流通加工企业 32 家，到 2007 年有 87 家，新增了 55 家。流通加工能力由 2002 年的 150 万吨，增加到 2007 年的 360 万吨；投产钢铁流通加工项目 50 多个，累计投资 20 多亿元。2006 年流通加工企业总资产达 33.24 亿元，实现销售收入 38.2 亿元，利税 4.13 亿元，占钢铁工业销售收入的 6.7%。

任务分析

物流的配送与流通加工环节有以下知识点：

（1）通过学习掌握流通加工的作用和特点。

（2）通过学习掌握流通加工的类型和作业流程。

任务实施

步骤一 物流的配送

配送是伴随着大生产、大流通而出现的一种完成资源调配和满足消费需求的方式。配送几乎包括了所有的物流功能要素，是物流的一个缩影或在某个小范围中物流全部活动的体现。

配送中心（图 4-22）是多功能、集约化的物流据点，指位于物流节点上、专门从事货物配送活动的经营场所和组织，是将集货中心、分货中心和流通加工中心融为一体的现代化的物流基地。

有关配送及配送中心环节的知识我们将在本书项目 5 的“电子商务物流配送与配送中心管理”知识模块中具体介绍。

图 4-22　某配送中心

步骤二　流通加工环节

流通加工作为第三方物流的主要增值服务内容，越来越显示出其重要性。流通加工包括加工单的创建和确认及领料加工。

1．流通加工的定义和特点

国家标准 GB/T 18354－2001 对流通加工的定义是：物品在从生产地到使用地的过程中，根据需要施加包装、分割、计量、组装、价格贴附、标签贴附、商品检验等简单作业的总称。流通加工也指某些原料或产成品在流通过程中，为了有效利用资源、方便用户提高物流效率和促进销售所进行的一系列初级或简单的加工活动。流通加工示意图如图 4-23 所示。

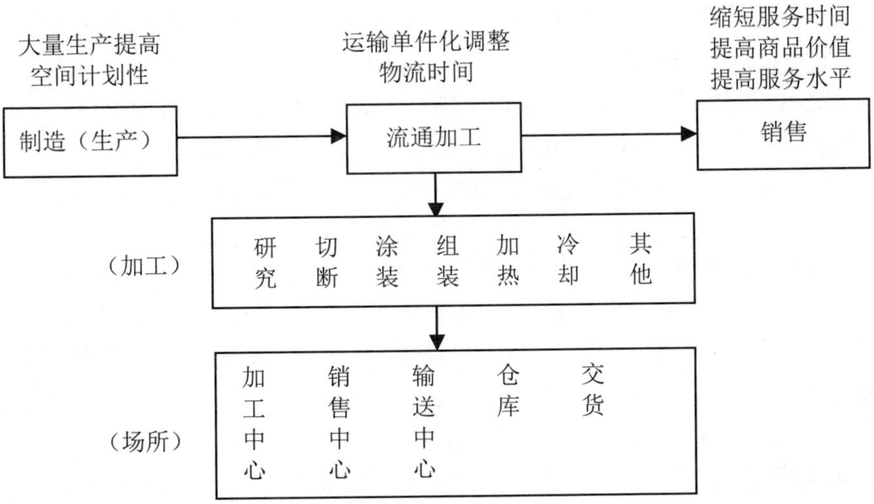

图 4-23　流通加工示意图

流通加工是在流通领域中进行的简单生产活动，具有生产加工的一般性质。流通加工与生产加工有明显的区别：生产加工改变的是加工对象的基本形态和功能，是一种创造新使用价值的活动；而流通加工并不改变商品的基本形态和功能，是一种完善商品的使用功能、提高商品附加值的活动。

2. 流通加工在物流中的作用

流通加工可以提高物流活动的效率，满足消费者的多样化需求，同时还可以增加物流企业的经济效益。其作用主要表现在以下几个方面。

（1）提高原材料利用率。利用流通加工环节进行集中下料，对生产厂运来的简单规格产品，按使用厂的要求进行下料。例如，对钢板进行剪板、切裁；将钢筋或圆钢裁制成毛坯；将木材加工成各种长度及大小的板等。集中下料可以优材优用、小材大用、合理套裁，有很好的技术经济效果。

（2）进行初级加工，方便用户。用量小或临时有需求的使用单位，缺乏进行高效率初级加工的能力，依靠流通加工可省去进行初级加工的投资、设备及人力，从而搞活供应，方便了用户。

（3）提高加工效率及设备利用率。建立集中加工点，可以采用效率高、技术先进、加工量大的专门机具和设备。

（4）流通加工可以增加物流企业的经济效益。流通加工是一种低投入、高产出的加工方式，往往以简单加工解决大问题。实践证明，有的流通加工通过改变装潢使商品档次跃升而充分实现其价值；有的流通加工将商品利用率迅速提高了 20%～50%。根据我国近些年的实践，流通企业从流通加工中获得的利润，并不亚于从运输和储存中挖掘的利润，流通加工是物流中的重要利润源。

此外，流通加工还具有提高商品附加值、回避流通阶段的商业风险、提高运输保管效率等作用。

3. 流通加工中存在的不合理措施

流通加工是流通领域对生产的辅助性加工，它不只是生产过程的延续，其实质是生产本身或生产工艺在流通领域的延续。同时，由于这个延续所处的环境不同，会产生不同的效应。存在于流通加工中主要的不合理措施有以下几种。

（1）流通加工地点设置不合理。流通加工地点的设置是影响流通加工的重要因素。一般而言，为满足单品种大批量生产与多样化的流通加工需求，将加工地点设置在需求地区，才能发挥大批量的干线运输与多品种末端配送的物流优势。为了更好地方便物流，应将流通加工环节设在产出地，即未进入社会物流之前。如果将其设置在消费地，即物流之后，不但不能解决物流问题，反倒在流通中增加了中转加工环节，使物流成本提高。此外，应注意小地域范围的选址问题。不当选址的表现为：交通不便；流通加工与生产企业或用户之间距离较远；流通加工点的投资过高（如受选址的地价影响）；加工点周围社会环境与自然环境条件不好；等等。

（2）流通加工方式选择不当。流通加工方式涉及流通加工对象、流通加工工艺、流通加工技术、流通加工程度等。应明确流通加工方式，界定其与生产加工的合理分工。本来应由生产加工完成的，却错误地由流通加工完成；本来应由流通加工完成的，却错误地由生产过程来完成，都是不合理的。

（3）流通加工环节冗余。有的流通加工过于简单，对生产或消费者的作用都不大；有的因盲目地流通加工，不但不能解决品种、规格、质量、包装等问题，而且增加了多余的环节。

（4）流通加工成本过高、效益不好。流通加工的优势之一是有较大的产出投入比，如果流通加工成本过高，则不能达到以低投入实现高使用价值的目的，难以实现物流成本的优化，从而影响企业的效益。

4. 流通加工的合理化措施

流通加工的合理化即实现流通加工的最优配置，使流通加工有存在的价值。要避免不合理现象，对是否设置流通加工环节、在什么地点设置、选择什么类型的加工、采用什么样的技术装备等，都需要做出正确抉择。目前，国内在这方面积累了许多经验，使我国流通加工的合理化有了一定的应用措施。

（1）加工和配送相结合。加工和配送相结合是将流通加工设置在配送地点，一方面，按配送的需要进行加工；另一方面，加工又是配送业务流程中分货、拣货、配货的一个环节。加工后的产品直接投入配货作业，需要单独设置一个加工的中间环节，这一点流通加工有别于独立的生产，也使流通加工与中转流通巧妙结合在一起。同时，由于配送之前有加工，可使配送服务水平大大提高。这是当前对流通加工做合理选择的重要形式，在煤炭、水泥等产品的流通中已表现出较大的优势。

（2）加工和配套相结合。在对配套要求较高的流通中，配套的主体来自各个生产单位。但是，完全配套有时无法全部依靠现有的生产单位。进行适当流通加工，可以有效促成配套，大大提高流通的桥梁与纽带作用。

（3）加工和合理运输相结合。流通加工能有效衔接干线运输与支线运输，促进两种运输形式的合理化。利用流通加工，在支线运输转干线运输或干线运输转支线运输这个必须停顿的环节，按干线或支线运输合理的要求进行适当加工，从而大大提高运输及运输转载水平。

（4）加工和合理商流相结合。通过加工有效促进销售，使商流合理化，也是流通加工合理化的有效措施之一。加工和配送的结合，通过加工，提高了配送水平，强化了销售，是加工与合理商流相结合的一个成功的例证。此外，通过简单地改变包装加工，形成方便的购买量；通过组装加工解决了用户使用前烦琐的组装、调试的难题，都是有效促进商流的显著措施。

（5）加工和节约相结合。节约能源、节约设备、节约人力、节约耗费是流通加工合理化的重要因素，也是目前我国衡量流通加工合理化较普遍的参考标准。

总之，流通加工处于不易区分是生产还是物流的中间领域，其目的在于提高物流系统的效率。尽管它可以创造性质和形态的使用效能，但还是应该从物流机能拓展的角度将其看作物流的构成要素为宜。对于流通加工合理化的最终判断，要看其是否能实现社会和企业本身的两个效益，是否能实现效益的最优化。只有在社会效益为第一观念的前提条件下，流通加工企业才有生存的价值。流通加工企业不能盲目地采取一些不合理的措施，只追求自身的微观效益，甚至与生产企业争利，进行不适当的加工。这不仅违背了流通加工的初衷，而且阻碍了我国物流行业的前进步伐。

触类旁通

快递配送为何常现“舍近求远”？

这几天，福州不少市民在社交媒体上晒自己网购后快递商品时遭遇的“奇葩路线”，纷纷表示不理解快递企业送货为什么要舍近求远。

“太离奇了！我从广西一个卖家那里买的商品，发货后居然先到浙江转了一圈，然后又发到晋江，最后才送到福州。我想问问快递公司，你们这么乱送一气，老板知道吗？”“你这不算什么啦。我从泉州一个网店买的东西，先被发到晋江，再送到厦门，然后再转回福州。他们不知道福州在什么方向吗？”对此，快递企业表示，并不是他们乱送一气，而是根据转运中心的位置而设置路线。

“大多数情况下，这样绕路不是失误，也不是我们不认识路。恰恰相反，这样的情况就是线路规划的结果。”福州多家快递企业的负责人告诉记者，快件需到转运中心分拣，是造成快递“四海漫游”的主要原因。

这些负责人告诉记者，快递配送在内部，像飞机航班一样是有固定线路的。作为具有全程、全网性质的快递服务，在从快件揽收开始到完成派送的整个过程，是由众多点与点的衔接完成的。而这其中最关键、最重要的点就是转运中心。不管快件是来自航空还是陆运，都要经过转运中心的分拣，再分别将快件转向下一个目的地。一般来说，一个省就一两个转运中心。因此，很多时候快件就会先被送到这些点，然后再分发出去。现在很多快递公司都是用加盟的方式进行操作，因此各地的快递公司只与中转站联系，这样就经常遇到即便是两地相邻，快递件也会被先发到距离最近的中转站，然后再从中转站发往收件人所在地。

对于那些没有转运中心的快递企业来说，由于物流就是要合理利用车辆的运输和装载量，为了保证每天发车，而且车要尽量装满，他们就会拼车拼货，这样也会出现福州的快件先被送到厦门，然后再回到福州的情况。

案例 4-6

温州某皮鞋厂的流水线节拍是一天流通加工 2500 双鞋，全厂有 8 条流水线，通过计算，原来流通加工每一双皮鞋整体节拍用时 13 秒。若整体节拍加快 1 秒，一天就可以增加 320 双皮鞋。所以，在流水线上精确计算每一个流通加工的动作、每一个要领，就可以实实在在地提高企业的效益。

请思考：

1. 流通加工的功能有哪些？
2. 为什么说搞好流通加工可以给企业创造额外利润？

案例 4-7

假设生产现场甲、乙、丙三个部门分别需要 2.9 米、2.1 米、1.5 米的棒材各 100 根。已知供应商提供的棒材规格为 7.4 米。分散下料所需的原材料数量如下：

甲：7.4÷2.9≈2，100÷2=50（根）

乙：7.4÷2.1≈3，100÷3≈34（根）

丙：7.4÷1.5≈4，100÷4=25（根）

合计：50+34+25=109（根）

请思考：如果采用集中下料，最少需要多少根？

项目小结

本项目介绍了物流系统的基础知识，主要包括物流系统的特点、构成要素，以及物流系统的各个基本功能，包括包装、装卸搬运、运输、仓储、配送和流通加工等。

实战强化

实训 挑选商品进行包装训练

一、实训目的

通过实训，掌握电子商务下不同商品种类的一些包装技巧。

二、实训组织

选定生活中常见的物品（商品）10 件，学生分组后随即抽取并练习。

三、实训要求

（1）确定商品类型。

（2）提出包装想法。

（3）确定包装方法。

（4）实施包装。

（5）完成多组后检查。

（6）最终提交教师，并撰写实训报告。

项目 5 电子商务物流配送与配送中心管理

配送是伴随着大生产、大流通而出现的一种完成资源配置和满足消费需求的物流方式。配送由于能实现定时、定量、准时性、计划性、即时性、低费用甚至可以实现客户的零库存，以至可以完全取代客户原有的供应系统，用更高的供应质量和更低的供应成本对客户实现供应，实现企业销售和客户供应的一体化。

知识目标

掌握配送概念的内涵和基本类型；掌握配送中心的基本概念、配送中心的功能；理解电子商务配送的内涵和特征，掌握配送和电子商务的关系；熟悉电子商务配送中心作业的特点和基本流程。

能力目标

能够识别不同的配送类型，熟悉电子商务配送工作的基本环节；能够识别不同类型的配送中心，能对电子商务配送中心的基本工作过程进行概要讲解。

素质目标

培养与人沟通的能力，增强有关业务操作能力并培养开拓创新的精神。

项目重点

配送和配送中心的概念、特点、类型，电子商务配送和配送中心与传统配送和配送中心的区别与联系。

项目难点

能够掌握电子商务配送的基本环节，并对电子商务配送中心的基本工作过程进行概括。

任务 1 配送和配送中心

任务要点

- 关键词：配送、要素、类型、配送中心、功能
- 理论要点：配送和配送中心的概念、要素、类型、作用
- 实践要点：如何将配送中心的理论联系实际，提高作业效率

任务情境

在某开发区内聚集着 30 余家小家电生产企业，每个企业在原材料采购和产品销售的过程

中都遇到了同样的问题：在采购的时候，由于某一种材料采购量不足，往往要花费高昂的费用；在销售的时候，因为一个客户需要的产品数量少，多个客户需要的时间和数量不断变化，销售费用居高不下。企业之间也曾坐下来商谈合作采购和销售的事，但没能成功。近日，有调研的人到这些企业请求填写问卷，说是要在这个区域建一个小家电相关的配送企业，为这些企业提供采购和销售方面的服务。某一天，几位企业的经理集中在一起讨论关于配送的事，同时也请了一位物流教授给大家讲解。

任务分析

教授在这么短的时间内能讲些什么呢？配送真的有利可图吗？

任务实施

步骤一　配送认知

1. 配送的概念

配送是指在经济、合理的区域范围内，根据客户要求，对物品进行拣选、加工、包装、分割、组配等作业，并按时送达指定地点的物流活动。配送是物流中一种特殊的、综合的活动形式，它将商流与物流紧密结合，既包含了商流活动和物流活动，也包含了物流中若干功能要素。配送图片如图 5-1 所示。

图 5-1　配送图片

从物流来讲，配送几乎包括了所有的物流功能要素，是物流的一个缩影或在某小范围中物流全部活动的体现。一般的配送集装卸、包装、保管、运输于一身，通过这一系列活动完成将货物送达的目的。特殊的配送则还要以加工活动为支撑，所以包括的方面更广。但是，配送的主体活动与一般物流却有所不同，一般物流是运输及保管，而配送则是运输及分拣配货。分拣配货是配送的独特要求，也是配送中最有特点的活动，以送货为目的的运输则是最后实现配送的主要手段，从这一主要手段出发，常常将配送简化地看成运输的一种。

从商流来讲，配送和物流的不同之处在于，物流是商、物分离的产物，而配送则是商、物合一的产物，配送本身就是一种商业形式。虽然配送具体实施时，也有以商、物分离形式实现的，但从配送的发展趋势看，商流与物流越来越紧密地结合，是配送成功的重要保障。

从经济学资源配置的角度来看，配送是资源配置的一部分，因而是经济体制的一种形式；配送的资源配置作用是“最终配置”，是接近顾客的配置。接近顾客是经营战略至关重要的内容。美国兰德公司对《幸福》杂志所列的500家大公司的一项调查表明“经营战略和接近顾客至关重要”，证明了这种配置方式的重要性；配送的主要经济活动是送货，这里面强调现代送货，表述了和我国一般送货的区别，其区别以“现代”两字概括，即以现代生产力、劳动手段支撑的，依靠科技进步的，实现“配”和“送”有机结合的一种方式；配送在社会再生产过程中的位置是处于接近用户的那一段流通领域，因而有其局限性；配送是一种重要的方式，有其战略价值，但是它并不能解决流通领域的所有问题。

从配送的实施形态角度来看，配送是按用户的订货要求，在配送中心或其他物流节点进行货物配备，并以最合理的方式送交用户。配送实质是送货，但和一般送货有明显的区别，一般送货可以是一种偶然的行为，而配送却是一种固定的形态，甚至是一种有确定组织、确定渠道，有一套装备和管理力量、技术力量，有一套制度的体制形式。因此，配送是高水平的送货形式，是从物流节点至用户的一种特殊送货形式。从送货功能来看，配送的特殊性表现为：从事送货的是专职流通企业，而不是生产企业；配送是“中转”型送货，而一般送货尤其从工厂至用户的送货往往是直达型；一般送货是生产什么、有什么送什么，配送则是用户需要什么送什么；配送以用户要求为出发点，因此在观念上必须明确“用户第一”“质量第一”；配送企业的地位是服务地位而不是主导地位，因此不能从本企业利益出发而应从用户利益出发，在满足用户利益的基础上取得本企业的利益。

2. 配送的要素

（1）集货。集货，即将分散的或小批量的物品集中起来，以便进行运输、配送的作业。集货是配送的重要环节，也是配送的优势之一。为了满足特定客户的配送要求，有时需要把从几家甚至数十家供应商处预订的物品集中起来，并按要求将物品分配到指定的容器和场所。

（2）分拣。分拣是将物品按品种、出入库先后顺序进行分门别类堆放的作业。分拣是配送不同于其他物流形式的功能要素，也是关系配送成败的一项重要支持性工作。它是完善送货、支持送货的准备性工作，是不同配送企业在送货时进行竞争和提高自身经济效益的必然延伸。分拣是送货向高级形式发展的必然要求。分拣图片如图5-2所示。

图5-2　分拣图片

（3）配货。配货是使用各种拣选取设备和传输装置，将存放的物品按客户的要求分拣出来、配备齐全，送入指定发货地点。

（4）配装。在单个客户配送数量不能达到车辆的有效运载负荷时，就存在如何集中不同客户的配送货物进行搭配装载以充分利用运能、运力的问题，这就需要配装。配装与一般送货的不同之处在于，通过配装送货可以大大提高送货水平及降低送货成本。因此，配装是配送系统中有现代特点的功能要素，也是现代配送不同于以往送货的重要区别之一。

小链接 5-1

某配送中心的出货区有如下货物：水果 10 箱，箱尺寸是 40cm×40cm×40cm；方便面 100 箱，箱尺寸是 50cm×60cm×50cm；食用油 100 箱，箱尺寸是 30cm×30cm×30cm。如果现在需要将这些货物送到一条配送路线上的两个客户处，需要如何装载配送车辆？已知配送车辆的尺寸为 2m×4m×1.5m，两个客户需要的货物分别为以上货物的一半。

（5）配送运输。配送运输和一般干线运输形态的主要区别在于：第一，配送运输是较短距离、较小规模、额度较高的运输形式，一般使用汽车做运输工具；第二，配送运输的路线选择问题是一般干线运输所没有的。干线运输的干线是唯一的运输线，而配送运输由于配送客户多，一般城市交通路线又较复杂，如何组合成最佳路线、如何使配装和路线有效搭配等是配送运输的特点，也是难度较大的工作。

（6）送达服务。将配好的货运输到客户处还不算配送工作的结束，这是因为送达货和客户接货往往还会出现不协调的情况，使配送前功尽弃。因此，要圆满地实现运送到货的移交并有效、方便地处理相关手续且完成结算，还应讲究卸货地点、卸货方式等。送达服务也是配送所独具的特殊性。

（7）配送加工。配送加工是按照配送客户的要求所进行的流通加工。在配送中，配送加工这一功能要素不具有普遍性，但往往是有重要作用的功能要素。这是因为通过配送加工，可以大大提高客户的满意程度。配送加工是流通加工的一种，但配送加工有它不同于流通加工的特点，即配送加工一般只取决于客户的要求，其加工的目的较为单一。

小链接 5-2

宏达米业有限公司是黑龙江省鸡西市的一家经销东北大米的公司，每年有 1 万吨的大米发往全国各地。以前公司都是在公司内将大米装袋后再出运，但是也出现了一些问题：首先，运输费用比较高，装袋后的大米在运输过程中的运费、装卸费偏高；其次，不同地区不同包装的大米销量有很大差异，导致部分地区缺货、部分地区库存增加。因此，公司决定改变配送方式，将大米散装运输到各地，再由各地分级包装成不同分量，这一方式的改变取得了很好的效果。

3. 配送的类型

为了满足不同产品、不同企业、不同流通环境的要求，经过较长一段时期的发展，国内外创造出多种形式的配送。这些配送形式都有各自的优势，但也存在一定的局限性。

（1）按配送组织者不同来分类。

1）商店配送。这种配送形式的组织者是商业或物资的门市网点，这些网点主要承担商品的零售，一般来说规模不大但经营品种比较齐全。除日常经营的零售业务外，这种配送方式还可根据用户的要求，将商店经营的品种配齐，或代用户外订、外购一部分本商店平时不经营的商品，与商店经营的品种一起配齐运送给用户。

2）配送中心配送。这种配送的组织者是专职配送中心，规模比较大。其中，有的配送中心由于需要储存各种商品，储存量也比较大；也有的配送中心专职组织配送，因此储存量较小，主要靠附近的仓库来补充货源。由于配送中心专业性比较强，与用户之间存在固定的配送关系，一般情况下都实行计划配送，需要配送的商品有一定的库存量，但是很少超越自己的经营范围。

3）仓库配送。这种配送形式是以一般仓库为据点来进行配送。它可以是把仓库完全改造成配送中心，也可以是在保持仓库原功能前提下以仓库原功能为主再增加一部分配送职能。由于不是专门按配送中心要求设计和建立的，所以，仓库配送规模较小、配送的专业化较差，但可以利用原仓库的储备设施及能力、收发货场地、交通运输线路等。因此它是开展中等规模的配送可选择的配送形式，也是较为容易利用现有条件而不需要大量投资、上马较快的配送形式。

4）生产企业配送。这种配送的组织者是生产企业，尤其是进行多品种生产的生产企业，可以直接由本企业开始进行配送而无需再将产品发运到配送中心进行中心配送。生产企业配送由于避免了一次物流中转，所以具有一定优势。但是生产企业，尤其是现代生产企业，往往是进行大批量低成本生产，品种较单一，因而不能像配送中心那样依靠产品凑整运输取得优势，实际上生产企业配送不是配送的主体。

（2）按配送商品种类及数量不同来分类。

1）单（少）品种、大批量配送。一般来说，对于工业企业需要量较大的商品，由于单独一个品种或几个品种就可以达到较大输送量，可以实行整车运输，这种情况下就可以由专业性很强的配送中心实行配送，往往不需要再与其他商品进行搭配。这种情况下，由于配送中心的内部设置、组织、计划等工作也较为简单，因此配送成本较低。但是，如果可以从生产企业将这些商品直接运抵用户，同时又不至于使用户库存效益下降时，采用直送方式则往往效果更好一些。

2）多品种、少批量配送。多品种、少批量配送是根据用户的要求，将其所需的各种物品（每种物品的需要量不大）配备齐全，凑整装车后由配送据点送达用户。这种配送作业水平要求高，配送中心设备要求复杂，配货送货计划难度大，因此需要有高水平的组织工作保证和配合。而且在实际中，多品种、少批量配送往往伴随多用户、多批次的特点，配送频度往往较高。

3）配套成套配送。这种配送方式是指根据企业的生产需要，尤其是装备型企业的生产需要，把生产每一台（件）所需要的全部零部件配齐，按照生产节奏定时送达生产企业，生产企业随即可将此成套零部件送入生产线以装配产品。在这种配送方式中，配送企业承担了生产企业大部分的供应工作，使生产企业可以专注于生产，与多品种、少批量的配送效果相同。

（3）按配送时间及数量不同来分类。

1）定时配送。定时配送是指按规定时间间隔进行配送，如数天或数小时等，而且每次配送的品种及数量可以根据计划执行，也可以在配送之前通过某种联络方式（如电话、计算机终端输入等）确定。

小链接 5-3

红润配送是一家为制造业提供材料配送的公司，因为企业的运行要求精密，货物必须在规定的时间送到，迟延意味着生产中断。因此，公司采用日配的方式为制造业提供服务，大体上是；上午的配送订货，下午送达；下午的配送订货，第二天早上送达。这样就保证了客户生产的平稳，使客户满意度处于比较高的水平。

2）定量配送。定量配送是指按照规定的批量，在一个指定的时间范围内进行配送。这种配送方式数量固定，备货工作较为简单，可以根据托盘、集装箱及车辆的装载能力规定配送的定量，能够有效利用托盘、集装箱等集装方式，也可做到整车配送，配送效率较高。

小链接 5-4

红星配送公司是一家综合性配送公司，为周边的制造业、商业客户提供配送服务。因为有部分客户对送货时间的要求不是很严格，因此公司决定针对这部分客户采取定量配送的方式。这样操作使得送货数量固定，备货工作较为简单，可以根据托盘、集装箱及车辆的装载能力规定配送的定量，能够有效利用托盘、集装箱等集装方式，也可做到整车配送，配送效率较高。对于用户来讲，每次接货都处理同等数量的货物，有利于人力、物力的准备工作。如此，既满足了客户的需求，又保持了较高的服务水平。

3）定时定量配送。定时定量配送是指按照客户所规定的配送时间和配送数量进行配送。这种方式兼有定时、定量两种方式的优点，但是其特殊性强、计划难度大，因此适合采用的对象不多，不是一种普遍的方式。

4）定时、定线路配送。定时、定线路配送是指在规定的运行路线上，制定到达时间表，按运行时间表进行配送，用户则可以按规定的路线及规定的时间接货并可提出配送要求。

5）即时配送。即时配送是指完全按照用户突然提出的时间、数量方面的配送要求，随即进行配送的方式。这是有很高灵活性的一种应急的配送方式，采用这种方式的配送可以实现保险储备的零库存，即用即时配送代替保险储备。

（4）按加工程度不同来分类。

1）加工配送。加工配送是指与流通加工相结合的配送。即在配送据点中设置流通环节，或是将流通加工中心与配送中心设在一起。如果社会上现成的产品不能满足用户需要，或者是用户根据本身的工艺要求需要使用经过某种初加工的产品时，可以在经过加工后进行分拣、配货再送货到户。加工配送图片如图 5-3 所示。

2）集疏配送。集疏配送是指只改变产品数量组成形态而不改变产品本身的物理、化学形态，与干线运输相配合的一种配送方式。比如大批量进货后小批量、多批次发货，零星集货后以一定批量送货等。

蔬菜的加工

钢筋的加工

图 5-3 加工配送图片

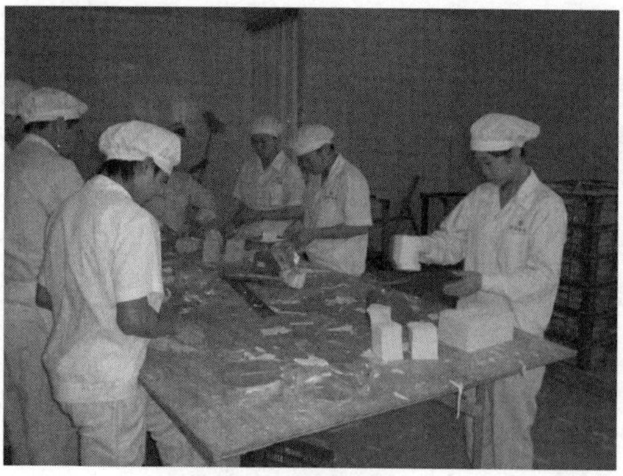

饺子皮的加工

烧卖的加工

图 5-3　加工配送图片（续图）

（5）按经营形式不同来分类。

1）销售配送。销售配送是指配送企业是销售性企业，或者是指销售企业将其作为销售战略一环所进行的促销型配送。一般来讲，这种配送的配送对象是不固定的，用户往往也是不固定的，配送对象和用户往往是根据对市场的占有情况而定，其配送的经营状况也取决于市场状况，因此，这种形式的配送随机性较强而计划性较差。各种类型的商店配送一般多属于销售配送。

2）供应配送。供应配送是指用户为了自己的供应需要所采取的配送形式。在这种配送形式下，一般来讲是由用户或用户集团组建配送据点，集中组织大批量进货（以便取得批量折扣），然后向本企业配送或向本企业集团若干企业配送。在大型企业、企业集团或联合公司中，常常采用这种配送形式组织对本企业的供应，例如商业中广泛采用的连锁商店，就常常采用这种方式。

3）销售－供应－体化配送。销售－供应一体化配送是指对于基本固定的用户和基本确定的配送产品，销售企业可以在自己销售的同时，承担用户有计划供应者的职能，既是销售者，同时又是用户的供应代理人，起着用户供应代理人的作用。销售－供应一体化配送是配送经营中的重要形式，这种形式有利于形成稳定的供需关系，有利于采取先进的计划手段和技术手段，有利于保持流通渠道的畅通、稳定。

4）代存代供配送。代存代供配送是指用户将属于自己的货物委托给配送企业代存、代供，有时还委托代订，然后组织对本身的配送。这种配送在实施时不发生商品所有权的转移，配送企业只是用户的委托代理人。商品所有权在配送前后都属于用户所有，所发生的仅是商品物理位置的转移。配送企业仅从代存、代送中获取收益，但不能获得商品销售的经营性收益。在这种配送方式下，商、物是分流的。

4. 配送的作用

（1）完善了运输及整个物流系统。配送环节处于支线运输，灵活性、适应性、服务性都较强，能将支线运输与小搬运统一起来，使运输过程得以优化和完善。

（2）提高了末端物流的经济效益。采取配送方式，通过增大经济批量来达到经济地进货。它采取将各种商品配齐集中起来向用户发货和将多个用户的小批量商品集中在一起进行发货等方式，以提高末端物流的经济效益。

（3）可使企业实现低库存或零库存。实现了高水平配送之后，尤其是采取准时制配送方式之后，生产企业可以完全依靠配送中心的准时制配送而不需要保持自己的库存。或者，生产企业只需保持少量保险储备而不必留有经常储备，这就可以实现生产企业多年追求的“零库存”，将企业从库存的包袱中解脱出来，同时解放出大量储备资金，从而改善企业的财务状况。实行集中库存，集中库存的总量远低于不实行集中库存时各企业分散库存的总量。

（4）简化手续、方便用户。采取配送方式，用户只需要向配送中心一处订购就能达到向多处采购的目的，只需组织对一个配送单位的接货便可代替现有的高频率接货，因而大大减轻了用户的工作量和负担，也节省了订货、接货等一系列费用开支。

（5）提高了供应保证程度。生产企业自己保持库存、维持生产，供应保证程度很难提高（受库存费用的制约）。采取配送方式，配送中心可以比任何企业的储备量更大，因而对每个企业而言，中断供应、影响生产的风险便相对缩小，使用户免去了短缺之忧。

步骤二　配送中心的认知

1. 配送中心的定义

配送中心是以组织配送性销售或供应，执行实物配送为主要职能的流通型节点。在配送中心中，为了能做好送货的编组准备，必然需要采取零星集货、批量进货等种种资源收集工作和对货物的分整、配备等工作，因此它也具有集货中心、分货中心的职能。为了更有效、更高水平地进行配送，配送中心往往还有比较强的流通加工能力。此外，配送中心还必须执行货物配备后送达到户的使命，这是和分货中心只管分货不管运达的重要不同之处。由此可见，如果说集货中心、分货中心、加工中心的职能还是较为单一的话，那么，配送中心的功能则较全面、完整，也可以说，配送中心实际上是集货中心、分货中心、加工中心功能的综合，并有了配与送的更高水平。

可见，配送中心的建设是基于物流合理化和发展市场两个需要。

2006 年 8 月 1 日颁布实施的中华人民共和国国家标准《物流术语》（GB/T 18354－2006）中关于配送中心有以下定义。

从事配送业务具有完善的信息网络的场所或组织，应基本符合下列要求：

（1）主要为特定的用户服务。

（2）配送功能健全。

（3）辐射范围小。

（4）多品种、小批量、多批次、短周期。

（5）主要为末端客户提供配送服务。

配送中心图片如图 5-4 所示。

图 5-4　配送中心图片

2. 配送中心的基本功能

配送中心是专门从事货物配送活动的经济组织。换个角度来说，它又是集加工、理货、送货等多种职能于一体的物流据点。具体来说，配送中心有以下几种功能。

（1）采购备货功能。配送中心必须首先采购所要供应配送的商品，才能及时、准确、无误地为其用户即生产企业或商业企业供应物资。配送中心应根据市场的供求变化情况，制订并及时调整统一的、周全的采购计划，并由专门的人员与部门组织实施。

（2）存储功能。配送中心的服务对象是为数众多的生产企业和商业网点（比如连锁店和超级市场）。配送中心需要按照用户的要求及时将各种配装好的货物送交到用户手中，满足生产和消费需要。为了顺利、有序地完成向用户配送商品（货物）的任务，并且为了能够更好地发挥保障生产和消费需要的作用，配送中心通常要兴建现代化的仓库并配备一定数量的仓储设备，存储一定数量的商品。某些区域性的大型配送中心和开展“代理交货”配送业务的配送中心，不但要在配送货物的过程中存储货物，而且它所存储的货物数量更大、品种更多。

（3）配货功能。由于每个用户企业对商品的品种、规格、型号、数量、质量、送达时间和地点等的要求不同，配送中心就必须按用户的要求对商品进行分拣和组配。配送中心的这一功能是其与传统仓储企业的明显区别之一，这也是配送中心的重要特征之一。可以说，没有配货功能，就无所谓配送中心。

（4）分拣功能。作为物流节点的配送中心，其服务对象（即客户）是为数众多的企业（在国外，配送中心的服务对象少则几十家，多则有数百家）。这些为数众多的客户中，彼此之间差别很大，不仅各自的性质不同，而且其经营规模也大相径庭。因此，在订货或进货时，不同的用户对于货物的种类、规格、数量会提出不同的要求。针对这种情况，为了有效地进行配送，即为了同时向不同的用户配送多种货物，配送中心必须采取适当的方式对组织进来的货物进行拣选，并且在此基础上按照配送计划分装和配装货物。

（5）分装功能。从配送中心的角度来看，它往往希望采用大批量的进货方法来降低进货价格和进货费用。但是用户企业为了降低库存、加快资金周转、减少资金占用，则往往要采用小批量进货的方法。为了满足用户的要求，即用户的小批量、多批次进货，配送中心就必须进行分装。

（6）集散功能。在物流实践中，配送中心凭借其特殊的地位及其拥有的各种先进的设施和设备，能够将分散在各个生产企业的产品（货物）集中到一起，然后经过分拣、配装向多家用户发运。与此同时，配送中心也可以做到把各个用户所需要的多种货物有效地组合（或配装）在一起，形成经济、合理的货载批量。配送中心在流通实践中所表现出来的这种功能即（货物）集散功能，也有人把它称为“配货、分散”功能。

集散功能是配送中心所具备的一项基本功能。实践证明，利用配送中心来集散货物，可以提高卡车的满载率，由此可以降低物流成本。

（7）加工功能。为了扩大经营范围和提高配送水平，目前，国内许多配送中心都配备了各种加工设备，由此形成了一定的加工（系初加工）能力。这些配送中心能够按照用户提出的要求和根据合理配送商品的原则，将组织进来的货物加工成一定的规格、尺寸和形状。这些加工功能是现代配送中心服务职能的具体体现。

加工货物是一些配送中心的重要活动。配送中心具备加工功能，积极开展加工业务，既方便了用户，省却了其烦琐劳动，又有利于提高物质资源的利用率和配送效率。此外，对于配送活动本身来说，客观上起着强化其整体功能的作用。

3. 配送中心的类型

为了深入了解配送中心，就要对配送中心做出适当的划分。从理论上和配送中心的作用上来划分，可以把配送中心分成许多类型。下面仅就已在实际中运转的配送中心类别概述如下。

（1）按配送中心承担的流通职能分类。

1）供应型配送中心。供应型配送中心是专门为某个或某些用户（例如联营商店、联合公司）组织供应的配送中心。例如，为大型连锁超级市场组织供应的配送中心；代替零件加工厂送货的零件配送中心，使零件加工厂对装配厂的供应合理化；我国上海地区 6 家造船厂的配送钢板中心，也属于供应型配送中心。

2）销售型配送中心。销售型配送中心是以销售经营为目的，以配送为手段的配送中心。建立销售型配送中心大体有三种类型：第一种是生产企业把本身产品直接销售给消费者的配送中心，在国外，这种类型的配送中心很多；第二种是流通企业作为本身经营的一种方式，建立配送中心以扩大销售，我国目前拟建的配送中心大多属于这种类型，国外的例证也很多；第三种是流通企业和生产企业联合的协作性配送中心。比较起来看，国外和我国的发展趋向，都是向以销售型配送中心为主的方向发展。销售型配送中心如图 5-5 所示。

图 5-5　销售型配送中心

（2）按配送领域的广泛程度分类。

1）城市配送中心。城市配送中心是以城市范围为配送范围的配送中心。由于城市范围一般处于汽车运输的经济里程内，这种配送中心可直接配送到最终用户，且采用汽车进行配送，所以这种配送中心往往和零售经营相结合。由于城市配送中心运距短、反应能力强，因而从事多品种、少批量、多用户的配送较有优势。城市配送中心如图 5-6 所示。

2）区域配送中心。区域配送中心是以较强的辐射能力和库存准备，向省（州）际、全国乃至国际范围的用户配送的配送中心。这种配送中心配送规模较大，一般而言，用户规模也较大，配送批量也较大，而且，往往是既配送给下一级的城市配送中心，也配送给营业所、商店、批发商和企业用户，虽然也从事零星的配送，但不是主体形式。宝马集团在韩国京畿道安城市开设了一座新的区域配送中心。这是宝马集团在海外销售公司中最大的配送中心。该配送中心拥有一个大型停车场和人造沼泽以及员工便利设施（如公园、自助餐厅、步行道和迎宾中心等）。该区域配送中心将加强与宝马集团在中国、日本和马来西亚等国家的中心合作，从而提升其在亚太地区重要的物流枢纽地位。

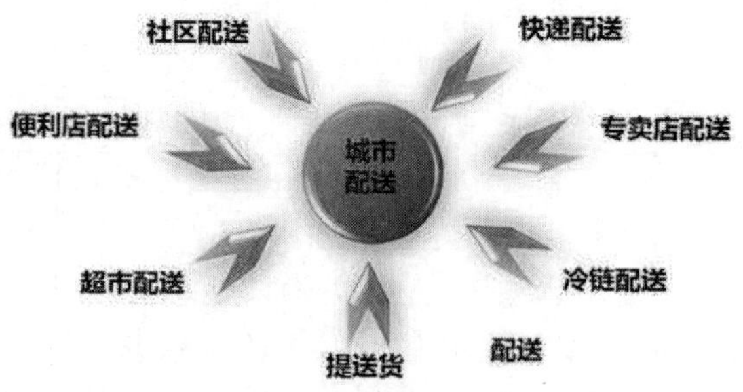

图 5-6 城市配送中心

（3）按配送中心的内部特性分类。

1）储存型配送中心。储存型配送中心是有很强储存功能的配送中心。一般来讲，在买方市场，企业成品销售需要有较大库存支持，其配送中心可能有较强的储存功能；在卖方市场，企业原材料、零部件供应需要有较大库存支持，这种供应配送中心也有较强的储存功能。大范围配送的配送中心，需要有较大库存，也可能是储存型配送中心。我国目前已建的配送中心，都采用集中库存形式，库存量较大，多为储存型。瑞士 GIBA-GEIGY 公司的配送中心拥有世界上规模居于前列的储存库，可储存 4 万个托盘；美国赫马克配送中心拥有一个有 163000 个货位的储存区，可见其存储能力之大。

2）流通型配送中心。流通型配送中心是基本上没有长期储存功能，仅以暂存或随进随出的方式进行配货、送货的配送中心。这种配送中心的典型方式是，大量货物整进并按一定批量零出，采用大型分货机，进货时直接进入分货机传送带，分送到各用户货位或直接分送到配送汽车上，货物在配送中心仅做少许停滞。例如日本阪神配送中心，中心内只有暂存货物，大量储存则依靠一个大型补给仓库。

3）加工型配送中心。加工型配送中心以加工产品为主，因此在其配送作业流程中，储存作业和加工作业居主导地位。由于流通加工多为单品种、大批量产品的加工作业，并且是按照用户的要求安排的，因此，对于加工型的配送中心，虽然进货量比较大，但是分类、分拣工作量并不大。此外，因为加工的产品品种（指在某一个加工中心内加工的产品品种）较少，一般都不单独设立拣选、配货等环节。通常，加工好的产品（特别是生产资料产品）可直接运到按用户户头划定的货位区内，并且要进行包装、配货。

（4）按照配送中心的专业化情况分类。

1）专业配送中心。专业配送中心大体上有两个含义：一是配送对象、配送技术属于某一专业范畴，在某一专业范畴有一定的综合性，综合这一专业的多种物资进行配送，例如多数制造业的销售配送中心，我国目前在石家庄、上海等地建的配送中心大多采用这一形式；二是以配送为专业化职能，基本不从事经营的服务型配送中心，如蒙克斯帕配送中心。

2）柔性配送中心。某种程度上讲，柔性配送中心是与专业配送中心相辅相成的配送中心，这种配送中心不向固定化、专业化方向发展，而向能随时变化、对用户要求有很强的适应性、不固定供需关系、不断发展配送用户并改变配送用户的方向发展。

4. 配送中心的设施设备

（1）装卸搬运设备。装卸搬运设备主要包括叉车、托盘、输送机等。

（2）包装机械。包装机械包括主要包装机械和辅助包装机械。完成裹包、灌装、充填等包装工序的包装机械称为主要包装机械；完成洗涤、烘干、检测、计量、输送等作业的包装机械称为辅助包装机械。

（3）仓储机械设备。仓储机械设备包括货架、堆垛机等。

（4）分拣设备。分拣设备大致可以分为人工拣选设备和自动分拣设备。

（5）配送运输设备。配送运输设备包括厢式汽车、集装箱牵引车与挂车、半挂牵引车与半挂车。

5. 配送中心的结构

配送中心虽然是在一般中转仓库基础上演化和发展起来的，但配送中心内部结构和布局与一般仓库有较大的不同。一般配送中心的内部工作区域结构配置如下：

（1）接货区。在这个区域里完成接货及入库前的工作，如接货、卸货、清点、检验、分类入库准备等。接货区的主要设施有：进货铁路和公路、靠卸货站台、暂存验收检查区域。

（2）储存区。在这个区域里储存或分类储存所进的物资。由于这是个静态区域，所进的物资要在这个区域中有一定时间的放置，所以和不断进出的接货区比较，这个区域所占的面积较大。在许多配送中心，这个区域往往占总面积的一半左右。对某些特殊配送中心（如水泥、煤炭配送中心），这一部分在中心总面积中占一半以上。

（3）理货、备货区。在这个区域里进行分货、拣货、配货作业，为送货做准备。这个区域的面积会因配货中心不同而有较大的变化。例如，对多用户的多品种、少批量、多批次配送（如中、小件杂货）的配送中心，需要进行复杂的分货、拣货、配货等工作，因此，这部分占配送中心很大一部分面积；也有一些配送中心这部分面积不大。

（4）分放、配装区。在这个区域里，按用户需要将配好的货暂放暂存等待外运，或根据每个用户的状况决定配车方式、配装方式，然后直接装车或运到发货站台装车。这一个区域对货物进行暂存，暂存时间短、周转快，所以所占面积相对较小。

（5）外运发货区。在这个区域将准备好的货装入外运车辆发出。外运发货区结构和接货区类似，有出台、外运线路等设施。有时候，外运发货区和分放配装区是一体的，将分好的货物通过送装置直接送到装货场地。

（6）加工区。有许多类型的配送中心还设置配送加工区域，在这个区域进行分装、包装、切裁、下料、混配等各种类型的流通加工。加工区在配送中心所占面积较大，但设施装置随加工种类不同有所区别。

（7）管理指挥区（办公区）。这个区域可以集中设置于配送中心的某一位置，有时也可分散设置于其他区域中，主要包括营业事务处理场所、内部指挥管理场所、信息场所等。

触类旁通

共同配送

共同配送（Common Delivery）也称共享第三方物流服务，指多个客户联合起来共同由一个第三方物流服务公司来提供配送服务。共同配送是由多个企业联合组织实施的配送活动，它是在配适中心的统一计划、统一调度下展开的。共同配送的本质是通过作业活动的规模化降低作业成本，提高物流资源的利用效率。

1. 共同配送的方式

（1）由一个配送企业对多家用户进行配送。即由一个配送企业综合某一地区内多个用户的要求，统筹安排配送时间、次数、路线和货物数量，全面进行配送。

（2）其他配送方式。仅在送货环节上将多家用户待运送的货物混载于同一辆车上，然后按照用户的要求分别将货物运送到各个接货点，或者运到多家用户联合设立的配送货物接收点上。这种配送有利于节省运力和提高运输车辆的货物满载率。

2. 共同配送的功能

历经多年共同配送再度盛行，主要是因为共同配送可以实现以下两方面的功能：

（1）从多点到一点。现在很多第三方物流服务公司都提供共同配送服务，而且通过与有效消费者响应（Efficient Consumer Response，ECR）和连续补货方式相联系，更显现出其独特之处。尤其在零售业共同配送非常流行，因为零售业的一个重要特点就是产品种类多，所以一个零售商要由很多的供货商向其供货。

共同配送虽然具有很多优点，但是运作起来也很复杂，它不仅仅是将几家货物装到一个车上那样简单，还需要做很多技术上的工作，它需要第三方物流商提供更多的技术和管理系统来对由多个供应商所提供商品组成的订单进行优化从而形成整车运输。此外，实现共同配送的另一个前提条件就是第三方物流服务商同样要有同一行业的大量客户。

（2）可以做到最小风险、最大柔性。共同配送已经形成了一个潮流，而且它的广度与深度已经超越了整合运输这种简单的形式。随着经济的发展，很多公司都想扩展自己的业务、开拓新的市场，或进入其他的产品市场，但是，在进行投资之前这些公司都非常谨慎并希望投资风险尽量降低，基于此方面的原因，很多公司采取了共同配送的运作形式。

共同配送可以帮助厂商对市场需求做出快速反应。例如，药品与保健品公司是共享配送网络的最大客户之一，这是因为为了快速履行订单，它们必须在主要的销售点附近保存少量的存货，因为这些销售点相对来说空间很小，为保证在有限的空间内陈列更多的商品，就不能保有太多的库存，所以采用共同配送进行及时补货是非常适合的。对于其他行业如电子产品和汽车生产商，当产品短暂的生命周期和狭小的库存空间使得公司必须强调物流网络的完善和节省资金占用时，共同配送同样也是降低风险的好选择。由于共同配送避免了厂商在仓库等建筑物、物料搬运系统设备、人工及支持性的信息系统这些方面的投资，又能及时满足客户的需求，因而受到厂商等客户的欢迎。因为对于厂商来说，采用共同配送所需的成本只是实际的货运量带来的变动成本，节省了固定成本，因此他们可以用节省下来的资金投资于自己的核心业务活动，如产品开发、市场营销及其他创收活动。

共同配送本身所具有的柔性同样是其深受广大公司青睐的一个重要原因。大客户一般都倾向于与第三方物流服务商签订长期合同，与之相比，共享服务对象所签订的合约往往是短期的，通常一月一签约。例如，客户上个月与第三方物流商签订的是1000平方米的库房租约，下个月可能就变成800平方米，因此这种服务方式非常柔性。如果客户更倾向于按单位产品的费率来计费，那么相应的第三方物流商就可以按照他们所处理的实际货运量的大小来收费。

3. 共同配送实施的难点

共同配送理念的实现，从微观角度而言，企业可以得到以下几方面的好处：达到配送作业的经济规模，提高物流作业的效率，降低企业营运成本；不需投入大量资金、设备、土地、人力等，可以节省企业的资源；企业可以集中精力经营核心业务（Core Business），促进企业的成长与发展；扩大市场范围，消除原有封闭性的销售网络，共建共存共荣的环境。从整个社会的角度来讲，实现共同配送主要有以下好处：减少社会车流总量，避免闹市卸货妨碍交通的现象，改善交通运输状况；通过集中化处理，有效提高车辆的装载率，节省物流处理空间和人力资源，提升商业物流环境进而改善整体社会生活品质。总而言之，共同配送可以最大限度地提高人员、物资、金钱、时间等物流资源的使用效率（降低成本），取得最大效益（提高服务），还可以去除多余的交错运输，并取得缓解交通、保护环境等社会效益。

共同配送是物流配送发展的总体趋势，当然，共同配送涉及很多具体的细节问题，在实施过程中难免会出现一些困难点。首先，各业主经营的商品不同，有日用百货、食品、酒类饮料、药品、服装乃至厨房用品、卫生洁具等，林林总总，不一而足。然后，不同的商品特点不同，对配送的要求也不一样，共同配送存在一定的难度。最后各企业的规模、商圈、客户、经营意识等方面也存在差距，往往很难协调一致。此外，还有费用的分掉、泄露商业机密的担忧等。

近年来流通业者纷纷朝水平、垂直、同业、异业等方向整合，有的是渠道共配整合，有的是产品共配整合。在整合过程中，如何让业主之间建立共识，辅导其建立高效的共同配送体系，以落实商业自动化的整体效应，是现阶段推行共同配送的首要任务。在商业自动化即将进入整合阶段的关键时期，探讨现行法律法规，拟订具体奖励办法，推动相关企业向建立共同配送体系的方向努力，有着重要的意义。具体来说，政府在推动配送共同化进程中应采取的措施如下：第一，加强观念宣传及技术辅导；第二，成立共同配送技术辅导专门机构，选取几个典型企业，建立共同配送示范体系，以点带面，发挥示范作用；第三，加强相关法令的修改与制定，重新审视并修改现行的有关土地取得的法律法规，在审批、税收等方面给予一定的优惠措施，以降低企业的土地取得成本；第四，加快物流行业标准的制定工作，建立一个统一、科学、规范的标准体系；第五，为企业提供公平、公正的竞争环境，促进共同配送体系的发展；第六，落实交通法规的执行，以改善交通及停车状况，并改进道路、人行道的相关规范，加速道路工程的建设。

案例 5-1

幸福街道有 15 个小区，约 1 万户人家。因为很多人家都饮用桶装水，所以需要送水。刘志强在与多家桶装水生产厂家沟通后，对该小区的整体情况做了概要调查，结果是该街道每周需要桶装水为 7000 桶左右，用水的品牌不是很稳定，由于桶装水整体的质量问题使得部分以前饮用桶装水的人家停止购买。同时，这个街道没有桶装水的配送点，水都是由远处的一家大公司提供配送服务。刘志强认为应该在合适的位置开设一家配送中心配送桶装水，于是他注册了忠诚志强配送中心，设置在街道靠近中间位置、车辆进出比较方便的一个街面房内，暂时的唯一业务就是送水，水的品牌包括农夫山泉桶装水、乐百氏桶装水、怡宝桶装水、雀巢桶装水、娃哈哈桶装水、康师傅桶装水、景田桶装水、益力桶装水、屈臣氏桶装水、鼎湖山泉桶装水、冰露桶装水、燕京桶装水、正广和桶装水、洞庭山桶装水。

随着业务的逐步开展，出现了两个比较难以解决的问题：首先是用户问题，因为刘志强送的水价格普遍比较高，有很多用户不能接受，销售量受到一定的影响；其次是要水的电话来得很没有规律，很多时候为了送一桶水要跑很远的路。对于前一个问题，刘志强知道需要借助桶装水生产厂家的宣传，同时自己可以采取一些促销手段来解决。对于后一个问题，他经过多方的咨询和自己独立的思考，采取了如下方法：

（1）开展调查，搞清楚每个用水用户的人口数量，了解他们饮用一桶水大概需要多少天，然后为每户免费提供更换的备用水桶。之后通过自己的推算，预先可以知道哪些用户的水快喝完了，就可以按照自己的安排来有规律地送水，既保证用户喝的水是新鲜的，又可以降低自己的送货成本。对于临时的电话订水用户，可以将他们所要的水与预先安排好送的水放在一起送出去。这一方案实施后，公司盈利额明显增加。

（2）用科学的方法规划送货的路线。为此刘志强对该街道的路进行了仔细的研究，对每一条路的车流高峰时间做了详细的记录，之后请了一个软件专家为自己制作了一个小软件，可以根据具体的送货任务规划送货的路线。这样一来，送货的成本进一步降低了。

（本案例来源：百度文库 https://wenku.baidu.com/view/02a8c048a58da0116d17491c.html）

请思考：

1. 刘志强为什么有利可图？
2. 他还可以采取哪些方法增加自己的收入？

任务 2　电子商务物流配送

任务要点

- 关键词：电子商务物流配送、特征、流程
- 理论要点：电子商务物流配送的概念、特征模式及基本流程
- 实践要点：针对电子商务企业物流配送模式的探讨

任务情境

日本著名的 7-11 便利店，是一家著名的电子商务购物站点。顾客在线订货，第二天早上就可以在离自己最近的店面取物和付款。7-11 便利店的这一服务充分体现了既降低成本又方便顾客的优点。日本 7-11 便利店充分认识到便利店新的利润增长点——物流服务，随着电子商务计划的启动，市场拓展战略很快从纯零售业转向物流业，它利用自己强大的零售网络和配送功能为网上商店提供物流服务。例如，便利店与他人合作开设的网络书店，有 8000 多家店铺和 53 家图书配送处，有力地保证了图书的及时订货和送货，也大大减少了组建这些必不可少的设施的费用。

现在，日本 7-11 便利店承担了解决日本电子商务的物流问题，顾客通过网络订购商品，等待商家把货物送至离自己最近的便利店后，再到便利店付款并取走货物。7-11 日本公司是日本最大的便利连锁店，在市区，大多数人从家步行 5 分钟就可找到一家 7-11 便利店，顾客可以选择附近的任何一家 7-11 便利店付款取货。因此，7-11 便利店理所当然地充当起了物流角色。

任务分析

7-11 电子商务物流配送给你带来的启示有哪些？

任务实施

电子商务发展中遇到的最大障碍就是物流配送。随着网络安全技术的进一步提高，银行、保险等金融部门对网络化的加速实施，金融部门在任何时候、任何地点、以任何方式为客户提供网络金融服务将很快得到实现。金融问题解决后，电子商务能否成熟、完善地开展就集中在

物流配送的问题上了。

步骤一 电子商务物流配送的内涵

电子商务物流配送是利用现代通信技术和计算机技术所进行的配送活动，或者说是把现代信息技术应用于配运活动中。具体来讲，就是指配送企业采用网络化的计算机技术和现代化的硬件设备、软件系统及先进的管理手段，针对社会需求，严格地、守信用地按用户的订货要求，进行一系列分类、编配、整理、分工、配货等理货工作，定时、定点、定量地交给没有范围限度的各类用户，满足其对商品的需求。

可以看出，这种新型的物流配送以一种全新的面貌，成为流通领域革新的先锋，代表了现代市场营销的主方向。新型物流配送能使商品流通更容易实现信息化、自动化、现代化、社会化、智能化、合理化、简单化，使货畅其流、物尽其用，既能减少生产企业库存、加速资金周转、提高物流效率、降低物流成本，又能刺激社会需求、有利于整个社会的宏观调控，也能提高整个社会的经济效益、促进市场经济的健康发展。

步骤二 电子商务物流配送的特征

与传统的物流配送相比，电子商务物流配送具有下述特征。

1. 信息化

实行信息化管理是新型物流配送的基本特征，这也是电子商务物流配送实现现代化和社会化的前提和保证。

2. 现代化

电子商务物流配送的现代化程度在水平、范围、层次等各环节上提出了更高的要求，现代化程度的高低是区别电子商务物流配送和传统物流配送的一个重要特征。

3. 个性化

个性化是电子商务物流配送的重要特性之一。电子商务模式下的消费者通常具有个性化的需求：消费者希望所购买的商品能够在指定的时间内送到，并且这个时间范围相对于传统物流模式要求的范围更小；消费者可能需要同一次订购的商品送往不同的地点；消费者往往还需要所购买的商品有个性化的包装等。因此，电子商务物流配送的个性化体现为“配”的个性化和“送”的个性化。“配”的个性化主要指通过配送企业在流通节点（配送中心）根据客户的指令对配送对象进行个性化流通加工，从而增加产品的附加价值；“送”的个性化主要是指依据客户要求的配送习惯、喜好的配送方式等为每一位客户制定量体裁衣式的配送方案。

4. 增值性

除了传统的分拣、备货、配货、加工、包装、送货等作业以外，电子商务物流配送的功能还向上游延伸到市场调研与预测、采购及订单处理，向下游延伸到物流咨询、物流方案的选择和规划、库存控制决策、物流教育与培训等附加功能，从而为客户提供具有更多增值性的物流服务。

综上所述，电子商务对配送提出了更高的要求：配送范围更广，甚至全球配送；配送目的地更分散（配送到家）；配送速度更快，配送反应能力更强；配送服务水平更高，具有可视性及其他增值服务；配送成本更低。同时，电子商务也为配送功能的强化提供了技术支持，在电子商务的依托下，物流信息的收集、处理、传递过程变得更加自动化、标准化、实时化。随着供应链上的无缝衔接成为可能，这将促进条码技术、数据库技术、电子订货技术、电子数据交换、有效顾客反应等物流技术的进一步普及，同时这些技术的应用也会使整个电子配送过程的管理变得简单、有效。

步骤三　电子商务物流配送的新模式

电子商务环境下，也存在前面提及的几种配送模式，随着科学技术的进步，可以在虚拟环境下建立虚拟配送中心，采用虚拟配送模式，又称越库配送模式。虚拟配送模式，就是商品到了虚拟配送中心仓库后不进库，直接在站台上向需求客户进行配送，这样就使物流成本大大降低了。但为了防止由于各种特殊情况而造成的运输车辆的滞后、延误，必须建立一个小型的配送中心或者在当地租借一个仓库，作为暂时库存的周转地。

虚拟配送模式的关键是整个配送系统的联系信息实时、准确，各个环节的配合、协调工作必须精准，这需要先进的计算机技术及网络技术的支持。具体来说，也就是供应方利用条码等技术给全部货物记上标志，按照计算机的优化配装策略进行装载，供应方、需求方及物流配送方（不管是自营或外包）都可以通过全球定位系统准确地知道货物所在地，并做好相应的准备工作。货物一到目的地也不用进仓库，直接按照计算机的指令迅速进行分拣、配装，再运送到各个经销商手中。

虚拟物流配送中心利用计算机技术、网络技术、通信技术，以外界物流资源为依托进行物流代理业务，可以有也可以没有仓库、运输、包装等物流配送过程各个环节所需要的各种硬件设施，只要有发达的信息收集、加工、处理、监控网络系统，就可以通过信息网与供应商、需求商和第三方专业物流配送公司建立广泛的联系。虚拟物流配送模式可以提高物流配送资源的利用率，避免重复建设，实现低成本、高效率、高质量的配送服务。虚拟物流配送的主要优点是虚拟性、经济性、灵活性和高效性，缺点是过分依赖网络技术和计算机技术，而这些系统又没有相应的紧急备用系统，一旦计算机系统或网络系统出现问题，那么整个物流配送系统甚至整个供应链管理系统就崩溃了。

著名零售巨头沃尔玛集团公司就应用了该虚拟配送技术，该公司 85%的商品是通过配送中心配送的，其中 80%是通过“零库存”的越库配送形式完成的。由于沃尔玛采用了“越库配送”和“自动补货”的供应链技术，使商品的库存周转期缩短了两天。

步骤四　电子商务物流配送的基本流程

基于 Internet 的电子商务物流配送业务流程通常包括下述几个方面。

1. 订单在线提交

用户通过 Internet 网络访问企业 Web 站点，注册并在线填写订单及详细送货地址，并可通过输入银行卡账号和网上专用密码进行在线支付。企业电子商务平台将用户的支付信息提交到网上银行，网上银行返回扣款结果，网上交易结束。然后，企业电子商务平台将客户申请的送货单通过企业内部网通知相关各部门，做好送货准备工作。一般的网上购物流程如图 5-7 和图 5-8 所示。

2. 拟订配送计划

调度部门依据网上订货合同、配送车辆、运输条件和各配送点的货物品种、规格、数量及分布情况等来安排各用户所需货物的送货时间、送货地点和提前准备期等。

3. 下达配送计划

配送计划确定后，通过配送网络向各终端下达配送计划，从而调度车辆及相关工作人员，并通知用户做好接货准备。

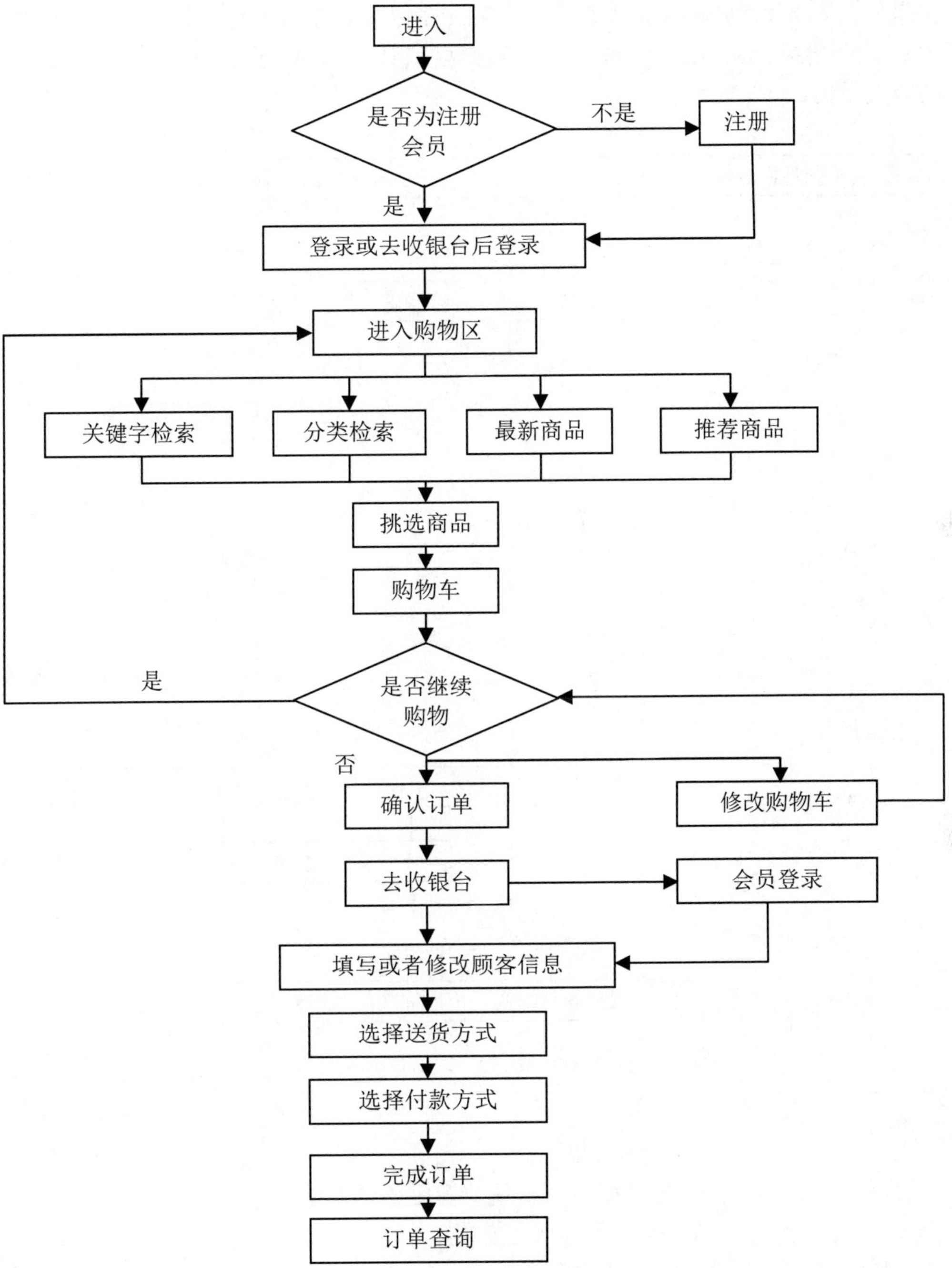

图 5-7　网上购物的前台流程

4. 理货

理货部门按计划将各种所需货物进行分类，标明到达地点、用户名称等，按流向、数量、距离将各类货物进行配载。

5. 线路优化与配送

为了节约配送成本和提高配送效率，需要对订单及配送线路进行优化，既要满足系统总运营成本最低，又要使用户的满意度最高。约束条件包括实施配送所必需的物质技术水平、资源和运力等。货物装配后，按优化的线路进行配送；到达目标地点后，送货人负责带回收货单位签名的收货单据。

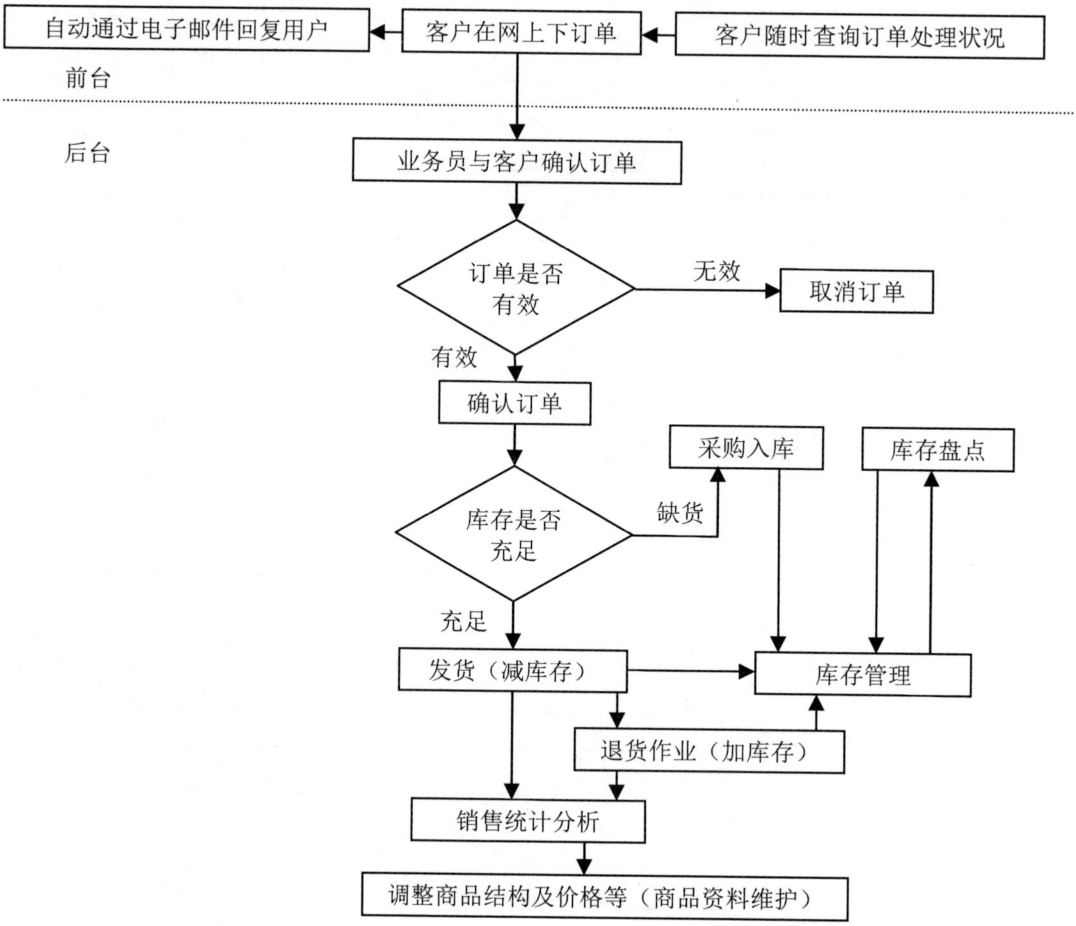

图 5-8 网上购物的后台流程

触类旁通

电子商务对传统物流配送的影响

1. 给传统的物流配送观念带来了深刻的变革

传统的物流配送企业需要置备大面积的仓库，而电子商务系统网络化的虚拟企业将散布在各地的分属不同所有者的仓库通过网络系统连接起来，使之成为"虚拟仓库"，进行统一管理和调配使用，服务半径和货物集散空间扩大了。这样的企业在组织资源的速度、规模、效率和资源的合理配置方面都是传统的物流配送所不可比拟的，相应的物流观念也是全新的。

2. 网络对物流配送的实施控制代替了传统的物流配送管理程序

一个先进系统的使用，会给一个企业带来全新的管理方法。传统的物流配送过程是由多个业务流程组成的，受人为因素影响和时间影响很大。新型的物流配送的业务流程都由网络系统连接，网络的应用可以实现整个过程的实时监控和实时决策。当系统的任何一个神经末端收到一个需求信息的时候，该系统都可以在极短的时间内做出反应，并可以拟订详细的配送计划，通知各环节开始工作。这一切工作都是由计算机根据人们事先设计好的程序自动完成的。

3. 对物流配送速度提出了更高的要求

在传统的物流配送管理中，由于信息交流的限制，完成一个配送过程的时间比较长，但这个时间随着网络系统的介入会变得越来越短，任何一个有关配送的信息和资源都会通过网络管理在几秒钟内传到有关环节。

4. 简化了物流配送过程

传统物流配送的整个环节极为烦琐，在网络化的新型物流配送中心里可以大大缩短这一过程。在网络支持下的成组技术可以在网络环境下更加淋漓尽致地被使用，物流配送周期会缩短，其组织方式也会发生变化；计算机系统管理可以使整个物流配送管理过程变得简单和容易；网络上的营业推广可以使用户的购物和交易过程变得更有效率、费用更低，可以提高物流配送企业的竞争力。随着物流配送业的普及和发展，行业竞争的范围和残酷性大大增加，信息的掌握及有效传播和其易得性，使得用传统的方法获得超额利润的时间和数量会越来越少。此外，网络的介入使人们的潜能得到充分的发挥，自我实现的需求成为多数员工的工作动力。

案例 5-2

卓越网于 2000 年 1 月由金山软件股份公司分拆，金山公司及联想投资公司共同投资组建，2003 年 9 月引入著名投资机构老虎基金成为第三大股东。卓越网上线于 2000 年 5 月，主营音像、图书、软件、游戏、礼品等时尚文化产品。卓越网诞生以来，凭借独创的“精选品种、全场库存、快捷配送”之“卓越模式”，迅速成长为国内最有影响力和辐射力的电子商务网站，赢得了超过 520 万注册用户的衷心支持，发展成为中国访问量最大、营业额最高的零售网站，并获得全国网络文明工程组委会评选的“中国优秀文化网站”称号，入选“中国 10 大互联网旗帜公司”和“最具投资价值网站 100 强”。“低价”是卓越网的特色之一，不过低价的背后却是服务的不佳，最近卓越网的配送频繁出现以下问题。

（1）配送效率低下。目前承担卓越网物流配送任务的大多数配送中心各种软、硬件设施落后，无法实现管理科学化、作业机械化，更不用谈自动化了。这样就形成配送操作系统与电子商务平台的脱节，出现配送不及时、给客户送错货、忘记送货或者无法送货等让商家与客户皆不满意的现象。这些问题往往会直接影响到顾客对购物网站的评价，进而会对 B2C 运营商造成不利影响。

（2）配送质量差。首先是配送规模问题，配送规模较小，成本较高。卓越网以网络零售为主，而卓越网的购买方主要是消费者个人，每笔交易量相对较小，并且由于消费者数量众多且位置分散，难以形成一定的规模并实现规模经济效益。而物流配送成本的降低是以规模的扩大为前提的，这样一来配送成本自然就比较高，那么这部分运费要么由消费者承担，要么由卓越网承担，可是无论哪方承担这部分运费都势必会影响电子商务的发展，影响其业务量，电子商务的商品就缺乏竞争力。其次是配送周期长，效率低下。在 B2C 电子商务下，消费者从网上购买物品，没有时间和地区限制，在网上购物后十分希望自己所购的商品尽快到手。但是现实物流配送，必须考虑时间和地域因素，由于大多数商家缺乏自己的物流配送网络，往往只能靠邮寄把商品送到客户手中。在我国，网上购物者来自全国各地，又加上我国城市人口密集、家庭结构小、交通不方便等因素的制约，消费者得到货物的速度大打折扣，甚至有时候还达不到传统商业配货的期望值。

（3）缺乏专业的物流配送人才。现代物流强调信息技术和现代物流技术的利用和创新，传统上对商品流通管理的理解和操作已经不能适应现代物流。目前我国在现代物流方面的教育落后，与物流相关的高校及职业教育十分匮乏，人才稀缺，缺乏既懂 B2C 电子商务又懂物流配送的人才。据统计，我国物流从业人员大学学历以上的仅占 21%，高中及中专职校约占 50%。高学历物流人才缺乏、从业人员素质低下严重制约着 B2C 电子商务下现代物流管理水平的提高，无法为新的物流体系的建立提供足够多的智力支持，造成管理水平落后。

（4）卓越网无法对物流配送公司进行有效的管理。卓越网在各地区的配送基本采用与当地快递公司合作的方式，比如卓越网在长沙的配送是与长沙创一快递服务有限公司及长沙市芙蓉区快乐快递服务部两家快递公司合作实现商品的配送服务，这种以合作的方式进行配送会出现很多问题，诸如送货不及时、服务态度不好、售后服务跟进不及时等。其主要原因在于双方是一种合作的关系，网站无法监控物流公司的配送，只能制定一些相应的制约措施，但其作用有限。曾有送货时由于购物方不在单位，要求改日送货，而送货人员则态度极为生硬地提出当天不取货就进行退货处理。而当购物者针对送货服务问题提出投诉时，网站的客服人员也没有更多的办法来对送货人员的失职追究其责任。同时由于送货完全交给配送公司去管理，网站往往没法准确把握货物送达的日期，造成有些购物网站其货物的配送时间不固定，有的时候会很准时，而有的时候则会拖很长时间。比如，某一学校位于城市郊区，当地配送公司自行将送货时间限定在周二与周五，人为地延迟了送货时间。但当由于货物损坏造成顾客拒收时，送货公司往往推卸责任，使得顾客难以接受。这些问题往往会直接影响到顾客对购物网站的评价，进而会对网站造成不利影响。

（5）网站需要承担较高的配送费用。对于借助第三方物流完成配送的购物网站而言，网站的物流成本控制能力受其物流服务商的服务能力影响极大，网站对物流配送的成本难以控制，无法进一步降低配送费用从而实现配送的费用成本最低化。尤其当网站开展优惠活动、进行免费送货时，往往需要网站对每张订单都进行补贴，这会给网站造成很大的成本负担。

（本案例来源：百度文库 https://wenku.baidu.com/view/242102196bd97f192279e92e.html）

请思考：

运用所学知识尝试针对卓越网配送存在的问题提出针对性的建议。

任务 3 电子商务配送中心

任务要点

- 关键词：配送中心、作业流程、网络化
- 理论要点：配送中心的特点、管理目标、流程管理
- 实践要点：配送中心的建立对连锁企业的好处有哪些

任务情境

最近几年电子交易平台不断发展，各行各业把电子商务交易作为业绩的增长点，也顺应了社会发展趋势。服装行业在推导“快时尚”消费理念的指导下，对电子商务提出了新的要求，对物流配送体系提出了更高、更严谨的要求。

以下是国内某知名品牌大型服装企业，针对 B2C 电子商务在上海建立的配送中心项目。

1. 配送中心的整体布局

整个配送中心有 40000 平方米，其中 B2C 配送区域为 5600 平方米，全国直营与加盟商配送区域为 5600 平方米，另外的 28800 平方米区域为高位货架托盘存储区。

B2C 电子商务仓库将 5600 平方米中的 2500 平方米采用三层阁楼式货架作为仓库存储区，其余 3100 平方米区域作为打包与集货区。

2. 作业流程

当物流中心接收到销售端的客户信息，根据配送订单到达地理位置，快递公司根据配送时间的相关安排确定装货时间，并通过配送中心的订单处理中心合理分配、拣选订单批次。若订单需要同时在不同的楼层拣选时，就需要每层拣选后再进行集合到同一个订单中。这种类型的订单需要一个固定的集货地点，对来自不同楼层的拣选的物品进行集货后再进行包装处理。

3. 投入设备

基于低投入的基础设备有：高位叉车（共用存储区叉车），搬运补货小车 20 台，拣选小车 50 台套，阁楼货架系统，摆放货品多位存放货架多套，包装工作台，射频识别无线手持终端，出货清单打印机，面单打印机，相关辅助设施等。

任务分析

请描述该电子商务配送中心的作业流程。

任务实施

电子商务配送中心就是指电子商务环境下的配送中心。配送是实现电子商务的重要保证，配送中心是配送活动的主要承担者。在电子商务环境下，信息技术的全面应用和管理的不断完善是现代配送中心的主要特点。

步骤一　电子商务配送中心的特点

根据电子商务下物流配送的特点，为适应电子商务的需要，电子商务配送中心在继承传统配送中心特点的基础上，必须具有信息处理数字化、仓储管理自动化、货物配送网络化和配送过程透明化、配送服务系列化等特点。

1. 信息处理数字化

配送中心的每一个库房都配有计算机终端，并与企业内部局域网的中心服务器相连，采用自动计量、光电识别和条码等技术，将所有货物的品名、规格、数量、储存位置、货源、出入库时间等相关信息转变为数字信息并导入服务器的数据库中，实现数字化管理。

2. 仓储管理自动化

对于大型的配送中心，自动计量装置、高层自动货架、自动分拣机、无人搬运车、自动堆垛机等自动设备和装置，都由中央控制室中接入网络的计算机进行控制。一旦从网络传来的电子出货单得到确认，计算机就会综合各份单据的内容，制定最优的货物组合和最优的配送路线，并控制各种设备按品种、规格、数量自动提取货物，将同一配送批次的不同品种、不同规格、不同数量的货物送达相应的装运区，同时打印出有收货人、送达地点、送达时间、品名、规格、数量、作业序号等信息的配送单。当货物入库时，设备能自动计量并读取货物的条码，由计算机控制将货物归类存放。高度的自动化能极大地提高作业效率和空间利用率，有效地降低作业成本和仓储成本。

3. 货物配送网络化

由于互联网的特性，传统的商务活动空间和时间观念发生了彻底变革，在网络上近在咫尺，但在地理上却天各一方。为了解决地理距离给配送带来的困难，配送中心必须在其财力许可的条件下，尽可能多地在不同地点设立分中心，以扩大配送区域，争取更多的业务份额。中心与分中心之间通过互联网或外联网连成配送网，实现彼此间信息交换，找出最优的配送路线，实现配送成本的最低化。另外，配送中心之间也可实现互联，在利润或潜在利润大于委托费用的前提下，可借助他人的网络，实现覆盖区域以外的配送。

4. 配送过程透明化

配送中心可借助全球定位系统提供的定位服务，对其所送的重要或大宗货物进行定期甚至连续跟踪，直到将货物送到用户手中，从而能了解任何一批货物配送的详细进程，并在一定程度上为货物的安全性提供保障。这种全程跟踪甚至可以开放给重要客户，使客户通过网络随时了解自己货物的状态，增强客户关系管理。

5. 配送服务系列化

电子商务环境下，新型物流配送除了强调物流配送服务功能的恰当定位与完善化、系列化，在传统的储存、运输、包装、流通加工等服务外，还在外延上扩展至市场调查与预测、采购及订单处理，向下延伸至物流配送咨询、物流配送方案的选择与规划、库存控制除此之外，电子商务配送中心还有反应速度快、功能集成化、作业规范化、目标系统化、经营市场化等诸多特点。电子商务环境下配送中心的这些特点，主要体现了信息化、数学化、自动化、机械化等先进物流技术的广泛、深入应用，体现了现代社会经济发展的方向，体现了现代管理理论的创新和应用。

步骤二　电子商务配送中心的管理目标

1. 快速响应

能否正确地交付客户所需要的货物是提高配送服务质量和客户满意度的一个重要因素。如果能较快速地将客户所需要的货物送达客户所指定的目的地，那么，客户就没有必要保持较大的库存，从而使其存货成本降低，配送的服务质量保证了客户满意度的提升。

而要实现这个目标，配送中心就需要建立适合自身和客户的快速响应系统，进行配送的柔性化作业。提高自身的快速响应能力不仅取决于配送中心自身所拥有的硬件配送设施，而且取决于配送中心自身所拥有的管理组织等软件因素。目前，信息技术的发展有效地提高了配送中心在短时间内完成配送作业的能力，降低了在传统配送作业过程中为实现这一目标而保持的过度存货。作为配送中心快速响应能力提高的重点，应以强化管理组织能力和应用先进的信息技术为核心。

2. 最低库存

在配送作业过程中如何保持一个最低的库存水平，是降低配送成本、节约配送费用的一个重要问题。电子商务技术的发展和应用使配送中心能够有效地根据客户需求，科学、合理地确定订货，并通过数码仓库的建立，实现对库存的实时控制。值得注意的是，实现最低库存的目标，是要把存货配置减少到与客户服务相一致的水平，是在提高客户服务质量和降低存货水平之间寻找一个平衡点。

3. 整合运输

运输成本是重要的配送成本之一。运输成本与产品的种类、装运的规模及距离的远近直接相关。许多有增值特征的配送服务大都依赖高速度、小批量装运的运输，是典型的高成本运输。要降低配送的成本，就必须降低运输成本，这就需要实现对运输的整合。在电子商务的情况下，配送中心可充分利用计算机技术、规划技术等，对运输进行虚拟的整合，找出最佳配货方式、最佳运输路线、最佳运输方式，保证运输作业的低成本。同时，电子商务在配送运输中的应用，还可有效地降低设计成本、提高设计效率。

步骤三　电子商务配送中心的流程管理

配送的业务流程包括进货、储存、配送运输等诸多环节。在电子商务环境下，配送中心采用射频技术（RF）、运输管理系统（TMS）、仓库管理系统（WMS），以及 GPS、GIS、GSM 等技术对配送业务流程进行有效管理。

1. 进货管理

根据进货单接货，从货车上将其货物流卸下，并核对该货品的数量及状态（数量检查、品质检查、开箱等），然后记录必要信息或录入计算机。

在进货过程中，采用射频识别方式进行信息系统全程管理、实时数据交换，实现无纸化管理。

（1）进货信息下达。根据客户指令，市场部向物流部下达“进货计划”。

（2）车辆及站台管理。驾驶员携进货计划至门卫处，保安输入编号，确认任务类型及车辆目的地——配送中心、空箱场地、重箱场地等。例如目的地是配送中心，系统自动检索站台车位情况，如有空站台则将该站台号配给该货车，否则提供排队号，指引货车至停车处，停车处的显示牌将引导停车场车辆的工作顺序。

（3）验收。物流部按进货计算安排准备工作：卡车驶至指定卸货站台，驾驶员将进货计划交于收货员，收货员使用射频识别设备来扫描托盘条码、商品条码并输入或修改各项信息，完成收货和验收。

（4）入库。验收后的货物，经射频识别设备指引，由托盘搬运车或叉车送至指定货架位或堆垛区，扫描托盘条码及货架条码，确认入库。

2. 分拣管理

根据配送中心以整箱、整托盘出货为主的特点，利用射频识别设备来拣选货物至指定出货缓冲区。做法如下：

（1）摘果式。使用射频识别设备按顺序启动某一客户的拣选工作，根据区域及所需商品的货架位置，提示选取路线，至指定货架处，扫描货架条码，选取指定数量至空托盘上，并确认，至下一商品选取，完成后放至该客户的出货缓冲区，所有区域完成后，打印该客户的送货清单，准备配送。

（2）播种式。仓库管理系统将某一时段的配送需求，根据浮点批处理原则及取货路线进行优化，将货架区设为若干工作区域，来优化平衡操作，根据射频识别设备提示至指定选货位，扫描货架条码、商品条码，选取指定数量的商品至空托盘上，然后进行下一个产品的选取。空托盘堆满后，送至出货缓冲区，在出货缓冲区，使用射频识别设备的分拣功能，扫描商品条码，根据提示送至客户区域并确认，继续下一品种的操作。如果某客户所需配送商品全部分拣完毕，控制中心将自动打印送货清单。在对该客户配送完成后，系统将此出货缓冲区域分配给下一客户。

（3）补货管理。根据市场需求状况、客户需求情况、产品到货周期等因素，以及库存管理策略，市场部对每一产品设置最高、最低库存量。当产品数量低于最低库存时，ERP 系统自动提示补货（或由 WMS 提示）。这将启动一个新的进货计划。

在配送中心内，当某一选货货位的产品数量小于所需选取数量时，射频识别设备将提前得到一个补货指令。由于采取订单排序策略，可以提前获悉选货位数量是否可以满足下一选取操作的需要。扫描补充托盘所在货架条码，确认取出，补入选货货位，扫描选货货位条码，并将数量合并，完成补货作业。

（4）配送管理。管理系统中记录有卡车的车型、吨位、车龄、行驶公里数、车辆长宽高、可运输体积、载重、通行证等综合信息。在订单优化后，制订运输计划（含配送计划）。根据配送计划及出货站台作业情况，仓库管理系统分配每辆卡车一个站台位置，操作员用射频识别设备核对特定订单的客户路线，将货物装上卡车。

（5）盘点。使用射频识别设备盘点，操作员持射频识别设备至货架位，扫描货架条码，清点货物数量并输入，WMS 自动核对。例如为指定客户托管产品盘点，输入客户代码，即显示该客户的系列产品的货位，通过以上步骤盘点，打印盘点报表。损益（调整）可通过 WMS 调整对话框进行，输入货位号码，调整数量，库存自动更正。

（6）流通加工管理。根据订单要求，选取批量货物，在加工区，按客户要求进行增值服务，并通过射频识别设备将加工好的产品放入指定货架区，WMS 通过进出货或调整功能来进行产品、数量、货位、批号的改变。

触类旁通

配送中心的作业流程

不同类型的配送中心，其作业流程的长短不一、内容各异；但作为一个整体，其作业流程又是统一的、一致的。

1. 配送中心的一般作业流程

所谓的一般作业流程指的是作为一个整体来看待，配送中心在进行货物配送作业时所展现出的工艺流程。从一定意义上说，一般作业流程也就是配送中心的总体运作所显示的工艺流程。

配送中心的一般作业流程是以中、小件杂货配送为代表的配送中心流程。由于货种多，为保证配送，需要有一定储存量，属于有储存功能的配送中心。理货、分类、配货、配装的功能要求较强，但一般来讲，很少有流通加工的功能。配送中心的一般作业流程如图 5-9 所示。

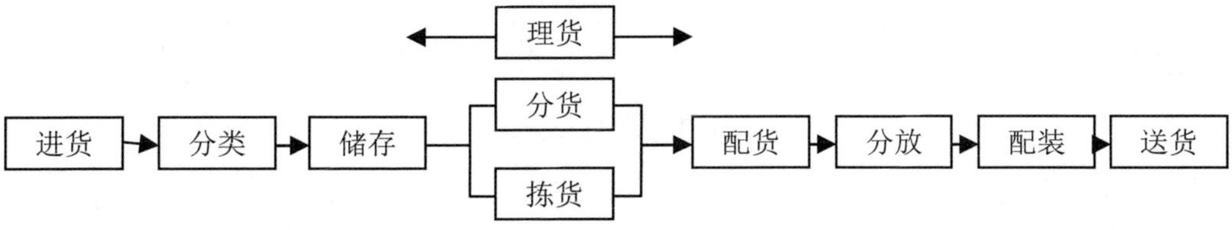

图 5-9　配送中心的一般作业流程

固体化工产品、小型机电产品、水暖卫生材料、百货及没有严格保质期要求的食品配送中心等采取这种流程。

这种流程可以说是配送中心的典型流程，其主要特点是有较大的储存场所，分货、拣选、配货场所也较大，并且装备较齐全。

2. 配送中心的特殊作业流程

所谓的特殊作业流程是指某一类配送中心（即个别配送中心）进行配送作业时所经过的程序（或过程），其中包括不设储存库（或储存工序）的配送中心作业流程、加工型配送中心的作业流程和分货型配送中心的作业流程。

（1）不带储存库的配送中心作业流程。有的配送中心专以配送为职能，而将储存场所尤其是大量储存场所转移到配送中心之外的其他地点，专门设置补货型的储存中心，配送中心则只有为一时配送备货的暂存而无大量储存。暂存设在配货场地中，在配送中心不单独设储存库。配送中心的特殊作业流程如图 5-10 所示。

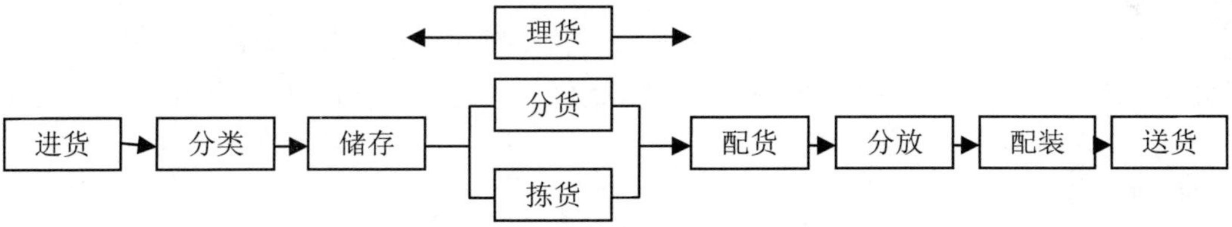

图 5-10　不带储存库的配送中心作业流程

这种配送中心和第一种类型配送中心的流程大致相同，主要工序及主要场所都用于理货、配货，区别只在于大量的储存在配送中心外部而不在其中。

由于没有集中储存的仓库，这种类型的配送中心占地面积比较小，也可以省去仓库、现代货架的巨额投资。至于补货仓库，可以采取外包的形式，以协作的方法解决；也可以自建补货中心，在若干配送中心基础上再共同建设一个更大规模的集中储存型补货中心；还可以采用虚拟库存的办法来解决。

（2）加工型配送中心的作业流程。加工型配送中心不是一个模式，随着加工方式的不同，配送中心的作业流程也有区别。这种加工型配送中心作业流程的特点，以平板玻璃为例，进货是大批量、单（少）品种的产品，因而分类的工作不重或基本上无需分类存放。储存后进行加工，和生产企业按标准、系列加工不同，加工一般是按用户要求。因此，加工后产品便直接按用户分放、配货，甚至这种类型配送中心有时不单设分货、配货或拣选环节。配送中心加工部分及加工后分放部分占较多位置。加工型配送中心作业流程如图 5-11 所示。

图 5-11 加工型配送中心作业流程

（3）分货型配送中心的作业流程。分货型配送中心是将批量大、品种较单一的产品转换成小批量发货式的配送中心，不经配煤、成型煤加工的煤炭配送和不经加工的水泥、油料配送的配送中心大多属于这种类型。分货型配送中心的作业流程如图 5-12 所示。

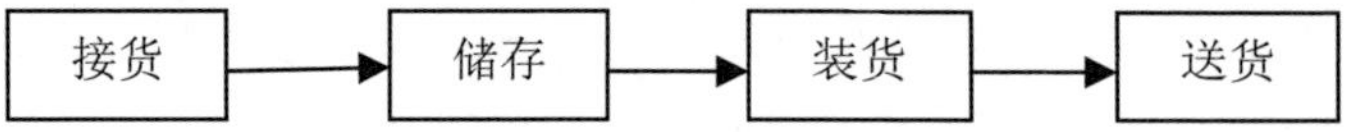

图 5-12 分货型配送中心作业流程

这种配送中心流程十分简单，基本不存在分类、拣选、分货、配货、配装等工序，但是由于是大量进货，储存能力较强，储存工序及装货工序是主要工序。

案例 5-3 美的投 50 亿全国建综合配送中心 O2O 平台整合提速

当前，随着整个中国家电企业在互联网时代的转型升级步伐从“战略方向的明确和产品解决方案”的相继落地，快速进入“整个组织架构、市场运营体系和商业模式”的系统变革，作为多年来一直引领产业变革和市场消费潮流的家电领军企业，美的集团则率先通过“线上线下深度融合”“城市农村全面打通”完成了更近距离的接触和服务消费者的差异化之路。

2013 年，阿里巴巴的一笔高达 20 亿元的战略投资，让整个互联网产业突然意识到，隐藏在家电企业海尔集团背后的日日顺物流网络，成为打通线上线下实现 O2O 布局“最后一公里”的战略棋子。

在中国家电产业，除了海尔日日顺的组合，还拥有一股更为强大力量，那就是美的安得物流组合。知情人士告诉《中国企业报》记者，“由于美的集团一贯只干不说的风格，已经发展了 19 年的安得物流并不为社会大众所广泛熟知。实际上，安得物流在整个第三方的专业物流配送仓储服务领域稳居前茅。”

经过 19 年的发展，安得物流现已成为横跨家电、快消品、家具、服装、汽车等行业的专业第三方物流服务企业，在全国拥有 143 个服务网点、200 多辆自有冷藏运输车以及深度整合了 1 万多辆社会专业运输车辆，自主管理的仓库面积超过 450 万平方米，稳居全国第一。

在位于安徽芜湖开发区占地面积 500 亩、建筑面积达 20.2 万平方米的美的安得物流产业园，《中国企业报》记者看到，偌大的产业园却看不到多少装卸工人，运输车辆从进入物流园区就获得了一张 IC 卡，随时定位其位置。同时根据这张卡可以清楚地了解车辆的装卸平台、运输货物。所有的货物运输均实现了人控制机器的半自动化搬运。同时在安得物流信息中心，3 张大屏分别显示了全国天气及交通路段情况，安得物流管理的全国所有仓库现场以及全国所有在途车辆的配送情况等。

安得物流副总经理陈军告诉《中国企业报》记者，“在全国的物流配送行业，安得物流的 IT 信息化水平是最高的，我们不仅实现了对物流产业园、仓库的全智能化管理，未来还将逐步实现货物装卸的全自动化。同时，我们还实现了对所有运输车辆的智能化管理和调配，从而实现了物流仓储服务的现代化、精准化、高效化。”

正是受到了美的集团在战略平台和资源投入上的强大支持。接下来，安得物流还将在全国自建综合配送中心，总投资 50 亿元，自建仓总面积 200 万平方米，主要分布在上海、南京、徐州、合肥、芜湖、沈阳、天津、济南、郑州、武汉、重庆、贵阳等地，顺德等地的项目也正在规划。

毫无疑问，软硬协同为安得物流的快速崛起提供了强大的动力支持。也为其在互联网时代的快速转型升级提供了“厚积薄发”优势。陈军透露，“面对当前快速发展的电商市场，早在 2007 年安得物流就启动了电商业务布局，目前已经为亚马逊中国、淘宝、当当、1 号店、国美在线等电商企业服务，覆盖 16 个大中城市。并在北京、上海、湖北、四川、浙江、广东有六大仓库，未来还将增设辽宁、山东、江苏、陕西四个仓库。”

安得物流的战略方向，就是要实现 O2O 服务的全面布局，在三、四级市场，覆盖全国 1800 多个县，打通“最后一公里”。

对于中国家电企业来说，物流仓储服务平台的价值，不只是在于让企业掌握整合产业链的话语权和竞争力，在市场营销和用户服务的关键时期可以发挥出“千钧一发”的价值，更重要的是，在面向互联网时代的转型时具备了更近距离接触和服务用户的体系和能力。

自启动“智慧家居”战略转型之后，美的集团推动线上线下的渠道融合，实现从线上的电商平台，到线下的旗舰店、服务中心等原本零散资源的对接，从而掌握在互联网时代与用户零距离沟通服务的“入口”，已经成为决定战略转型的关键一环。此时，安得物流作为连接线上与线下、打通企业与用户的“骨干脉络”价值都显得至关重要。

在激活安得物流的互联网战略价值同时，美的集团也同时拉开了对旗下所有事业部电商平台整合大幕。2014 年 2 月美的集团成立了集团层面的电商公司，4 月美的天猫官方旗舰店开张，美的全品类产品统一在该电商平台销售。与此同时，美的粉丝社区于 4 月下旬推出；5 月美的官网全面对接美的（Midea）商城，移动端也发布上线；6 月，美的官网会员中心、售后服务升级、旗舰店 O2O 应用也完成开发，正式服务美的用户。

日前，美的集团总裁助理王金亮在“中国区域经济高峰论坛”上就公开透露，美的集团今年重点发展的旗舰店功能“四位一体”，包括线下销售、线上销售的送货、售后服务和会员服务。届时，每个旗舰店会有一个大屏，顾客想要的东西如果店里没有，可上网买；店里提供不到的服务，也可以由统一的后台提供，以互联网来扩充旗舰店的产品和服务。

在业内人士看来，“无论是线上的美的电商旗舰店，还是线下的美的旗舰店、售后服务中心，都是美的要面向用户的平台和资源。但在这个立体渠道布局体系中，安得物流将承担起‘打通最后一公里，无缝连接用户需求’的重要职能，成为美的在互联网时代横向整合资源的战略一极。”

近年来，在互联网时代平台型思维驱动下，作为传统家电巨头的美的集团，除了拥有一个为众人所熟悉的家电研发创新制造平台，还在借助安得物流开始横向整合线上线下的营销服务资源进行对接，打造一个面向互联网时代的全新美的智慧家居服务平台，承担起美的集团未来从制造商向制造服务商转型，从硬件盈利向增值服务等软件盈利转变等重要职能。

可以预见，随着“安得物流”打通线上、线下资源的一体化对接，这将为美的集团整体营收增长带来“厚积薄发”的持续动力。陈军透露，为了强化与美的集团的“最后一公里”对接，安得将大力发展 32 个分公司间 1000 条省际运输干线，并发展各省省内 2000 条配送支线。

在最后一公里的配送环节，安得物流在建立北京、上海、广州、深圳等重点区域自有配送体系同时，在其他地区还将进一步整合社会资源。通过资源整合，安得未来将有 80 个区域仓储和 4500 家物流供应商，形成全国最丰富的“干线+支线+交叉配货+仓储网络”的综合运营体系。

最终，通过安得物流正在建立和完善的物流配送网络，与美的旗舰店、专卖店、售后网点等营销服务资源进行了全面整合和对接后，赋予了美的在互联网时代的基因和竞争力，也拉开了家电等传统产业在互联网时代的转型升级步伐，即在运营体系上打通“线上、线下”流通渠道，构筑面向用户的高效快捷交互平台；在商业模式上完成从硬件盈利向内容、增值服务等盈利跨越；在用户需求对接上完成从产品的被动服务向主动为人提供服务转变。

（本案例来源：中国物流与采购网 http://www.chinawuliu.com.cn/information/201407/16/291802.shtml）

请思考：

1. 美的物流配送的先进性体现在哪些方面？配送中心在美的公司物流体系中的作用有哪些？

2. 美的的物流系统建设对家电企业有何借鉴意义？

项目小结

本项目在介绍配送和配送中心的基本概念、特点、类型等知识的基础上，进一步讲述了电子商务配送和配送中心与传统配送和配送中心的区别与联系。物流配送作为电子商务的瓶颈对电子商务发展产生了巨大的影响，电子商务的发展也促进了物流配送的发展，两者相互促进、相互作用、共同发展。电子商务下物流配送呈现出信息化、网络化、实时性等特点。在电子商务环境下，信息技术的全面应用和管理的不断完善是现代配送中心的主要特点。

实战强化

实训　收件业务流程操作

一、实训目的

通过对速递公司收件业务流程的操作，使学生对速递公司的实际运作流程有比较深入的了解。

二、实训组织

通过同学之间角色定位完成一次完整的收寄活动。

三、实训要求

编号	流程活动	流程活动说明
001	收件准备	准备好需要使用的操作设备、单证等
002	接受信息	接受客户寄件需求的信息
003	核对信息	检查客户寄件需求的信息
004	收件	在约定的时间内到客户指定地点收取快件

续表

编号	流程活动	流程活动说明
005	验视快件	识别快件的重量和规格是否符合规定
006	指导或检查运单	正确指导客户完整填写运单内容并进行检查
007	告知阅读运单条款	告知客户阅读运单背书条款
008	包装快件	使用规范包装材料包装快件
009	称重计费	称重，计算快件资费，并填写在运单相应位置
010	收取资费	确认快件资费支付方和支付方式
011	指导客户签字	指导客户在客户签字栏签全名
012	粘贴运单与标识	按照粘贴规范，将运单等粘贴在快件相关位置
013	快件运回	将收取的快件在规定时间内运回收寄处理点
014	交件交单	复查快件包装和运单内容
015	交款	将当天收取的款项交给收寄处理点的相关人员

具体要求：

（1）掌握快件收寄、收验和收件后续处理的基本要领。

（2）掌握快件收件处理的基本工作流程。

项目 6　电子商务环境下的供应链管理

20 世纪 90 年代以来，以互联网为核心的计算机网络技术的发展与应用，使社会步入全新的网络经济时代。供应链是一个包括市场采购、生产、运输、储存、配送、营销、客户关系管理等环节的网络系统。供应链管理是当代世界商业管理的一大热点，数据库、互联网、软件技术的蓬勃发展正在迅速改变着供应链管理的模式。

知识目标

了解供应链管理的产生与发展以及电子商务在供应链管理中的应用；理解供应链、供应链管理的含义、供应链管理的目标与内容；理解电子供应链的含义、功能，明确电子供应链实施应解决的问题；掌握电子商务环境下供应链管理的方法。

能力目标

能够分析供应链的组成；能够比较电子商务下的供应链管理与传统供应链管理的区别。

素质目标

养成不断学习的习惯，培养开拓创新的精神。

项目重点

供应链及供应链管理的基本概念、功能、内容。

项目难点

电子商务下的供应链构建。

任务 1　供应链管理概述

任务要点

- 关键词：供应链、供应链管理
- 理论要点：供应链管理的产生与发展、含义、目标及内容；供应链的含义
- 实践要点：供应链在企业发展中的重要作用

任务情境

美国零售业龙头沃尔玛公司（Wal-Mart）是一家世界性连锁企业，经营近万家超级市场，2013 年全球净销售额超过 1350 亿美元。当你走进沃尔玛的超级市场购买洗发水时，你也有幸成为了沃尔玛巨大供应链的一部分。当然，这家超级市场也是其供应链的一个环节。在摆上货

架之前，你所中意的洗发水可能储存在沃尔玛的仓库或第三方配送中心。回溯到供应链上游，是产品的生产商宝洁公司（P&G）。宝洁从自己的供应商那里得到原材料，在位于中国广州或者美国东部的工厂进行生产，再运输到世界各地。现在你已经了解了沃尔玛供应链的物流情况，那你了解沃尔玛供应链上信息流和资金流的情况吗？沃尔玛向顾客提供产品，同时也提供了产品价格、存货等信息，当然顾客也把相应的资金转移给了沃尔玛。沃尔玛再用这些资金从配送中心获得相应的产品库存。需要多少库存订货呢？这是由顾客购买信息和现有库存水平决定的。沃尔玛把资金注入配送中心，同时也得到了产品定价、交货数量、质量和时间等信息。当然，类似的物流、信息流和资金流在供应链网络的其他环节上也同时进行着。

从上述案例来看，沃尔玛公司的发展得益于沃尔玛的供应链管理。

任务分析

阅读任务后回答以下问题：

（1）什么是供应链？

（2）什么是供应链管理？

（3）供应链管理的内容有哪些？

（4）供应链管理的目标是什么？

任务实施

步骤一 供应链管理的产生与发展

由于受国际市场激烈竞争、经济及用户需求等的不确定性增加、技术的迅速革新等因素的影响，供应链管理思想从提出到现在获得了迅猛发展。供应链管理的产生与发展主要经历了4个阶段。

1. 供应链管理的萌芽阶段（20 世纪 60—70 年代）

在这一阶段的供应链，只能称为业务链。链上的每个成员的管理理念基本上都是“为了生产而管理”，企业之间的竞争是产品数量和质量的竞争，企业只关心自己的利益。各成员之间的合作关系极为松散，时常存在利益冲突，阻碍了供应链运作和管理的形成。本阶段的供应链管理还只是停留在探索和尝试阶段，无法对供应链管理提出完善的理念和指导思想。

2. 供应链管理的初级阶段（20 世纪 80 年代初至 90 年代初）

在此阶段，企业竞争重点已转向了追求生产效率。企业的组织结构和内部职能划分也发生了转变，大多数企业开始进行组织机构的精简和改革，更加关注业务流程的变革。企业已经开始认识到最大的机会存在于企业之外。

但是在初期，传统的供应链运作大多局限于企业内部，即使扩展到了企业外部，也由于供应链中各个企业的经营重点仍是注重企业的独立运作，而忽略了与供应链外部成员企业的联系，因此仍无法从整个供应链的角度出发来实现供应链的整体竞争优势，从而导致供应链管理绩效低下。

3. 供应链管理的形成阶段（20 世纪 90 年代至 20 世纪末）

在新的经济一体化的竞争环境下，企业开始将竞争重点转向客户和市场，更加注重在全球范围内利用一切能够为己所用的资源。为了进一步挖掘降低成本和满足客户需求的潜力，企业纷纷将目光从管理企业内部的生产过程转向产品全生命周期中的供应环节和整个供应链系统，供应链管理受到高度重视。这一时期，供应链管理强调建立合作伙伴关系，主张合作企业之间一致“协调对外”，强调合作与信息共享、双赢。

4. 供应链管理的成熟和全面发展阶段（21 世纪初至今）

进入 21 世纪后，电子商务的发展与应用彻底改变了供应链上原有的物流、信息流、资金流的交互方式和实现手段，企业能够充分利用资源、提高效率、降低成本、提高服务质量。许多企业开始把它们的努力进一步集中在供应链成员之间的协同上，特别是上下游成员间的协同上。企业正是通过供应商与用户间的协同运作，来更准确地确定要从供应商那里得到什么以及要给用户提供什么。

步骤二 供应链的含义及特征

1. 供应链的含义

关于供应链的含义，目前国际上还没有统一的解释，各国相关机构和学者的表述也各有不同。

美国供应链管理专业协会（Council of Supply Chain Management Professionals，CSCMP）：供应链是包括从供应商的供应商到顾客的顾客之间，所有与产品的生产和配销相关的活动流程。

美国史迪文斯（Stevens）：通过增值过程和分销渠道控制，从供应商的供应商到用户的物料流，就是供应链。它开始于供应的源点，结束于消费的终点。

密歇根大学：强调供应链是一个过程的同时，认为供应链是一个对多公司“关系管理”的集成供应链。它包含从原材料的采购到产品和服务交付给最终消费者的全过程。

中国国家标准《物流术语》：供应链是指生产及流通过程中，涉及将产品或服务提供给最终用户活动的上游与下游企业所形成的网链结构。

通过以上描述，我们综合给出一个比较确切的供应链定义：供应链（Supply Chain）是商品到达消费者手中之前各相关者的连接或业务的衔接，是围绕核心企业，通过对信息流、物流、资金流的控制，从采购原材料开始，制成中间产品以及最终产品，最后由销售网络把产品送到消费者手中的将供应商、制造商、分销商、零售商直到最终用户连成一个整体的功能网链结构。

一般来说，构成供应链的基本要素包括以下几个方面。

（1）供应商（原材料或零部件供应商）：给生产厂家提供原材料或零部件的企业、厂家。

（2）生产厂家（产品制造企业）：产品生产的最重要环节，负责产品生产、开发和售后服务等。

（3）批发及物流企业：为实现将产品送到经营地理范围每一角落而设置的产品流通代理企业。

（4）零售企业：将产品销售给最终用户的企业。

（5）最终用户：供应链的最后环节，也是整条供应链的唯一收入来源。

其中，批发及物流、零售行业可以统称为流通业。供应链的构成要素，如图 6-1 所示。

2. 供应链的特征

供应链有以下特征：

（1）协调性和整合性。供应链本身就是一个整体合作、协调一致的系统，它有多个合作者，像链条似地环环连接在一起，为了一个共同的目的或目标，协调动作，紧密配合。每个供应链成员企业都是“链”中的一个环节，都要与整个链的动作一致，绝对服从全局，做到方向一致、动作也一致。

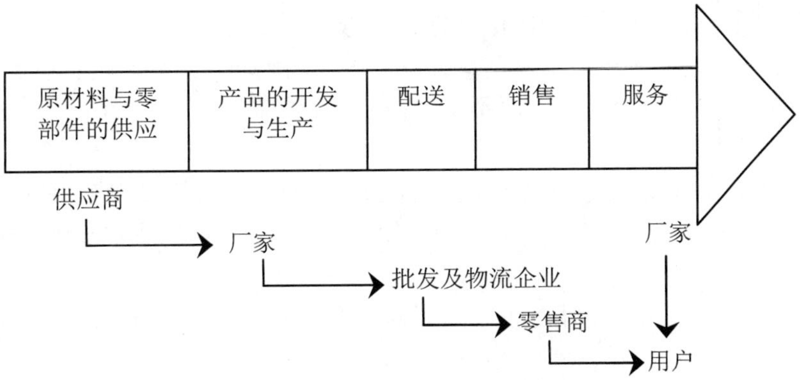

图 6-1　供应链的构成要素

（2）选择性和动态性。供应链中的企业都是在众多企业中筛选出的合作伙伴，合作关系是非固定性的，也是在动态中调整的。因为供应链需要随目标的改变而改变、随服务方式的变化而变化，所以它随时处在一个动态调整过程中。

（3）复杂性和虚拟性。不少供应链是跨国、跨地区和跨行业的组合。各国的国情、政体、法律、人文、地理、习惯、风俗都有很大差异，经济发达程度、物流基础设施、物流管理水平和技术能力等也有很大不同；而供应链操作又必须保证其目的的准确性、行动的快速反应性和高质量的服务性，这便不难看出供应链复杂性的特点。在供应链的虚拟性方面，主要表现在它是一个协作组织，而并不一定是一个集团企业或托拉斯企业。这种协作组织以协作的方式组合在一起，依靠信息网络的支撑和相互信任的关系，为了共同的利益，强强联合，优势互补，协调运转。由于供应链需要永远保持高度竞争力，必须是优势企业之间的连接，所以组织内的吐故纳新、优胜劣汰是必然的。供应链犹如一个虚拟的强势企业群体，在不断地优化组合。

（4）交叉性和需求方向性。一方面，供应链中的节点企业可以是这个供应链的成员，同时又是另一个供应链的成员，众多的供应链形成交叉结构；而另一方面，供应链的形成、存在、重构都基于一定的市场需求而发生，在供应链的运作过程中，用户的需求拉动是供应链中信息流、商品流、服务流和资金流运作的驱动源。因此，供应链具有交叉性和需求方向性。

步骤三　供应链管理的含义、目标及内容

1. 供应链管理的含义

供应链管理（Supply Chain Management）就是对整个供应链中各参与组织、部门之间的物流、信息流与资金流进行计划、协调与控制等，其目的是通过整合提高所有相关过程的速度和确定性，使所有相关过程的净增价值最大化，以提高组织的运作效率和效益。

实行供应链管理可以使供应链中的各成员企业之间的业务关系得到强化，变过去企业与外部组织之间的相互独立关系为紧密合作关系，形成新的命运共同体。供应链管理可以显著提高物流的效率，降低物流成本，大幅度提高企业的劳动生产率。供应链管理实行的是一种集成的管理思想和方法，它执行供应链中从供应商到最终用户的物流计划、组织、协调和控制一体化等职能的管理过程。

在一个完整的供应链中，厚此薄彼必然会使供应链出现薄弱环节，最终导致供应链的断裂，而批发必须依赖完整的供应链而存在。因此，批发商与上游制造商及下游零售商的关系都要重视。批发商可以与厂商联合进行配送和代理，可以和零售商联合进行批零一体化，还可以

与厂商和零售商联合进行产供销一体化，总之要与上游及下游靠得更近。

供应链管理与传统的物料控制及储运管理有很大的不同，主要表现在以下四个方面。

（1）将供应链看成一个整体，而不是将供应链看成是由采购、制造、分销与销售等构成的一些分离的功能块。

（2）要求并最终依靠对整个供应链进行战略决策，“供应”是整个供应链上各个功能部门的共同目标，坚持这一点具有战略意义，因为它对整个供应链的成本及供应链的市场份额有重大影响。

（3）供应链管理理论对库存有不同的解释，库存不一定是必需的，它只是起平衡作用的最后的工具。

（4）供应链管理要求采用系统的、集成化的管理方法来统筹整个供应链的各个功能，为了确保达成共同目标，高层管理部门采取一定办法消除供应链内各部门之间的目标冲突是十分重要的。

2. 供应链管理的目标

供应链管理使节点企业在分工的基础上密切合作，通过外包非核心业务、资源共享和协调整个供应链，不仅可以降低成本、减少社会库存、使企业竞争力增强，而且可以通过信息网络、组织网络实现生产与销售的有效连接和物流、信息流、资金流的合理流动，使社会资源得到优化配置。

供应链管理的目标是提高客户满意度。通过信息共享，协调供应链上的物流、资金流，协调总成本最小化、客户服务最优化、总库存最少化、物流质量最优化等目标之间的冲突，实现供应链绩效最大化。供应链管理强调以客户为中心，即做到将适当的产品或服务（Right Product or Service）按照合适的状态与包装（Right Condition and Packaging），以准确的数量（Right Quantity）和合理的成本（Right Cost），在恰当的时间（Right Time）送到指定地方（Right Place）的确定客户（Right Customer）手中。因此，最好的供应链管理不是将财务指标作为最重要的考核标准，而是密切关注产品进入市场的时间、库存水平和市场份额这一类指标。通过供应链管理，改革和优化链中各环节，在提高客户满意度的同时实现销售的增长（市场份额的增加）、成本的降低以及固定资产和流动资产更加有效地运用，从而全面提高企业的市场竞争实力。

3. 供应链管理的内容

作为供应链中各节点企业相关运营活动的协调平台，供应链管理的内容包括以下几个方面。

（1）战略管理。供应链管理本身属于企业战略层面的问题，因此，在选择和参与供应链时，必须从企业发展战略的高度考虑问题。它涉及企业经营思想，在企业经营思想指导下的企业文化发展战略、组织战略、技术开发与应用战略、绩效管理战略等，以及这些战略的具体实施。供应链运作方式、为参与供应链联盟必需的信息支持系统、技术开发与应用以及绩效管理等都必须符合企业经营战略。

（2）信息管理。信息管理是供应链管理的重要内容。信息以及对信息的处理质量和速度是实现供应链整体效益的关键，决定着节点企业能否在供应链中获益以及获益的多少。信息管理的基础是构建信息平台，通过 ERP 和 VI 等系统的应用，将供求信息及时、准确地传递到相关的节点企业，实现供应链的信息共享，从技术上实现与供应链成员的集成化和一体化。

（3）客户管理。供应链源于客户需求也终于客户需求，因此供应链管理是以满足客户需求为核心来运作的。通过客户管理，详细地掌握客户信息，从而预先控制，在最大限度地节约资源的同时为客户提供优质的服务。

（4）库存管理。借助先进的信息技术，及时收集和传递供应链各节点以及市场需求方面的信息，减少需求预测的误差，用实时、准确的信息流引导和控制物流，减少甚至取消实物库存（实现零库存），从而降低库存的持有风险。

（5）关系管理。通过协调供应链各节点企业，改变传统的企业间进行交易时的“单向有利”意识，使节点企业在协调合作关系的基础上进行交易，从而有效地降低供应链整体交易成本，实现供应链的全局最优化，使供应链上的节点企业增加收益，进而取得双赢的效果。

（6）风险管理。信息不对称、信息扭曲、市场的不确定性以及其他政治、经济、法律等因素，都有可能导致供应链上的节点企业的运作风险。因此，应加强风险管理，通过提高信息透明度和共享性、优化合同模式、建立监督控制机制，在供应链节点企业间合作的各个方面、各个阶段建立有效的激励机制，促使节点企业间的诚意合作，尽可能地减少风险带来的损失。

从供应链的具体运作流程看，供应链管理主要涉及五个领域：需求（Demand）、计划（Plan）、物流（Logistics）、供应（Sourcing）、回流（Return），如图 6-2 所示。

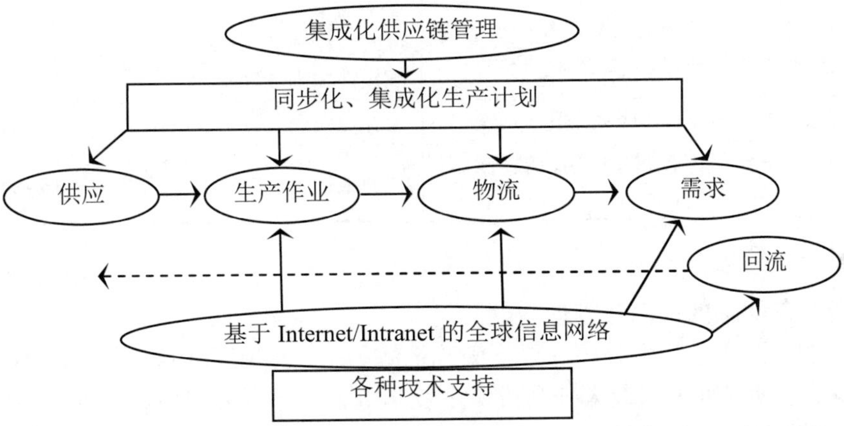

图 6-2　供应链管理涉及的领域

供应链管理以同步化、集成化生产计划为指导，以各种技术为支持，尤其以网络信息技术为依托，围绕供应、生产作业（主要指制造过程）、物流、满足需求来实施。通过对从供应商到客户的物料（零部件、成品等）和信息进行计划、协调和控制，来提高客户服务水平和降低总的交易成本，并且寻求存在冲突的目标之间的平衡。因此，从业务流程的角度看，供应链管理除了关注企业内部与企业之间的运输问题和实物分销以外，还包括以下主要内容：

（1）战略性供应商和客户合作伙伴关系管理。

（2）供应链产品需求预测和计划。

（3）供应链的设计（全球节点企业、资源、设备等的评价、选择和定位）。

（4）企业内部与企业之间物料供应与需求管理。

（5）基于供应链管理的产品设计与制造管理、生产集成化计划、跟踪和控制。

（6）基于供应链的客户服务和物流（运输、库存和包装等）管理。

（7）企业间资金流管理。

（8）基于 Internet/Intranet 的供应链交互信息管理等。

（9）逆向物流管理（Reverse Logistics）。

触类旁通

供应链管理是知识经济时代诞生的一种新型管理模式，其核心是强调运用集成的思想和理念指导企业的管理行为实践。也就是说，传统企业管理以分工为基础，而供应链管理则突出一体化的整合思想，两者的出发点显然是迥异的，见表 6-1。

表 6-1 供应链管理与传统企业管理模式的区别

传统企业管理	供应链管理
重视劳动分工与专业化，技术与管理的界限分明	把供应链中所有节点企业看作一个整体，重视系统集成；涵盖了从供应商到最终用户的采购、制造、分销、零售等职能管理领域和过程
着重研究企业内部人、财、物、设备、技术等各项资源的合理配置和有效利用	不仅对企业内部各类资源有效利用，还注重企业内部条件与外部环境的结合，对企业外部可用资源也要进行有效利用
着重研究人与机器、人与环境的关系，目的在于改善劳动条件、提高工作效率	更加注重人的智力因素与精神因素的作用，强调通过组织结构、工作方式的改变，发挥人的主动性、积极性和创造性
重物流、轻信息、重过程分解、轻系统化	弥补传统企业管理的缺陷
按照行业、产品、分销渠道等划分市场，然后对同一区域的客户提供相同水平的服务	强调根据客户的状况和需求决定服务方式和水平

案例 6-1

一、上海贝尔面临的供应链管理问题

中比合资的上海贝尔有限公司（以下简称上海贝尔）成立于 1984 年，是中国现代通信产业的支柱企业，连续名列全国最大外商投资企业和电子信息百强前茅。上海贝尔拥有国家级企业技术中心，在通信网络及其应用的多个领域具有国际先进水平。公司建立了覆盖全国和海外的营销服务网络，建成了世界水平的通信产品制造平台。

上海贝尔企业内部的供应链建设状况尚可，例如有良好的内部信息基础设施、ERP 系统，流程和职责相对明晰。但上海贝尔与外部供应链资源的集成状况不佳，很大程度上依然是传统的运作管理模式，并没真正面向整个系统开展供应链管理。由于上海贝尔在供应链管理的快速响应、柔性化调整和系统内外响应力度上有所欠缺，一些材料不成套，材料库存积压，许多产品的合同履约率极低。客观现状的不理想迫使公司对供应链管理进行改革。

二、上海贝尔的电子商务供应链管理战略

电子商务是一种未来企业提高国际竞争力和拓展市场的有效方式，同时，它也为传统的供应链管理理论与方法带来了新的挑战。供应链管理与电子商务相结合，产生了电子商务供应链管理，其核心是高效率地管理企业的信息，帮助企业创建一条畅通于客户、企业内部和供应商之间的信息流。上海贝尔的电子商务供应链管理战略的重点分别是供应商关系管理的 E 化、生产任务外包业务的 E 化、库存管理战略的 E 化、需求预测和响应的 E 化。

1. 供应商关系管理的 E 化

对上海贝尔而言，其现有供应商关系管理模式是影响开展良好供应链管理的重大障碍，需要在以下几个方面做 E 化的调整。

（1）供应商的遴选标准。依据企业/供应商关系管理模型对上海贝尔的需求产品和候选供应商进行彼此关系界定；明确对供应商的信息化标准要求和双方信息沟通的标准，要特别关注关键性材料资源供应商的信息化设施和平台情况。传统的供应商遴选标准+分类信息标准是 E 化供应商关系管理的基础。

（2）供应商的遴选方式和范围。上海贝尔作为 IT 厂商，其供应商呈现全球化的倾向，故供应商的选择应以全球为遴选范围，充分利用电子商务手段进行遴选、评价，如运用网上供应商招标或商务招标，一方面可以突破原有信息的局限，另一方面可以实现公平竞争。

2. 生产任务外包业务的 E 化

上海贝尔未来的发展方向是提供完善的信息、通信解决方案和优良的客户服务，生产任务的逐步外包是必然选择。未来外包业务量的增大势必会加大管理和协调的难度和复杂度，需要采用电子商务技术管理和协调外包业务。

（1）外包厂商的选择。除原有的产能、质量、交货等条件外，增加生产计划管理系统和信息基础建设的选择标准，保证日后便于开展 E 化运行和监控。

（2）外包生产计划的实时响应。上海贝尔现拥有 Intranet 和 ERP 系统，外包厂商可借助 Internet 或专线远程接入 ERP 管理系统的生产计划功能延伸模块，与上海贝尔实现同步化生产计划，即时响应市场、需求的变动。

3. 库存管理战略的 E 化

面向供应链管理的库存管理模式有很多种，根据上海贝尔的库存管理种类和生产制造模式，采用如下库存管理模式：

（1）材料库存和半成品库存管理。通过供应商和上海贝尔协商，联合管理库存，在考虑市场需求的同时，也顾及供应商的产能；在电子商务手段的支持下，双方实现信息和资源共享、风险共担的良性库存管理模式。

（2）成品库存管理。上海贝尔终端产品的销售渠道和分销商信息 IT 系统及基础设施比较完善，能有力地支持库存管理，同时企业实力、存储交货能力也较强。2000 年公司已开始尝试运用总体框架协议，分批实施、动态补偿，同时实行即时的相关信息交换，采用供应商管理客户库存模式来实现终端成品库存管理。

4. 需求预测和响应的 E 化

上海贝尔要发展成为世界级的电信基础设施供应商，必然要面对全球化的市场、客户和竞争，势必要对市场研究、需求预测和响应做相应变革。

（1）E 化的市场研究和需求预测。上海贝尔的库存风险来自两方面：其一是库存管理模式，其二是市场预测的偏差。强化市场研究、减少需求预测偏差势在必行。电子商务技术的应用可从研究范围、信息来源、反馈时间、成本费用等方面提高市场预测的水平。上海贝尔可以在公司原有 Intranet 的基础上，与各分公司、分销商专门建立需求预测网络体系，实时、动态地跟踪需求趋势，收集市场数据，随时提供最新市场预测，使其供应链系统能真正围绕市场运作。

（2）E 化的市场和客户响应。上海贝尔各大分公司通过专递合同文本至总公司审查确认，然后进入 ERP 运行，周期平均为 7～10 天，而现有的合同交货周期大量集中在 20～30 天，生产的平均周期为 10～15 天，运输周期为 3～5 天，如此操作极易造成交货延迟。ERP 系统在物理上的延伸的确能明显地改善需求和合同响应效率。

从中长期而言，上海贝尔应逐步发展 B2B 电子商务，建立网上产品目录和解决方案、网上客户化定制和订购、在线技术支持和服务，使上海贝尔的目标客户更直接、方便、及时地与上海贝尔的内核响应。

（本案例来源：搜狐 https://www.sohu.com/a/208984654_99916354）

请思考：

1. 分析上海贝尔供应链管理面临的主要问题。
2. 上海贝尔的电子商务供应链管理策略给我们带来了什么启示？

任务 2 电子商务环境下的供应链管理及应用

任务要点

- 关键词：电子供应链、电子商务
- 理论要点：电子商务在供应链中的目标；电子供应链的含义、功能、实施
- 实践要点：电子供应链对企业的影响

任务情境

1. 思科电子商务 SCM 模式

基于全球电子商务的供应链管理模式是思科在其电子商务战略中提出的一种供应链管理模式：它利用互联网超越时空的能力，将思科与其供应链上的每个成员——遍布全球的潜在客户、现有客户、合作伙伴、供应商及雇员紧密连接在一起，融合为一个共同服务于思科客户的网络扩展企业（Internet Extended Enterprise）。它消除了旧的企业边界和地理限制，大大提高了与上述成员之间的商务交易、信息共享、沟通等的效率和效果，因而能有效地管理并增进与供应链上各成员之间的关系，形成一种基于互联网的、开放的、动态的合作环境。在这种商务模式中，借助思科提供的信息和集成商务系统，客户可与思科进行高效低成本的在线沟通、在线交易，并获得实时的在线服务及技术支持；供应链的其他成员可安全地共享关键的商务信息而提高商务运作效率，加快客户反应速度；思科本身能以更低的成本为客户提供更好的产品和服务，提高客户满意度，赢得客户的忠诚，并与所有成员建立长期的双赢合作关系，取得持续竞争优势。

2. 思科电子商务 SCM 模式的支撑系统

（1）思科连接在线（Cisco Connect Online，CCO）网站。CCO 是世界上最大的商务网站，是思科利用全球电子商务实施供应链管理的桥头堡，每天网上交易额达 2300 万美元。客户、渠道伙伴、增值服务商利用 CCO 可完成如下功能：在线下单、搜索产品价格信息、检查发货时间与状态、检索发票信息、获得在线服务与技术支持等。

（2）思科网络商务订购与支持综合系统。该系统是思科供应链管理全球电子商务模式的灵魂。正是有了这一系统，CCO 网站才得以向客户、渠道伙伴、增值服务商提供各种服务功能。系统分成两个子系统：网络商务订购系统和网络商务支持系统。前者由称为“互联网产品中心（简称 IPC）”的模块组成，完成用户在线产品配置、询价和订单提交等功能；后者由称为“代理”的各种模块（程序）组成，包括发票代理、配置代理、询价代理、状态代理、交货

代理、合同代理、返回材料授权/服务订单代理、IPC 代理、升级代理、通告代理等，完成对订单提交以后各项商务活动的支持。

任务分析

阅读任务后回答以下问题：

（1）什么是电子供应链？

（2）电子商务在供应链管理中的应用目标和内容是什么？

（3）电子供应链如何实施？

任务实施

随着网络经济时代的到来，电子商务已经成为真正的全球现象。电子商务的发展给传统的供应链管理赋予了新的内涵，电子商务环境下的供应链管理就是指利用电子商务相关技术整合企业的上下游产业，基于互联网，以中心制造厂商为核心，将产业上游原材料和零部件供应商、产业下游分销商、物流运输企业、产品服务商及银行结合为一体，构成一个面向最终客户的完整电子商务供应链，供应链上的各成员企业在电子商务环境下通过信息的集成、协调、共享改变着原来的运作方式。

步骤一 电子商务在供应链管理中的应用

供应链管理的主要任务是协调从订单的形成到完成订单，以及运送产品过程中的各项服务和信息的交流。随着电子商务相关技术的发展，可以有效地实现供应链各项功能的集成。电子商务在供应链管理中的应用主要包括以下几个方面。

1. 采购过程的协调

企业通过外部网浏览供应商的产品目录，根据需求签发订单，并通过 EDI 发送。供应商接到订单后，合同审核人员通过内部网查看库存情况、生产计划情况和销售商的信誉度来确定是否接受订单，并与供应商通过网络进行信息交换、协商合同条件、签订合同。

2. 物料计划人员与储运公司的业务协调

通过内部网，物料计划人员可以查看仓库的情况，即时安排物料的运输。库存管理人员根据原材料供应情况和产品销售情况即时更新数据库，以便有关人员查询。

3. 销售过程的协调

销售机构可以通过互联网进行产品宣传，与客户进行交流，并将信息反馈给生产计划部门，以帮助计划部门制订合理的生产计划。

4. 公司日常活动以及员工的交流

通过内部网，企业中的各个部门可以进行即时信息交换，在节省时间的同时也节约了大量开支。

5. 提供客户服务

应用电子商务系统，企业可以方便地向客户提供技术支持和服务，接受客户投诉，解决产品或服务中存在的问题，缩短对客户服务的响应时间，加强企业与客户间双向的信息沟通与交流，吸引更多的客户加入到供应链中。

6. 进行电子支付

企业通过电子商务系统，与网上银行紧密相连，并用电子支付方式替代传统的支付方式，这样既可以降低结算费用又可以加速货款回笼，提高了资金使用效率。同时，利用安全电子交易协议，可以保证交易过程的安全，消除客户对网上交易的顾虑。

步骤二 电子商务技术在供应链管理中应用的目标

电子商务技术日新月异的发展是形成一体化供应网络的核心，能够提高整个供应链的可见性，为链中所有参与者进行复杂的协作、计划和决策提供支持。

1. 信息共享（Information Sharing）

现代供应链日趋复杂，大型跨国公司往往有数以百计的不同部门和办公地点，建立高速有效的计算机网络，可使从不同地点采集到的不定向形式的数据信息能快速进入整个供应链计算机系统；而每个供应链管理者都能按照自己的工作特点和权限，从该计算机系统中取得符合自己需求的数据信息。因此，信息共享包含两层含义，即信息的获取（Accessibility）和信息的个性化（Customization）。

2. 数据分析和决策支持（Data Analysis and Decision Support）

供应链管理者的任务是根据已知的信息，为供应链的计划、实施和运行提供决策。共享实时信息为管理者提供了科学决策的条件，但如何通过分析信息获取结果呢？日新月异的信息技术为数据分析提供了数以千计的软件产品。运算速度突飞猛进的计算机以及不断突破的优化算法，为供应链管理者在合理的时间内做出正确的决策提供了宝贵的支持。

3. 流程（或商业模式）再造（Re-engineering）

信息技术的另一个重要贡献是帮助企业审视自身供应链的构造，主动采用全行业通用的行之有效的商业模式。这一点对中国的企业尤为重要。因为在采用、适应先进供应链管理软件的同时，企业自身供应链的模式、流程也向先进企业看齐。这种管理思维、管理模式的进步，必将带来企业效益的提高。

为实现上述目标，应注意以下几点：第一，导入或更新企业内部的 MRP 或 ERP 软件。ERP 的发展过程，如图 6-3 所示。第二，与主要的供应商制订协作计划，订立日程表，并利用供应链下订单。第三，采用互联网技术，使所有供应商和客户建立电子数据库，并实现任一供应商或任一客户都能与企业交换信息。

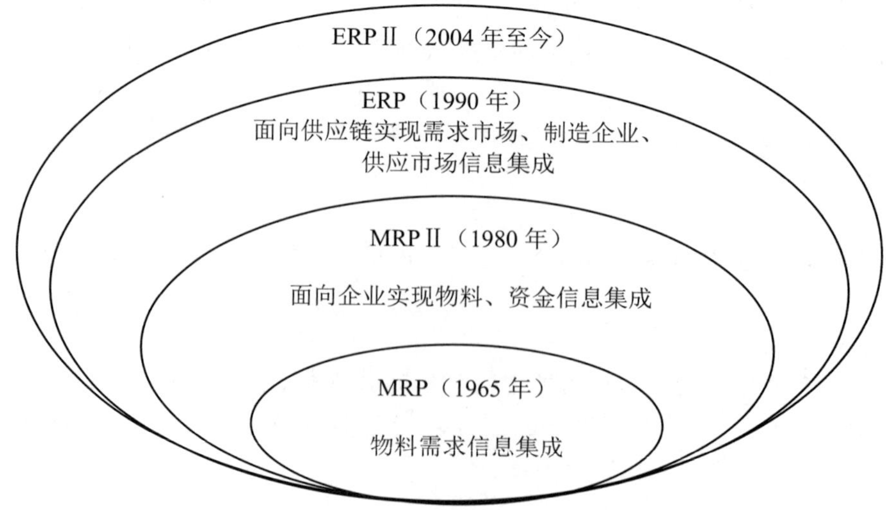

图 6-3 ERP 的发展过程

企业要通过采用先进的信息技术来提高营运水平和创新能力，加强与供应商、分销商以及客户的联系和互动，减少重复建设以及时间和资源的浪费，优化供应链的结构，从而在根本上获得效益最大化的供应链管理。

步骤三　电子供应链的含义、功能及实施

1. 电子供应链的含义

电子商务将供应链的各个参与方联结为一个整体，实现了供应链的电子化管理。电子供应链是供应链发展的必然趋势，作为电子商务和供应链结合的产物，其有特定的内涵。电子供应链是指围绕核心企业，以互联网为平台，以电子商务为手段，通过对物流、资金流和信息流的整合和控制，将供应商、生产商、分销商、零售商直到最终客户连成一个整体的网链结构和模式。

2. 电子供应链的功能

（1）节约交易成本。互联网商务是更加低成本、高效益地进行商务活动的方式，用互联网整合供应链将大大降低供应链内各环节的交易成本、缩短交易时间、降低供应链管理的费用。

（2）降低存货水平。通过扩展组织的边界，供应商能够随时掌握企业的存货信息，因此企业不必维持较高的存货水平。

（3）降低采购成本。由于供应商能够方便地取得企业的存货和采购信息，应用于采购管理的人员等都可以从这种低价值的劳动中解脱出来，从事具有更高价值的工作。

（4）减少循环周期。通过供应链的自动化，预测的精确度将大幅度地提高，这将使企业不仅能生产出市场需要的产品，而且能减少生产的时间。

（5）收入和利润增加。通过组织边界的延伸，企业能履行其合同、增加收入并维持和增加市场份额。互联网有利于建立适用于整个网络的公共标准。采用互联网这个全球通用的网络标准，商业伙伴之间能创建一个无缝的、自动的供应链。互联就像一个独立的整体一样运作。

（6）提高顾客满意度。供应链中存在的快速变化要求公司更加具有灵活性，而互联网满足了这一需求。企业能够进行快速订货、存货跟踪与管理，有更加精确的订单以及对 JIT 制造的支持，从而提高了客户服务水平。

3. 电子供应链的实施

供应链管理电子化的过程经历了四个发展阶段，正在迈向第五个阶段。

第一阶段，公司利用网站、电子邮件等手段，向客户介绍自己或者供应原材料

第二阶段，公司开始利用网站或其他方法，从客户那里得到反馈意见和信息。

第三阶段，公司利用互联网的发展，开始允许客户通过公司网站下单订购产品并通过信用卡付账。

第四阶段，客户与公司开始通过供应链计算机网络，分享实时信息。

以上五个阶段在不同公司内可能都有一定应用。未来发展方向即第五个阶段就是整个供应链网络的同步化。多维的供应链网络迅速电子化，为各个公司之间基于实时信息分享的合作提供了可能，这将成为供应链管理的一个热点。

由于越来越多的企业采用以客户为中心的模式来增加利润，因此对供应链的要求也越来越高，要求能对客户需求做出迅速、精确、可靠的反应。这就要求信息的实时交流，如投资水平、预计数量和销售趋势等。这不仅能对客户做出迅速应答，而且能有效降低存货，提高企业利润。互联网以一种更具协作性的模式代替了原来的那种专有的商业流程，已经开始改变公司、

客户、合作伙伴、雇员在全球范围内的互动方式，促进企业朝着第五个阶段——供应链的自动化和能有效利用电子商务的电子供应链（E-Supply Chain）方向发展。

步骤四　电子供应链应用中应解决的几个问题

1. 采用哪种软件进行供应链的管理

如果某个企业只专注于供应链管理的某个环节，如美国联邦速递 FedEx 仅仅关心运输计划，那么购买该环节的最好软件是理所当然的。但是这种办法也显然会给企业带来整合不同软件产品的麻烦。即使每个环节都是最好的，但如果它们不能高效地整合在一起，就不能在整个供应链的层面上发挥作用。

第二种方法是考虑到上述问题，因而采用由一家供应链软件公司提供的包括所有环节的完整的供应链管理软件套装。一家软件公司的产品之间往往有更好的兼容性，更容易整合在一起。

还有一部分大型公司有很强的信息技术开发能力，为了更好、更快地整合企业的供应链管理资源，它们也会建立和开发符合自己特点的供应链管理系统，其中最突出的代表就是沃尔玛公司。不同行业、不同规模的企业选择软件的情况必然有所差异，关键是根据自己企业的特点和软件质量、操作性能、安装调试时间的要求做出科学的选择。

2. 是否利用应用服务提供者的服务

计算机应用服务提供者（Application Service Provider，ASP）不是软件开发商，而是向客户提供出租基于网络的商业软件运作服务的第三方。在这种新兴的商业模式中，客户不用再花费巨额固定投资从软件开发商处购买软件，而是转向 ASP 租用相关商业软件服务。

标准的计算机网络系统让客户能将信息上传至 ASP，由 ASP 对原始数据进行处理后，再将结果传送给客户。ASP 的责任就是为客户管理、运行其所租用的应用软件。经常被租用的软件包括 ERP 和一些决策支持软件。

ASP 模式的优点在于客户不必再向软件商交纳昂贵的软件许可证费用，而是按月或季度向 ASP 支付一定的软件订购费用。显而易见，这样的模式对资金相对拮据的小型公司来说具有非常大的吸引力。ASP 模式也有其缺陷：客户对租用的商业软件运作没有完全的控制权，而且 ASP 是否有能力在企业迅速成长以后继续支持其运作也是企业供应链管理者担心的问题。尽管 ASP 模式还在萌芽阶段，但其发展前景十分广阔。

3. 安全问题

当一家公司打算采用电子供应链的时候首先考虑的是互联网上的安全问题，大部分企业都采取了一定措施保护数据，只有拥有权限的用户能接触到与之相关的数据。

4. 商业流程的变化

真正的挑战是商业流程发生了变化，电子供应链改变了企业的各个方面，从计划到购买到下订单。为使电子供应链成功实施，企业必须能够在互联网上与它的供应商、客户充分合作，交换有关存货、生产时间表、预测、提升计划和例外处理的信息。许多企业仍不愿共享某些信息，如生产时间表，害怕这些信息会落入竞争对手手中而损害企业的利益。

因此，企业应在共同的商业利益的基础上，发展供应链内各成员的相互信任，这是整个供应链顺利运作的基础。

5. 供应链中的薄弱环节

由于供应链是一种协作活动，一旦有一个环节不能有效运作，整个供应链的效率都会遭受影响。一条供应链中不可避免地会有力量较弱的成员，不具有与其商业伙伴相同的财力和技术支持。有些实力强大的成员会有独占所有供应链财务收益的意图。但从长远来看，大部分的高层管理者认为只有所有成员之间分享投资成果才有利于供应链的成功。

6. 利益分配

财务利益的分配是企业成功的重要因素。例如 Bergen Brunswig，一个药品供应与分销商，与它的合作伙伴签订了一个协议：如果 Bergen Brunswig 成功降低了供应链成本，如 10%，那么 Bergen Brunswig 将把这部分节约的成本与合作伙伴共同分配。据 Bergen Brunswig 的 CEO Donald R.Roden 说，“这样做有助于合作伙伴之间作为一个团队来运作，如果把所有收益据为己有，合作伙伴就没有利益驱动。”合理的利益分配制度有利于企业与它的供应链上的成员缔结紧密的合作关系。

触类旁通

电商企业供应链，应该变长还是变短？

传统的贸易过程有三个主要环节，即生产制造、分销和零售。传统贸易已经形成了较为明确的分工和商业模式，“术业有专政”体现得更为鲜明。品牌生产制造商并不直接而对最终消费者，而是以发展分销商的方式发展。而零售企业，比如沃尔玛，则致力于扮演好零售平台的角色，只有很少一部分商品是自有品牌。

目前的中国电商企业则不同。电商企业需要做的事情太多了。

首先是网站建设。电子商务网站对用户的友好性、对搜索引擎的友好性关系尤为重要，基本上每个电子商务企业都有全职人员负责 UI、UE 设计。

其次是需要强大的后台系统。一个上规模的电子商务企业后台系统至少包括以下几方面：商品管理、用户管理、订单管理、仓库管理、财务管理、自提点管理、物流配送管理等。这些功能比传统企业的信息化要求更高、更为迫切。

再次是物流。中国目前的发展环境决定了大规模电商企业倾向于建设自有物流体系。比如京东商城、亚马逊等，都在花费大力气建设自己的物流队伍。

最后是客户服务。几乎所有的电子商务企业都有自己的呼叫中心。客服系统的上线、客服人员的招募与培训、流程规范等都是很大的工作量。

电商企业已经成为一个包揽社会各种分工的企业，还没有长成为一个富有活力的青年就已经负担很重了。但是从长远来看，这种大而全的模式并不符合社会分工专业化的趋势，必将逐渐分化、发生转变。

美国亚马逊是电子商务企业学习的典范。它是怎么运作的呢？亚马逊的 IT 信息化程度非常发达，它致力于将此点做成自己的核心竞争力，并向大量需要这种服务的企业提供信息化和云计算服务。在物流方面，美国亚马逊将其国内的配送业务委托给美国邮政和 UPS，将国际物流委托给国际海运公司等专业物流公司。

或许，中国的电商企业在目前的环境下，做大而全是不得已的事情。为提高客户体验，电商企业必须自建物流体系等。其实，环境正在开始渐渐转变，尤其是物流。美国快递业用了 20 年的时间发展出比较完善的体系，或许，中国的这一天将会很快到来。

在这种情况下，自建物流的未来取决于电商企业的长期规划。未来至少有两种可能：一种是组建自己的物流公司，为全行业提供专业服务；一种是自身物流体系投入逐渐减少，未来主要委托第三方公司提供快递服务。提早认清这一点，将更有助于电商企业的长远发展。

案例 6-2

网络实现了思科与它的现有客户、潜在客户、合作伙伴、供应商和内部员工之间的无缝连接，使它有能力完成供应链管理的各项功能。

（1）内部管理网络化。思科有完善的内部网和内部信息管理系统，内部管理网络化是供应链管理的核心。公司 2 万名员工全部网上作业，网络成为完成每项工作必不可少的工具，无论是日常行政管理、文书报告、培训课程、人员招聘，还是产品研发、产品销售、客户服务、市场开发等，均离不开网络。思科员工每天访问总量超过 170 万个网页。同时，公司将各项信息发布在内部网上供员工查阅，信息的透明化增强了内部员工的凝聚力。

（2）在线技术支持。思科网络化的第一个突破来自于技术支持中心，它传统上被当成成本中心。由于网络设备（思科的主要产品）的复杂性，客户购买以后经常要与供应商保持联系。所以，客户在购买产品时，与其说看重的是价格和性能，不如说更关注售后技术支持的水平。目前，70%以上的技术支持都是通过互联网实现的，它赢得的满意率使传统的服务方式相形见绌。其节余的人力资源投入到开发新产品上，为公司赢得了更大的竞争力。

（3）在线客户服务。其允许客户在线跟踪订购的进程并在网上完成产品的配置，而且所有的价格都一目了然。他们可以单击一个叫作“配置代理”的程序，该程序可以引导他们进行不同的产品组合。如果他们选择的组件不能兼容，程序会指出错误并告诉他们合适的选择。一旦正确的配置被选定，其产品当时的价格就会立刻显示在屏幕上。产品配置只是客户服务的一个方面，一系列称为“代理”的程序可以帮助客户完成下单前和下单后的各种商务支持活动。

（4）网上订购。网络订购子系统是支持客户完成网上下单的专用商务软件，再加上网络商务支持系统的部分在线客户服务功能，如询价、产品配置，客户可以轻松地完成向思科产品的订购过程。因此分销商、增值商等客户多在 CCO 网站进行在线下单，思科 75%的销售额通过在线完成。

（5）生产外包。思科把精力集中于增强自身的核心能力上，如创新产品的设计和生产流程的开发，而把生产过程外包给关键合作伙伴。目前，思科 70%的产品由外部资源生产，无须建立新的工厂就将生产能力扩大了 4 倍，并将新产品交付市场的时间缩短 2/3，现在仅需 6 个月的时间。

（6）网上采购。思科每年采购 20 多亿美元的零部件，其中 80%通过网络进行交易。要想成为思科的供应商，必须通过网上交易，即必须成为思科网络供应链中的一员，这样客户订单一进来，思科就能立刻触发相应的零部件采购过程，使供应商随即就能装货发运，从而提高整个供应链的运作效率。

（本案例来源：搜狐 https://www.sohu.com/a/159022735_147574）

请思考：

1. 电子商务环境下，思科供应链管理实现了哪些功能？
2. 电子供应链的实施对思科产生了哪些影响？

任务 3 电子商务环境下供应链管理的方法

任务要点

- 关键词：快速反应、有效客户反应、企业资源计划
- 理论要点：QR 的实施条件、ECR 的作用及条件、ERP 的管理思想
- 实践要点：企业实施 ECR 成功的保证是什么

任务情境

1986 年，沃尔玛建立了快速反应系统，主要功能是进行订货业务和付款通知业务，通过 EDI 系统发出订货明细单和受理付款通知，提高订货速度和准确性，节约相关成本。具体的运用过程是：沃尔玛设计出 POS 数据的输送格式，通过 EDI 系统向供货商传送 POS 数据，供货商基于这些数据，及时了解商品销售状况，把握商品的需求动向，并及时调整生产计划和物料采购计划等。供货商利用 EDI 系统，在发货之前向沃尔玛传送预先发货清单（Advance Shipping Notice，ASN），这样可省去货物数据输入作业，使商品检验作业效率化。

沃尔玛在收货时，用扫描读取机直接读取商品包装箱上的物流条码，把扫描读取的信息与预先储存在计算机内的进货清单进行核对，判断到货与发货清单是否一致，并做到单单相符、单货相符。这一环节简化了检验作业，在此基础上，利用电子支付系统（Electronic Fund Transfer，EFT）向供货厂商支付货款。同时，只要 ASN 与 POS 数据进行比较，就能迅速知道商品的库存信息，这样不仅使沃尔玛节约了大量的事务性作业成本，而且能压缩库存、提高商品周转率。同时，沃尔玛把零售店的商品进货和库存管理职能转移给供货商，供货商对沃尔玛的流通库存进行管理和控制，即采用供货商管理的库存方式（Vendor Managed Inventory，VMI）。沃尔玛通过快速反应系统取得的五大显著成效是：第一，需求预测的误码差大幅度减少；第二，商品周转率大幅度提高；第三，销售额大幅度提高；第四，顾客满意度大幅度提升；第五，供应链上各企业经营成本大幅度降低。

任务分析

阅读任务后回答以下问题：

（1）什么是快速反应？快速反应系统的实施包括几个阶段？

（2）在企业实施快速反应系统后，能够给企业带来什么效益？

（3）在电子商务环境下，除了快速反应，还存在哪些供应链管理方法？

任务实施

供应链管理理论的产生远远落后于实践应用的技术和方法，供应链管理最早多是一些具体方法的出现，如快速反应、有效客户反应、企业资源计划等，这些方法的出现都是与信息化环境下企业管理的需求相对应的，为企业物流管理提供了比较有效的解决方案，同时这些方法也随着企业的实践在不断地发展和完善。

步骤一 快速反应

1. 快速反应的含义

快速反应是在20世纪70年代后期从美国纺织服装业发展起来的一种供应链管理方法，是美国零售商、服装制造商及纺织供应商开发的整体业务概念，目的是缩短从原辅料到服装销售点的时间周期，减少整个供应链上各环节的库存，最大限度地提高供应链的运作效率。快速反应现已应用到商业的各个领域，企业快速反应时间越短越能把握更多商机，从而给企业带来更大的利润。

快速反应（Quick Response，QR）是物流企业在面对多品种、小批量的买方市场时，不是储备了制成品，而是准备了各种要素，在客户提出要求时，能以最快的速度抽取要素、及时组装，从而提供所需服务或产品。

快速反应的基本思想是：为了在以时间为基础的竞争中占据优势，必须建立一整套对环境能够迅速反应的系统，实现“在特定的时间和特定的地点将特定的产品交予客户”。其着眼点是对消费者需求做出快速反应。快速反应的实现主要依靠信息技术的发展，特别是电子数据交换、条码技术和带有激光扫描仪的电子销售系统技术的使用等。

2. 快速反应成功实施的条件

美国是快速反应的发源地，许多企业都已开始实施快速反应，并取得了成功，如西尔斯、沃尔玛、松下等。

Black Burn 在对美国纺织服装业快速反应研究的基础上，总结出快速反应成功的五个条件，这也是快速反应的主要特征。

（1）必须改变传统的企业经营意识、经营方式和组织结构。

1）企业不能局限于依靠本企业独自的力量来提高经营效率的传统经营意识，要树立通过与供应链各方建立合作伙伴关系、努力利用各方资源来提高经营效率的现代经营意识。

2）通过POS数据等销售信息和成本信息的相互公开和交换，来提高各个企业的经营效率。

3）明确快速反应系统内各个企业之间的分工与协作的范围和形式，消除重复作业，建立有效的分工协作框架。

4）必须改变传统的事务作业的方式，通过利用信息技术实现事务作业的无纸化和自动化。

（2）必须开发和利用现代信息处理技术。开发和利用现代信息处理技术是成功实施快速反应活动的前提条件。这些信息技术包括：商品条码技术（Bar Cord）、电子订货系统（EOS）、POS系统、EDI技术、电子资金转账（EFT）技术、连续补货（CRP）技术等。

（3）必须与供应链各方建立战略伙伴关系。供应链各方建立战略伙伴关系的具体内容包括以下两个方面：第一，积极寻找和发现战略合作伙伴；第二，在合作伙伴之间建立分工和协作关系。合作的目标是；削减库存，避免缺货现象的发生；降低商品风险，避免大幅度降价现象的发生；减少作业人员和简化事务性作业等。

（4）必须改变传统企业对商业信息保密的做法。企业将销售信息、库存信息、生产信息、成本信息等与供应链中的合作伙伴交流共享，并在此基础上，要求各方在一起发现问题、分析问题和解决问题。

（5）供应商必须缩短生产周期、降低商品库存。具体来说，供应商应努力做到：缩短商品的生产周期；进行多品种、少批量生产和多频度、少数量配送，降低零售商的库存水平，提高顾客服务水平；在商品实际需要将要发生时采用 JIT 方式组织生产，降低供应商自身的库存水平。

3. 快速反应实施的阶段

快速反应的实施可分为以下三个阶段。

（1）第一阶段：对所有的商品单元条码化，即对商品消费单元用 EAN/UPC 条码标识、商品贸易单元用 UCC/EA-128 条码标识、储运单元用 ITF-14 条码标识；利用 EDI 系统传输订单报文和发票报文。

（2）第二阶段：在第一阶段的基础上增加与内部业务处理有关的策略，如自动补库与商品及时出售等；采用 EDI 系统传输更多的报文，如发货通知报文、收货通知报文等。

（3）第三阶段：即联合计划、预测与再充实（Collaborative Planning，Forecasting and Replenishment，CPFR）阶段。这个阶段指与贸易伙伴密切合作，采用更高级的快速反应策略，以对客户的需求做出快速响应。从实践中来看，企业内部的业务优化相对来说比较容易，但与贸易伙伴进行合作时往往会遇到诸多障碍。在这一阶段，每个企业都必须把自已看成是集成供应链系统的一个组成部分，以保证供应链系统的整体效益。

步骤二　有效客户反应

1. 有效客户反应的含义

有效客户反应（Efficient Consumer Response，ECR）是 1992 年从美国食品杂货业发展起来的一种供应链管理策略。中国国家标准《物流术语》中，有效客户反应指的是“以满足客户要求和最大限度降低物流费用为原则，能及时做出迅速、准确的反映，使提供的物品供应或服务流程最佳化而组成的协作系统”。

有效客户反应包括四大要素：高效产品引进、高效商店品种、高效促销、高效补货，见表 6-2。

表 6-2　有效客户反应四大要素的内容

高效产品引进	通过采集和分享来自供应链伙伴，时效性强的、更加准确的购买数据，提高新产品的成功率
高效商店品种	通过有效地利用店铺的空间和店内布局，最大限度地提高商品的获利能力，如建立有效的商品品种等
高效促销	通过简化供应商和分销商的贸易关系、使贸易和促销系统效率最高，如消费者广告（优惠券、货架上标明促销）、贸易促销（远期购买、转移购买）
高效补货	从生产线到收款台、通过 EDI，以需求为导向的自动连续补货和计算机辅助订货等技术手段，使补货系统的时间和成本最优化，从而降低商品售价

2. 有效客户反应的意义和作用

有效客户反应是在食品杂货分销系统中，分销商和供应商为消除系统中不必要的成本和费用，给用户带来更大效益而进行密切合作的一种供应链管理方法。有效客户反应强调供应商和零售商的合作，尤其是在企业间竞争加剧和需求多样化的今天，产销之间迫切需要建立相互信赖、相互促进的协作关系，通过现代化的信息和手段，协调彼此的生产、经营和物流管理活动，进而在最短的时间内应对客户需求变化。

（1）有效客户反应的意义。有效客户反应模式在许多国家和地区迅速推广，所覆盖的领域由原先的食品行业延伸到流行服装行业、超级市场等，其管理理念和系统方法在整个零售行业中都得到了广泛应用。有效客户反应强调以客户需求为核心的效率改进，因而给供应商和客户都带来了更多的利益。其中，最大利益是使真正的供应链成员企业间的合作成为可能。成员企业间结成战略伙伴关系后，因为产销行为和决策的一致性，易于产生更大、更好的经营效果。通过信息共享、合作竞争，由供应链的“推动”转变为需求链的“拉动”，更加有效地刺激客户需求，从而实现并提高客户价值；反过来，又可以促进成员企业在经营管理观念、方式、流程和决策方面的变革，做到准时制生产与销售，实时地响应市场上随时出现的消费动向，最终实现供应链整体优化的目标。

（2）有效客户反应的作用。有效客户反应的作用在于使供应链各方为了提高消费者满意度这个共同的目标进行合作，分享信息和诀窍。有效客户反应是一种把以前处于分离状态的供应链联系在一起来满足消费者需要的工具。

欧洲供应链管理委员会的调查报告显示：接受调查的 392 家公司，其中制造商实施有效客户反应后，预期销售额增加 5.3%，制造费用减少 2.3%，销售费用减少 1.1%，仓储费用减少 1.3%，总盈利增加 5.5%；而批发商及零售商也有相似的获益，销售额增加 5.4%，毛利增加 3.4%，仓储费用减少 5.9%，平均库存减少 13.1%，每平方米的销售额增加 5.3%。

由于在流通环节中缩减了不必要的成本，零售商和批发商之间的价格差异也随之降低，这些节约了的成本最终将使消费者受益。除了这些有形的好处以外，还有对消费者、分销商和供应商重要的无形的利益。首先，对消费者来说，增加了选择和购物的便利，减少了缺货单品，产品更新鲜；其次，对分销商来说，增加了消费者的信任，对消费者更加了解，改善了和供应商的关系；最后，对供应商来说，减少了缺货，增加了品牌信誉，改善了和分销商的关系。

因此，有效客户反应是一种工商业供应链管理策略，供应商、分销商和零售商通过共同合作（如建立供应商、分销商、零售商联盟），改善其商流、物流、信息流过程，以提高企业效率。但它是在合作的基础上提高效率的，而不是以单个的市场行动来提高生产力。总而言之，有效客户反应系统可以提高商业运作效率、降低商业运作成本。

3. 有效客户反应实施的条件

有效客户反应的最终目标是建立一个具有高效反应能力和以客户需求为基础的系统，是零售商及供应商以业务伙伴方式合作、提高整个供应链的效率，而不是单个环节的效率，从而大大降低整个系统的成本、库存和物资储备，同时为客户提供更好的服务。

实施有效客户反应，应具备以下三个条件：

（1）应联合整个供应链所涉及的供应商、分销商以及零售商，改善供应链中的业务流程，使其更合理有效。

（2）以较低的成本使这些业务流程自动化，从而进一步降低供应链的成本和时间。具体地说，实施有效客户反应需要将条码、扫描技术、POS 系统和 EDI 集成起来，在供应链（由生产线直至付款台）之间建立一个无纸系统，以确保产品能不间断地由供应商流向最终客户。

（3）信息流能够在开放的供应链中循环流动，使产品的信息流能不间断地由供应商流向最终客户，由客户反馈的信息也不断循环流动回来。这样，使整条供应链上的上下游商家都能及时了解市场动态，满足客户对产品的需求，使客户在最短的时间里获得最优质的产品和服务。

例如，通过有效客户反应系统的自动订货技术，零售商无须签发订购单即可实现订货；

供应商则可利用有效客户反应的补货技术，随时满足客户的补货需求，使零售商的存货保持在最优水平，从而提供给客户较高的服务水平，并进一步加强与客户的关系。同时，供应商也可从商店的销售点数据中获得新的市场信息，改变销售策略；对于分销商来说，有效客户反应可使其快速分拣运输包装，加快订购货物的流动速度，进而使消费者享用更新鲜的物品，增加购物的便利和选择，并加强消费者对特定物品的偏好。

4. 有效客户反应实施的策略

有效客户反应概念的提出者认为有效客户反应活动是过程，这个过程主要由贯穿供应链各方的四个核心过程组成，如图 6-4 所示。

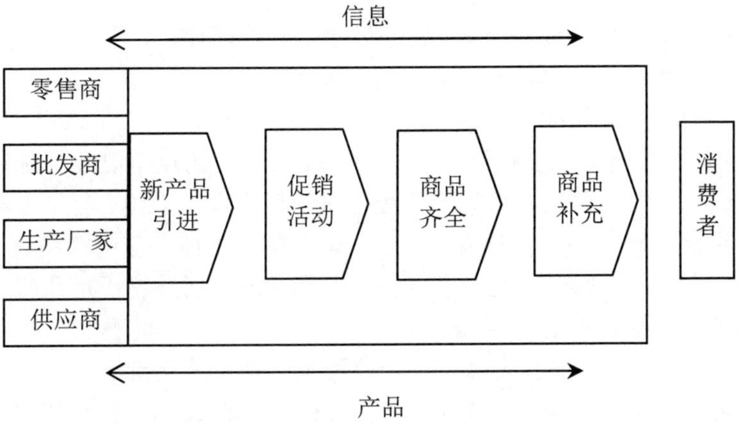

图 6-4　有效客户反应的运作过程

因此，有效客户反应的战略主要集中在以下四个领域：有效的店铺空间安排（Efficient Store Assortment）；有效的商品补充（Efficient Replenishment）；有效的促销活动（Efficient Promotions）；有效的新产品开发与市场投入（Efficient New Product Introduction）。有效客户反应的主要实施策略包括以下五个方面：

（1）以较少的成本，不断致力于向供应链客户提供产品性能更优、质量更好、品种更多、现货服务更好以及更加便利的服务。

（2）有效客户反应必须有相关的商业巨头的带动。该商业巨头通过互利双赢的经营联盟来代替传统的输赢关系，达到获利的目的。

（3）必须利用准确、适时的信息以支持有效的市场、生产及物流决策。这些信息将以 EDI 的方式在贸易伙伴间自由流动，在企业内部将通过计算机系统得到最充分、高效的利用。

（4）产品必须以最大的增值过程进行流通，以保证在适当的时候可以得到适当的产品。

（5）必须采用共同、一致的工作业绩考核和奖励机制，它着眼于系统整体的效益（即通过减少开支、降低库存以及更好的资产利用来创造更高的价值），明确可能的收益（如增加收入和利润），并且公平地分配这些收益。

步骤三　企业资源计划

1. 企业资源计划的含义

企业资源计划（Enterprise Resource Planning，ERP），是指建立在信息技术基础上，以系统化的管理思想，为企业决策层及员工提供决策运行手段的管理平台。企业资源计划系统集信息技术与先进的管理思想于一身，成为现代企业的运行模式，反映了时代对企业合理调配资源、最大化地创造社会财富的要求，成为企业在信息时代生存、发展的基石。

另外，还可以从管理思想、软件产品、管理系统三个层次给出企业资源计划的定义。

（1）从管理思想的角度。企业资源计划是由美国著名的计算机技术咨询和评估集团 Garter 提出的一整套企业管理系统体系标准，其实质是在制造资源计划的基础上进一步发展而成的面向供应链的管理思想。

（2）从软件产品的角度。企业资源计划是综合应用客户机/服务器体系、大型关系数据库结构，面向对象技术、图形用户界面、第四代语言（4GL）、网络通信等信息技术成果，面向企业信息化（或数字化）管理的软件产品。

（3）从管理系统的角度。企业资源计划是整合企业管理理念、业务流程、基础数据、制造资源、计算机硬件和软件于一体的企业资源管理系统。

2. 企业资源计划的管理思想

（1）体现对企业供应链资源进行管理的思想。现代企业的竞争已经不是单一企业与单一企业间的竞争，而是一个企业供应链与另一个企业供应链之间的竞争，即企业不但要依靠自己的资源，还必须把经营过程中的有关各方（如供应商、制造工厂、分销网络、客户等）纳入一个紧密的供应链中，才能在市场上获得竞争优势。企业资源计划系统正是适应了这一市场竞争的需要，实现了对整个企业供应链的管理。

（2）体现精益生产和敏捷制造的思想。企业资源计划系统支持混合型生产方式的管理。其管理思想表现在两个方面：第一，"精益生产"（Lean Production）的思想，即企业把客户、销售代理商、供应商、协作单位纳入生产体系，同他们建立起利益共享的合作伙伴关系，进而组成一个企业的供应链。第二，"敏捷制造"（Agile Manufacturing）的思想。当市场上出现新的机会，而企业的基本合作伙伴不能满足新产品开发生产的要求时，企业组织一个由特定的供应商和销售渠道组成的短期或一次性供应链，形成"虚拟工厂"，把供应和协作单位看成是企业的一个组成部分，进而组织生产，并用最短的时间将新产品打入市场，时刻保持产品的高质量、多样化和灵活性，这就是"敏捷制造"的核心思想。

（3）体现事先计划与事中控制的思想。企业资源计划系统中的计划体系主要包括：企业战略规划、生产计划大纲、主生产计划、物料需求计划、能力计划、采购计划、销售执行计划、利润计划、财务预算和人力资源计划等，而且这些计划功能与价值控制功能已完全集成到整个供应链系统中。另外，企业资源计划系统通过定义与事务处理相关的会计核算科目与核算方式，在事务处理发生的同时自动生成会计核算分录，保证资金流与物流的同步记录和数据的一致性，从而实现根据财务资金现状追溯资金的来龙去脉，并进一步追溯所发生的相关业务活动，便于实现事中控制以及实时做出决策。

触类旁通

QR 和 ECR 的比较

1. QR 和 ECR 的共同之处

二者的共同特征表现为超越企业之间的界限，通过合作追求物流效率化。具体表现在以下几个方面。

（1）共同的外部环境变化。这两个行业都受到了两种重要的外部环境变化的影响：一是经济发展速度的放慢加剧了竞争，因为零售商必须生存并保持顾客的忠诚度。二是零售商和供应商之间交易平衡发生了变化。由于信息技术的发展及向传统领域之外扩张的欲望，零售商变得越来越向全国化甚至国际化发展，交易平衡的重心已偏向零售商。

（2）贸易伙伴间商业信息的共享。这是指零售商将原来不公开的 POS 系统单品管理数据提供给制造商或分销商，制造商或分销商通过对数据的分析来实现高精度的商品进货、调整计划，降低产品库存，防止出现次品，进一步使制造商能确定、实施所需的生产计划。

（3）共同的目标。QR 和 ECR 的起源是一样的。两个系统的低效都是由于各个业务部门追求各自的、常常是相互矛盾的目标。只有大家都集中于一个共同目标，以最低的总成本向消费者提供他们想要的商品，整个系统的高效率才能实现。

（4）共同面临着商品供应方进一步涉足零售业。作为商品供应方的分销商或制造商比以前更接近位于流通最后环节的零售商，特别是零售业的店铺，从而能保障物流的高效运作。当然，这一点与零售商销售、库存等信息的公开是紧密相连的，即分销商或制造商所从事的零售补货机能是在对零售店铺销售、在库情况迅速了解的基础上开展的。

（5）共同的措施。QR 和 ECR 都重视供应链的核心业务，对业务进行重新设计，以消除资源的浪费。这些业务包括以下几点：第一，补货，这项业务指对于那些可补货的商品，以尽可能低的存货水平和成本来保持较高的顾客水平；第二，品种管理，它决定每家店铺应该销售什么产品，以什么方式展示和销售；第三，产品开发，指开发和导入更能满足顾客需要的产品；第四，促销，这项业务向顾客沟通商品的现货情况和价值。QR 和 ECR 大致是一样的，当然在总战略的各个具体部分它们的侧重点可能会有所差异，如 QR 首先解决的是补货问题，而 ECR 注重的是过量库存问题。

（6）共同存在可能的认识误区。供应商（制造商）和零售商两方都常常错误地认为，QR 和 ECR 是技术方面的工作。如果企业的总经理信奉这种理念，把 QR 和 ECR 仅交予信息管理部门去实施，那么这个企业将一无所获。虽然技术在战略的实施中扮演着非常重要的角色，但是它本身并不能保证战略的实现。只有把 QR 和 ECR 作为企业的整个供应链管理战略来重视，使信息在整个系统迅速、准确和及时地流动，再加上生产经营和物流、服务等方面的有效运作，供应链上的零售商和制造商才能获得成功。

2. QR 和 ECR 的区别

ECR 主要以食品行业为对象，其主要目标是降低供应链各个环节的成本、提高效率。而 QR 主要集中在一般商品和纺织业中，其主要目标是对客户的需求做出快速反应，并快速补货。这是因为食品杂货业和纺织服装业所经营的产品特点不同：杂货店经营的产品多数是一些功能型产品，每一种产品的寿命相对较长（生鲜食品除外），因此，订购数量过多（或过少）的损失相对较小。纺织服装业经营的产品多属创新型产品，每一种产品的寿命相对较短，因此，订购数量过多（或过少）造成的损失相对较大。

案例 6-3

宝洁（中国）公司在供应链上有卓越表现的主要原因之一就在于宝洁对 ECR 的贯彻执行。其最值得一提的有两个方面：

一是保证基本环节正常运作。宝洁公司拥有完善的订单管理系统，能完全按时按量交货，负责损失赔偿，并正确开具发票。自从宝洁公司启动了 ECR 以后，在上述各方面的效率从起初的 65%提高到 90%以上。在这之前，宝洁公司每个月需要人工处理 27000 多份订单的错误。

而现在，订单错误已经降低了 80%，每年节省 2000 万美元。

在宝洁公司看来，关注过程的基本环节不仅是制造商的事情，同时也涉及客户和与其共同工作的方式。每年，宝洁公司都会花费巨额的资金及大量的资源来和客户一起制订计划以挖掘消费者需求。由于宝洁公司认为得不到有力执行的计划往往会以失败而告终，所以一旦宝洁公司销量预测系统、产品推广模型不可靠，或者分销商没有选择正确的品类组合、客户的库存无法满足要求、确认计划执行的系统或活动遭到破坏，其就会停下手头的工作直到所有的基本环节都各司其职。对宝洁公司而言，最重要的是大家要有这样的信念：确保基本环节的正常运行，这不是别人的事而是宝洁公司自己的事。

二是团结合作的精神。在宝洁公司，大家相信团结协作是 ECR 能够成功的关键。为了推进自己和零售商的事业共同前进，宝洁公司建立了一个彼此信任、责任和机会共享的环境。

为了创造团结协作的气氛，宝洁公司主要从以下三个方面着手：

（1）确定囊括各部分利益的共同目标（如快速发展、利润、投资回报、市场份额、成功导入新产品）。

（2）制订大家都认可的计划。

（3）在中肯而非挑剔的气氛中执行计划。

在良好的合作气氛中，宝洁公司的 ECR 利用 EDI 通信标准来帮助其从零售商的分销系统获取大量的信息，尤其是产品存储信息。

由于宝洁数年来一直坚持上述两条基本原则，ECR 无时无刻不在为宝洁公司、宝洁公司的客户及全球的消费者工作。自从宝洁公司采用了 ECR 后，产品减少了近 20%，通过提供更加透明的购买环境简化了客户和消费者对产品的选择，而且使其单位产品成本平均节省 2 美元，使其和经销商的库存共降低了 10%，从而促进宝洁产品的销量和市场份额加速增长。

（本案例来源：豆丁网 http://www.docin.com/p-1128076478.html）

请思考：

1. 实施 ECR 后，宝洁取得了哪些成效？
2. 通过此案例，你认为 ECR 成功实施的关键是什么？

项目小结

本项目首先介绍了供应链、供应链管理的概念，供应链管理的内容、目标及发展历程；然后，在此基础上介绍了电子商务在供应链管理中应用的目标和范围、电子供应链的含义、电子供应链实施的阶段，以及电子供应链实施中应解决的问题；最后，介绍了电子商务环境下供应链管理的常用方法，包括快速反应、有效客户反应、企业资源计划。

实战强化

实训一　供应商评价过程模拟

一、实训目的

了解如何选择供应链合作伙伴过程。

二、实训组织

通过分组模拟，体验供应商评价过程。

三、实训要求

（1）分析市场竞争环境（需求、必要性）。

（2）确立合作伙伴选择目标。

（3）制定合作伙伴评价标准。

（4）成立评价小组。

（5）合作伙伴参与。

（6）评价合作伙伴。

（7）实施供应链合作关系。

（8）撰写报告。

实训二　电子商务物流供应链管理报告

如图 6-5 所示，结合电子商务环境下的物流过程，撰写一份某电子商务企业物流供应链管理报告。

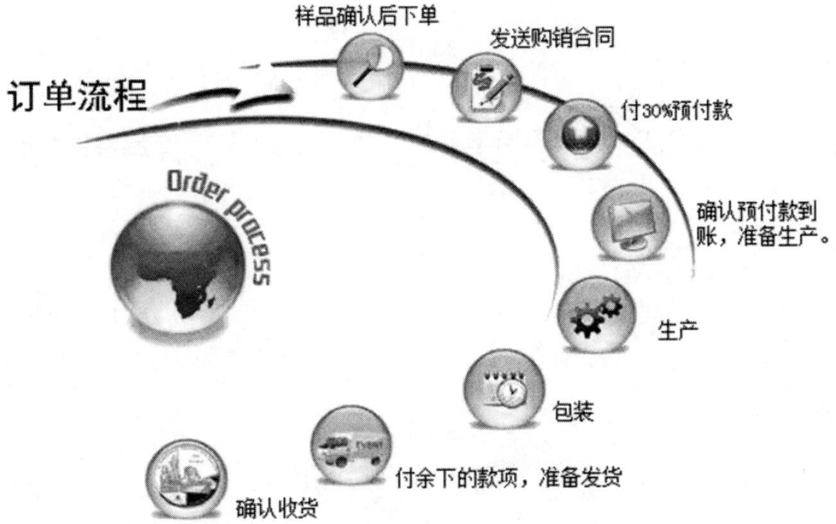

图 6-5　网购商品订单处理流程图

项目 7　电子商务物流管理

随着互联网的发展与普及，近年来，全球物流业方兴未艾。与此同时，电子商务迅速发展，向传统物流业提出了新的挑战。物流作为电子商务“四流”中最为特殊的一种，已经成为电子商务发展的瓶颈。因此，如何建立现代物流管理体系，加强对物流的管理，使其与网上交易过程顺利对接，以适应电子商务的需求，已成为电子商务时代的当务之急。

知识目标

了解电子商务物流信息管理的优势；掌握电子商务物流信息管理的内涵，了解销售物流模式的选择；掌握降低电子商务物流成本的方法，掌握电子商务物流客户管理。

能力目标

能够结合实际分析电子商务对企业物流运转的影响，能够选择适合的电子商务物流信息管理系统。

素质目标

培养强烈的集体荣誉感、养成不断学习的习惯，增强合作、交流与协商能力，不断提高服务水平。

项目重点

电子商务物流信息管理的内涵、电子商务物流信息管理系统的选择；实施客户管理的战略价值。

项目难点

设计电子商务物流信息管理系统；实施客户管理的障碍。

任务 1　电子商务物流信息管理

任务要点

- 关键词：物流信息、物流管理信息系统
- 理论要点：物流信息的概念、物流管理信息系统
- 要点：构建电子商务模式下的物流管理信息系统

任务情境

沃尔玛借助强大的物流信息管理平台、先进的物流信息技术与设备的运用和管理，实现

了高效的物流运作与供应链管理，节省了巨大成本，不断创造着零售王国的奇迹。

沃尔玛在 20 世纪 80 年代就特别投入 4 亿美元的巨资，委托休斯公司发射了一颗商用卫星，实现了全球联网，以先进的信息技术为其高效的配送系统提供保证。通过全球网络，沃尔玛总部可在 1 小时之内对全球 4000 多家分店内每种商品的库存、上架以及销售量全部盘点一遍。

现在，沃尔玛使用 EDI 技术与全球的 4500 多个仓库和 3000 多家供应商进行交易，建立了订单库存管理系统和电子订货系统。通过这些系统和其他最先进的物流信息技术与设备，沃尔玛缔造出世界上最精密、最先进的供应链系统，各地分店和供应商通过联网成为一体。沃尔玛借助于与供应链伙伴成员相互连接的 EDI 系统，实现了经营信息及时高效地传递与共享。这些技术的应用实现了自动提示和控制商品库存量，使公司总部能够全面掌握销售情况，合理安排进货结构，及时补充库存和不足，降低存货水平，大大减少了资金成本和库存费用。沃尔玛 1992 年的配送成本降至销售额的 3%，而其竞争对手所占比例则高达 5%～6%。沃尔玛和供应商的库存都保持在最低点。

沃尔玛物流配送中心的运作也证明了物流信息技术的成功应用。在物流配送的每一环节上，沃尔玛都利用了先进的物流信息技术来提高它的运作绩效。在物流的收发货、分拣、配送等环节利用条码、RFID 技术来实现信息的自动采集，从而实现了自动登记、自动跟踪、自动控制。配送中心内的货架的每个货位上都有指示灯，用来表示哪里需要拣货以及拣货的数量。当拣货员完成该货位的拣货作业后，单击“完成”按钮，计算机就可以更新其数据库。装满货品的纸箱经封箱后运到自动分拣机，在全方位扫描器识别纸箱上的条码后，利用配备有激光制导的传送带，足有几英里长，货物被成箱地送上传送带，计算机指令拨叉机构把纸箱拨入相应的装车线，以便集中装车运往指定的零售店。在 48 小时以内，装箱的商品从一个卸货处运到另一个卸货处，而不在库房里消耗宝贵的时间，这种类似网络零售商“零库存”的做法使沃尔玛每年都可以节省数百万美元的仓储费用。

任务分析

零售业巨头沃尔玛百货有限公司凭借全球第一个物流数据处理中心、物流信息系统、电子数据交换系统、自动订货系统、快速反应系统、全球卫星定位系统及无线射频识别技术等信息技术，使企业实现了“以最低的成本，提供最高质量的服务”的目标。由此可见，物流信息技术对于企业的高效运营已日趋重要。

物流信息管理是现代物流标准化的关键和核心。信息是物流网络控制的根本依据和决策依据，只有在掌握了物流系统中全面、及时、准确的信息后，才能保证物流网络的可控性。

物流信息是随企业的物流活动同时发生的，是实现物流功能必不可少的条件。按照所起的作用不同，可将物流信息分为订货信息、库存信息、生产指示信息（采购指示信息）、发货信息和物流管理信息等。

任务实施

在电子商务时代，随着人类需求向着个性化的方向发展，物流过程也向着多品种、少量生产和高频度、小批量配送的方向发展。因此，物流信息在物流的过程中显得越来越重要。

步骤一 认知电子商务物流信息管理

1. 认知物流信息

物流信息指反映物流各种活动内容、属性与特征的知识、资料、图像、数据、文件的总称。物流信息不仅指与物流活动有关的信息，而且包含其他流通活动的信息，例如商品交易信息和市场信息等，还包含相关政策信息、通信交通等基础设施信息。

小链接 7-1 物流信息的分类

物流的分类有很多种，信息的分类更是有很多种，因此物流信息的分类方法也就很多。

（1）按功能分类。按信息产生和作用所涉及的不同功能领域分类，物流信息包括仓储信息、运输信息、加工信息、包装信息、装卸信息等。对于某个功能领域还可以进行进一步细化，例如仓储信息分成入库信息、出库信息、库存信息、搬运信息等。

（2）按环节分类。根据信息产生和作用的环节，物流信息可分为输入物流活动的信息和物流活动产生的信息。

（3）按作用层次分类。根据信息作用的层次，物流信息可分为基础信息、作业信息、协调控制信息和决策支持信息。基础信息是物流活动的基础，是最初的信息源，例如物品基本信息、货位基本信息等。作业信息是物流作业过程中发生的信息，信息的波动性大，具有动态性，例如库存信息、到货信息等。协调控制信息主要是指物流活动的调度信息和计划信息。决策支持信息是指能对物流计划、决策、战略具有影响的信息或有关的统计信息和有关的宏观信息，例如科技、产品、法律等方面的信息。

（4）按加工程度的不同分类。按加工程度的不同，物流信息可以分为原始信息和加工信息。原始信息是指未加工的信息，是信息工作的基础，也是最有权威性的凭证性信息。加工信息是对原始信息进行各种方式和各个层次处理后的信息，这种信息是原始信息的提炼、简化和综合，利用各种分析工作在海量数据中发现潜在的、有用的信息和知识。

2. 分析物流信息的特征

（1）信息量大。物流信息是随着物流活动以及商品交易活动展开而大量发生的。多品种、小批量生产和多频度、小数量配送使库存、运输等物流活动的信息大量增加。零售商广泛使用销售时点系统（POS）来读取销售时点的商品品种、价格、数量等即时销售信息，并对这些销售信息加工整理，通过电子数据交换系统（EDI）向相关企业传递。同时为了使库存补充作业合理化，许多企业采用电子自动订货系统（EOS）。

（2）更新速度快。多品种小批量生产、多频度小数量配送与 POS 系统的即时销售使得各种作业活动频繁发生，从而要求物流信息不断更新，而且更新的速度越来越快。

（3）来源多样化。物流信息不仅包括企业内部的物流信息（例如生产信息、库存信息等），而且包括企业间的物流信息和与物流活动有关的基础设施的信息。企业竞争优势的获得需要供应链参与企业之间相互协调合作。协调合作的手段之一是信息即时交换和共享。许多企业把物流信息标准化和格式化，利用 EDI 在相关企业间进行传送，实现信息共享。另外，物流信息往往利用道路、港湾、机场等基础设施。因此，为了高效率地完成物流活动，必须掌握与基础设施有关的信息，例如，在国际物流过程中必须掌握报送所需信息、港湾作业信息。

3. 分析物流信息具备的功能

物流信息就是物流活动的内容、形式、过程及发展变化的反映。现代物流信息在物流活动中起着神经系统的作用，“牵一发而动全身”，主要通过它的协调、作业管理和服务这几项基本功能来实现。

（1）协调功能。物流系统中各环节的相互衔接是通过信息予以沟通的，而且物流资源的调度也是通过信息的采集与传递来实现的。具体表现为在物流运作中，通过企业内部集成的和与外部共享的物流信息系统来共享与传递物流信息，例如物流的需求量、库存量、流向、流量、进度、状态等，在此基础上对内部和供应链伙伴成员的物流活动进行协调，联合预测、计划、补货，开展广泛的、深度的合作，以实现高效的一体化物流运作。

（2）作业管理功能。具体表现为通过物流信息系统来对物流运作的各项功能活动进行恰当的管理与控制，例如运输的管理、仓储的管理、配送的管理等，从而实现物流活动的全过程管理与控制，并通过各环节数据的统计、分析，得出指导企业运营的依据。

（3）服务功能。具体表现为通过物流信息系统来实现客户查询、核算统计、决策支持等功能。物流信息及时准确的提供是物流服务的一项重要内容，通过物流信息系统可以为客户提供灵活多样的查询条件，使得客户可以共享物流企业的信息资源，例如货物物流分配情况、货物在途运输状况、货物库存情况等。另外，物流信息系统提供动态的或固定的多种物流统计报表，例如物流的流量、需求量、库存量、工作质量、服务质量、费用等，可以方便物流管理工作者的管理及决策工作。

步骤二　了解电子商务物流信息管理系统的构成

电子商务物流的发展是以电子商务技术和物流技术，尤其是物流信息技术为支撑的。物流是一个集中和产生大量信息的领域，物流信息是使运输、保管、装卸、配送等物流功能顺利完成的必不可缺的条件。物流一般活动要成为系统性的集成活动，就必须依赖于信息的作用。因此，物流信息的恰当管理对整个物流系统效率的提高具有重要的意义。可以说，物流信息系统是物流系统的中枢神经系统，物流信息化成为现代物流的灵魂和关键。

物流信息管理系统是企业的物流管理包括第三方物流的信息管理系统，系统涉及仓储作业管理、运输及配载管理、财务管理、人力资源管理等内容，通过使用计算机技术、通信技术、网络技术等手段，建立物流信息化管理，以提高物流信息的处理和传递速度，使物流活动的效率和快速反应能力得到提高。

电子商务物流管理信息系统（Electronic Commerce Logistics Management Information System）是一个由人、计算机网络等组成的能进行电子商务条件下的物流相关信息的收集、整理、存储、传播、利用和维护，以便于管理人员和领导者有效地利用这些信息组织物流活动，协调和控制各作业子系统的正常运行，并为企业提供信息分析和决策支持的人机系统。

电子商务物流管理信息系统一般包括以下组成内容：

（1）接受订货信息管理系统。办理接受订货手续是交易活动的始发点，所有物流活动均从接受订货开始。为了迅速、准确地将商品送到指定的地方，必须快速地办理接受订货的各种手续。接受订货信息管理系统是办理从零售商处接受订单、准备货物、明确交货时间与交货期限、剩余货物管理等的信息管理系统。

（2）订货信息管理系统。订货信息管理系统是与接受订货信息管理系统互动的。库存不足时应防止缺货，库存过多时应减少订货。

（3）收货信息管理系统。收货信息管理系统是指根据收货的预定信息对收到的货物进行检验，并与订货要求核对无误之后，录入库存并指定货位等的信息管理系统。

（4）库存信息管理系统。正确把握商品库存，对于制定恰当的采购计划、接受订货计划、收货计划和发货计划是必不可缺的，所以库存信息管理系统是物流管理信息的中心。对保存在物流中心内的商品进行实际管理、指定货位和调整库存的信息管理系统叫库存信息管理系统。

（5）发货信息管理系统。如何通过合理的发货安排将商品送到顾客手中，是物流管理信息系统需要解决的主要课题。发货信息管理系统是一种与接受订货信息管理系统、库存信息管理系统互动并向保管场所发出拣选指令或根据不同的配送方向进行分类的信息管理系统。

（6）配送信息管理系统。降低成本对于高效率的配送计划来说是非常重要的。配送信息管理系统是将商品按配送方向进行分类，制订车辆调配计划和配送路线计划的信息管理系统。

此外，物流管理信息还包括运输管理信息系统、包装信息管理系统、流通加工信息管理系统、成本管理信息系统、EDI 处理信息系统和物流综合管理信息系统等。

小链接 7-2 物流信息管理系统所要解决的问题

（1）缩短从接受订货到发货的时间。

（2）库存适量化（压缩库存并防止脱销）。

（3）提高搬运作业效率。

（4）提高运输效率。

（5）使接受订货和发出订货更为省力。

（6）提高接受订货和发出订货精度。

（7）防止发货、配送出现差错。

（8）调整需求和供给。

（9）回答信息咨询。

物流信息系统就是要解决好上述这些问题。所有这一切的目的，都是提高对顾客的服务水准和降低物流总成本。

需要注意的是，提高服务和降低物流总成本之间存在“效率背反”关系。物流信息系统起着控制物流各种机能，并加以协调的作用。

步骤三　设计电子商务物流信息管理系统

1. 规划电子商务物流信息管理系统

建立电子商务信息管理系统，不是单项数据处理的简单组合，必须要有系统的规划。因为它涉及传统管理思想的转变和管理基础工作的整顿提高，以及现代化物流管理方法的应用等许多方面，是一项范围广、协调性强、人机紧密结合的系统工程。物流信息系统规划是系统开发最重要的阶段，一旦有了好的系统规划，就可以按照数据处理系统的分析和设计持续进行工作，直到系统的实现。物流信息系统的总体规划基本上分为 4 个基本步骤。

（1）定义管理目标。确立各级管理的统一目标，局部目标要服从总体目标。

（2）定义管理功能。确定管理过程中的主要活动和决策。

（3）定义数据分类。在定义管理功能的基础上，把数据按支持一个或多个管理功能分类。

（4）定义信息结构。确定信息系统各个部分及其数据之间的相互关系，导出各个独立性较强的模块，确定模块实现的优先关系，即划分子系统。

2. 确定电子商务物信息管理系统开发的内容

有了系统规划以后，还要进行非常复杂的开发过程。电子商务物流信息管理系统开发的内容主要包括以下 5 个方面：

（1）系统分析。主要对现行系统和管理方法以及信息流程等有关情况进行现场调查，给出有关的调研图表，提出信息系统设计的目标以及达到此目标的可能性。

（2）系统逻辑设计。在系统调研的基础上，从整体上构造出物流信息系统的逻辑模型，对各种模型进行优选，确定最终的方案。

（3）系统物理设计。以逻辑模型为框架，利用各种编程方法，实现逻辑模型中的各个功能模块，例如，确定并实现系统的输入、输出、存贮及处理方法。此阶段的重要工作是程序设计。

（4）系统实施。将系统的各个功能模块进行单独调试和联合调试。对其进行调整和完善，最后得到符合要求的物流信息系统软件。

（5）系统维护和评价。在信息系统试运行一段时间以后，根据现场要求与变化，对系统做一些必要的修改，进一步完善系统，最后和用户一起对系统的功能、效益做出评价。

触类旁通

1. 物流信息处理的主要内容

（1）订货信息处理。

1）计划阶段：选定订货方法；选定订货信息的传递手段。

2）实施阶段：订货处理；核对库存；核对装卸能力；核对配送能力；制作出货单；制作进货单。

3）评价阶段：订货统计分析；退货处理；进货管理。

（2）库存管理中的信息处理。

1）计划阶段：决定库存地点的数量；商品库存的合理配置；设定库存预算；拟定标准的库存周转率。

2）实施阶段：回答库存；进出库处理；移送处理。

3）评价阶段：库存预算与库存实绩的对比；标准库存周转率与实际周转率的对比；分析过剩库存；分析缺货库存；分析商品的恶化和破损；计算保管费；计算保险费。

（3）进货信息处理。

1）计划阶段：选定进货方法；选定订货信息传递手段。

2）实施阶段：进货；掌握和督促未进仓库的商品。

3）评价阶段：分析进货统计。

（4）仓库管理中的信息。

1）计划阶段：租用储运公司的仓库或使用自有仓库的决定；决定仓库容积和设备的设计；保管形式的设计；仓库设备投资的经济核算。

2）实施阶段：自动仓库的经营；容纳场所的指示；故障对策，完善仓库的安全设备；安置管理。

3）评价阶段：分析仓库设备的调动；空架表；故障分析；计算修理费用，计算保安设施费用。

（5）装卸信息处理。

1）计划阶段：装卸方法的设定；装卸机械投资的经济核算。

2）实施阶段；装卸作业指示；商品检查。

3）评价阶段；装卸费用分析；装卸机械调动分析。

（6）包装信息处理。

1）计划阶段：决定包装形式；决定运输货物的形态；拟定包装标准，设计自动包装。

2）实施阶段：包装材料的管理；包装工程的管理；空集装箱的管理。

3）评价阶段：包装费用的分析，事故统计。

（7）运输信息处理。

1）计划阶段：运输工具的选定；运输路线的选定，运送大宗货物的决定。

2）实施阶段：调配车辆；货物装载指示；货物跟踪管理。

3）评价阶段：运费计算装载效率分析；车辆调动分析；迂回运输分析：事故分析。

（8）配送信息处理。

1）计划阶段：配送中心的数量、位置的确定；配送区域的决定。

2）实施阶段：配送指示；与配送的货物抵达点联络；货物跟踪管理。

3）评价阶段：运费计算；装载效率分析；车辆调动分析；退货的运费分析；误差分析。

（9）综合系统信息处理。

1）计划阶段：物流综合系统的设计；需求的预测。

2）实施阶段：订货处理的流向跟踪。

3）评价阶段：综合实绩的掌握和分析；综合流通费用的分析；服务时间和服务效率的分析。

2. 物流信息系统发展方向

今后物流信息系统将越来越具有战略意义，并将向社会系统化方向发展。

（1）目前在企业日益重视经营战略的情况下，建立物流信息是必要的、不可缺少的。具体地说为确保物流竞争优势，建立将企业内部的销售信息系统、物流信息系统、生产和供应系统综合起来的信息系统势在必行。

（2）由于信息化的发展，各企业之间的关系日益紧密。如何与企业外销售渠道的信息情报系统、采购系统中的信息情报系统，以及运输信息系统联合起来将成为今后重点研究解决的课题。同时，建立不仅限于本企业还包括社会上多个企业之间的信息情报系统的重要性将日趋增加。

（3）企业的物流已经不只是一个企业的问题，被编组进入社会系统的部分将日益增多。在这种形势下，物流信息情报系统将逐渐成为社会信息情报系统的一个组成部分。

案例 7-1 联华超市与光明乳业之间建立自动要货系统

2002 年 11 月，联华超市与光明乳业之间建立了自动要货系统。联华各门店在每天晚上零点之前汇总当天光明乳业的牛奶销售和库存信息，并在次日 9 点之前将该数据传输至联华总部 EDI，这些输出处理后在当天中午 12 点加载到光明乳业有效客户反应系统（ECR）。光明乳业收到数据后，根据天气、销售、促销指标等因素进行订单预测。经预测的订单产生后，该公司开始做发货准备，并将订单数据发送到联华总部 EDI，联华门店当日晚上 9 点前将收到收货信息，光明乳业在第 3 天上午 6 点半以前将所订的牛奶送到联华各门店。联华门店在收到货物后，除了在收货单据上签收外，还必须在当日中午 12 点之前将收货信息自动导入 MIS（管理信息系统）。

自动订货系统的推行，使牛奶这一冷链食品在门店销售中既保证了新鲜度又扩大了销售。以同样的方式，“个性生鲜”的特点逐步在联华扎根生长。

（本案例来源：百度文库 https://wenku.baidu.com/view/adbadb5e804d2b160b4ec091.html）

请思考：

1. 联华超市与光明乳业建立了什么系统？
2. 这个系统给联华超市带来了什么好处？

任务 2　电子商务物流成本管理

任务要点

- 关键词：物流成本、成本管理
- 理论要点：物流成本的概念、物流成本管理
- 实践要点：掌握合适的降低物流成本的方法与策略

任务情境

某电商集团自建立以来，产品配送一直由公司车队承担。车队有 26 名员工，18 辆大货车，附加修理厂，运转费用不菲，效率却不高。由于运输不是集团的战略要点，该集团决定将产品配送外包。于是，公司开始逐渐将配送推向社会，先是面向社会公开竞价招标，每年节约运费 390 万元；然后又对运量相对集中的几条线路公开招标买断，每吨公里运价由 0.44 元降到 0.2 元，前后节约支出 1431 万元。

任务分析

物流成本虽然是一种必要的耗费，但此种耗费不创造任何新的使用价值。因此，物流成本是社会财富的一种扣除。国外学者认为，物流成本是降低成本的最后边界，称物流为“第三利润源”。为此，所有企业都在谋求降低物流成本的途径。同样，我国也开始致力于这方面的研究。实行物流成本管理，降低物流成本，提高效益，对国家与企业都具有现实与长远的意义。

任务实施

步骤一　分析物流成本

1. 认知物流成本

物流成本是指产品在空间移动或时间占有中所耗费的各种活劳动和物化劳动的货币表现。具体地说，它是产品在实物运动过程中，例如，包装、搬运装卸、运输、储存、流通加工等各个活动中所支出的人力、物力和财力的总和。

2. 物流成本的构成

物流成本主要由以下 7 个方面构成：

（1）物流过程的研究设计、重构和优化等费用。

（2）物流过程中的物质消耗，例如，固定资产的磨损，包装材料、电力、燃料消耗等。

（3）物品在保管、运输等过程中的合理损耗。

（4）用于保证物流顺畅的资金成本，例如，支付银行贷款的利息等。

（5）在组织物流的过程中发生的其他费用，例如，进行有关物流活动的差旅费、办公费等。

（6）从事物流工作人员的工资、奖金及各种形式的补贴等。

（7）在生产过程中一切由物品空间运动（包括静止）引起的费用支出，例如，原材料、燃料、半成品、在制品、产成品等的运输、装卸搬运、储存等费用。

3. 物流成本的分类

现代物流成本的范围很广，贯穿于企业经营活动的全过程，包括从原材料供应开始一直到将商品送达到消费者手中所发生的全部物流费用。物流成本按不同的标准有不同的分类，按产生物流成本主体的不同，可以分为企业自身物流成本、委托第三方从事物流业务所发生的费用（即委托物流费）。如果按物流的功能，可以对物流成本做如下分类：

（1）运输成本。主要包括人工费用，例如运输人员工资、福利等；营运费用，例如营运车辆燃料费、折旧、公路运输管理费等；其他费用，例如差旅费等。

（2）仓储成本。主要包括建造、购买或租赁等仓库设施设备的成本和各类仓储作业带来的成本。

（3）流通加工成本。主要有流通加工设备费用、流通加工材料费用、流通加工劳务费用及其他。

（4）包装成本。主要包括包装材料费用、包装机械费用、包装技术费用、包装人工费用等。

（5）装卸与搬运成本。主要包括人工费用、资产折旧费、维修费、能源消耗费以及其他相关费用。

（6）物流信息和管理费用。包括企业为物流管理所发生的差旅费、会议费、交际费、管理信息系统费以及其他杂费。

小链接 7-3 物流成本的特点

物流成本和其他成本比较，有许多不同之处，但是最突出的只有两点，这两点被归结为物流冰山现象和效益背反现象。

物流冰山现象本来是日本早稻田大学西泽修教授研究有关物流成本问题所提出来的一种比喻，在物流学界，现在已经把它延伸成物流基本理论之一，把它看成是德鲁克学说的另一种描述。

物流冰山理论认为，在企业中，绝大多数物流发生的费用，是被混杂在其他费用之中，而能够单独列出会计项目的，只是其中很小一部分，这一部分是可见的，常常被人们误解为它就是物流费用的全貌，其实只不过是浮在水面上的、能被人所见的冰山一角而已。

效益背反现象，是物流成本的另一个特点。物流成本的发生源很多，其成本发生的领域往往在企业里面是不同部门管理的领域，因此，这种部门的分割，就使得相关物流活动无法进行协调和优化，此长彼消、此损彼益的现象是经常出现的。其实，在任何一个大系统中，系统要素之间经常会出现这种矛盾，系统工程的主要目的，也在于从系统高度寻求总体的最优。

步骤二 核算物流成本

1. 掌握物流成本的计算条件

根据物流成本的冰山理论，有很多项物流成本是隐藏的，物流成本可大可小，完全在于其计算的范围和方法。因此，在计算物流成本时，必须首先明确计算条件。如果无视计算条件，则物流成本也就失去了存在的意义。物流成本的计算条件指物流范围、物流功能范围和物流成本计算科目范围。

（1）物流范围。物流范围指的是物流的起点和终点的长短。人们通常所讲的物流包括：

原材料物流，即原材料从供应商转移到工厂时的物流；工厂内物流，即原材料、半成品、成品在工厂的不同车间、不同地点的转移和存储；从工厂到仓库的物流；从仓库到客户的物流，这个范围相当广阔。因此，从哪里开始到哪里为止，作为物流成本的计算对象，会引起物流成本发生很大的变化。

（2）物流功能范围。物流功能范围是指在运输、保管、配送、包装、装卸、信息管理等众多的物流功能中，把哪种物流功能作为计算对象。可以想象，把所有的物流功能作为计算对象的成本与只把运输、保管这两种功能作为计算对象，所得到的成本会相差悬殊。

（3）物流成本计算科目范围。成本计算科目的范围指的是在会计科目中，把其中的哪些科目列入计算对象的问题。在科目中，有运费开支、保管开支这类企业外部的开支，也有人工费、折旧费、修缮费、燃料费等企业内部的支出。

2. 选择合适的物流成本核算方法

（1）按支付形态划分并核算物流成本。把物流成本分别按运费、保管费、包装材料费、自家配送费（企业内部配送费）、人事费、物流管理费、物流利息等支付形态记账。从中可以了解物流成本总额，也可以了解什么经费项目花费最多。对认识物流成本合理化的重要性，以及考虑在物流成本管理应以什么为重点，十分有效。

（2）按功能划分并核算物流成本。分别按包装、配送、保管、搬运、信息、物流管理等功能来核算物流费用。从这种方法可以看出哪种功能更耗费成本，比按形态计算成本的方法能更进一步找出实现物流合理化的症结，而且可以计算出标准物流成本（单位个数、质量、容器的成本），进行作业管理，设定合理化目标。

（3）按适用对象划分并核算物流成本。按适用对象核算物流成本，可以分析出物流成本都用在哪一种对象上。例如，可以分别把商品、地区、顾客或营业单位作为适用对象来进行计算。

按商品核算物流成本是指通过把按功能计算出来的物流费，用各自不同的基准、分配各类商品的方法计算出来的物流成本。这种方法可以用来分析各类商品的盈亏，在实际运用时，要考虑进货和出货差额的毛收入与商品周转率之积的交叉比率。

按顾客核算物流成本的方法，又可分为按标准单价计算和按实际单价计算两种计算方式。按顾客计算物流成本，可用来作为选定顾客、确定物流服务水平等制订顾客战略的参考。

按分店或营业场所核算物流成本，就是要算出各营业单位物流成本与销售金额或毛收入的对比，用来了解各营业单位物流成本中存在的问题，以加强管理。

（4）采用作业成本法核算物流成本。作业成本法又称 ABC 成本法，以作业为基础，把企业消耗的资源按资源动因分配到作业，以及把作业收集的作业成本按作业动因分配到成本对象的核算方法。其理论基础是：生产导致作业的发生，作业消耗资源并导致成本的发生，产品消耗作业，因此，作业成本法下成本计算程序就是把各种资源库成本分配给各作业，再将各作业成本库的成本分配给最终产品或劳务。

以作业为中心，不仅能提供相对准确的成本信息，而且能提供改善作业的非财务信息。以作业为纽带，能把成本信息和非财务信息很好地结合起来，即以作业为基础分配成本，同时以作业为基础进行成本分析和管理。

应用作业成本法核算企业物流并进行管理可分为如下 4 个步骤：

第一，界定企业物流系统中涉及的各个作业。作业是工作的各个单位，作业的类型和数量会随着企业的不同而不同。例如，在一个顾客服务部门，作业包括处理顾客订单、解决产品问题以及提供顾客报告 3 项作业。

第二，确认企业物流系统中涉及的资源。资源是成本的源泉，一个企业的资源包括直接人工、直接材料、生产维持成本（例如采购人员的工资成本）、间接制造费用以及生产过程以外的成本（例如广告费用）。资源的界定是在作业界定的基础上进行的，每项作业涉及相关的资源，与作业无关的资源应从物流核算中剔除。

第三，确认资源动因，将资源分配到作业。作业决定着资源的耗用量，这种关系称作资源动因。资源动因联系着资源和作业，它把总分类账上的资源成本分配到作业。

第四，确认成本动因，将作业成本分配到产品或服务中。作业动因反映了成本对象对作业消耗的逻辑关系，例如，问题最多的产品会产生最多顾客服务的电话，故按照电话数的多少把解决顾客问题的作业成本分配到相应的产品中去。

步骤三　降低物流成本

1. 选择降低物流成本的方法

（1）通过采用物流标准化进行物流管理。物流标准化是以物流作为一个大系统，制订系统内部设施、机械设备、专用工具等各个分系统的技术标准。制订系统内各个分领域例如包装、装卸、运输等方面的工作标准，以系统为出发点，研究各分系统与分领域中技术标准与工作标准的配合性，统一整个物流系统的标准。物流标准化使货物在运输过程中的基本设备统一规范，例如，现有托盘标准与各种运输装备、装卸设备标准之间能有效衔接，大大提高了托盘在整个物流过程中的通用性，也在一定程度上促进了货物运输、储存、搬运等过程的机械化和自动化水平的提高，有利于物流配送系统的运作效率，从而降低物流成本。

（2）通过实现供应链管理，提高对顾客物流服务的管理来降低成本。实行供应链管理不仅要求该企业的物流体制具有效率化，也需要企业协调与其他企业以及客户、运输业者之间的关系，实现整个供应链活动的效率化。正因为如此，追求成本的效率化，不仅企业中物流部门或生产部门要加强控制，同时采购部门等各职能部门也要加强成本控制。提高对顾客的物流服务可以确保企业利益，同时也是企业降低物流成本的有效方法之一。

（3）借助于现代信息系统的构筑降低物流成本。要实现企业与其他交易企业之间的效率化的交易关系，必须借助于现代信息系统的构筑，尤其是利用互联网等高新技术来完成物流全过程的协调、控制和管理，实现从网络前端到终端的所有客户的中间过程服务的全覆盖。一方面是各种物流作业或业务处理正确、迅速地进行；另一方面，能由此建立起战略的物流经营系统。通过现代物流信息技术可以将企业订购的意向、数量、价格等信息在网络上进行传输，从而使生产、流通全过程的企业或部门分享由此带来的利益，充分应对可能发生的各种需求，进而调整不同企业间的经营行为和计划。企业间的协调和合作有可能在短时间内迅速完成，这可以从整体上控制物流成本发生的可能性。同时，物流管理信息系统的迅速发展，使混杂在其他业务中的物流活动的成本能精确地计算出来，而不会把成本转嫁到其他企业或部门。

（4）从流通全过程的视点来加强物流成本的管理。对于一个企业来讲，控制物流成本不仅是该企业的事情，即追求该企业的物流效率化，而应该考虑从产品制成到最终用户整个流通过程的物流成本效率化，即物流设施的投资或扩建与否要视整个流通渠道的发展和要求而定。例如，有些厂商是直接面对批发商经营的，因此，很多物流中心是与批发商物流中心相吻合，从事大批量的商品输送。然而，随着零售业界便民店、折扣店的迅速发展，客户要求厂商必须适应零售业这种新型的业态形式，展开直接面向零售店铺的物流活动。因而，在这种情况下，原来的投资就有可能沉淀，同时又要求建立新型的符合现代物流发展要求的物流中心或自动化的设备。显然，尽管从企业来看，这些投资增加了物流成本，但从整个流通过程来看，却大大提高了物流绩效。

（5）通过效率化的配送降低成本。满足用户的订货要求尽量短时间的进货体制是企业物流发展客观要求。随着配送产生的成本费用要尽可能降低，特别是多频度、小单位配送要求的发展，更要求企业采取效率化的配送，就必须重视配车计划管理，提高装载率以及车辆运行管理。通过构筑有效的配送计划信息系统就可以使生产商配车计划的制订与生产计划联系起来进行，同时通过信息系统也能使批发商将配车计划或进货计划相匹配，从而提高配送效率，降低运输和进货成本。

（6）通过削减退货来降低物流成本。

退货成本也是企业物流成本中一项重要的组成部分，它往往占有相当大的比例。这是因为随着退货会产生一系列的物流费，退货商品损伤或滞销而产生的经济费用以及处理退货商品所需的人员费和各种事务性费用，特别是在退货的情况下，一般是由商品提供者承担退货所发生的各种费用，顾客容易很随便地退回商品，并且由于这类商品大多数数量较少，配送费用有增高的趋势。不仅如此，由于这类商品规模较小也很分散，商品入库、账单处理等业务也很复杂。因此，削减退货成本是物流成本控制活动中需要特别关注的问题。

物流成本降低是个持续不断的过程。物流系统优化是关系到企业的竞争能力、影响到企业盈利水平的重大问题，应从战略的高度规划企业的物流系统。同时，要协调各部门之间的关系，使各个部门在优化物流系统的过程中相互配合。

2. 选择降低配送成本的策略

通过配送，才能最终使物流活动得以实现，而且，配送活动增加了产品价值。它还有助于提高企业的竞争力。但完成配送活动是需要付出代价的，即需配送成本。对配送的管理就是在配送的目标即满足一定的顾客服务水平与配送成本之间寻求平衡；在一定的配送成本下尽量提高顾客服务水平，或在一定的顾客服务水平下使配送成本最小。下面着重介绍在一定的顾客服务水平下使配送成本最小的 5 种策略。

（1）混合策略。混合策略是指配送业务一部分由企业自身完成，这种策略的基本思想是，尽管采用纯策略（即配送活动要么全部由企业自身完成，要么完全外包给第三方物流完成）易形成一定的规模经济，并使管理简化，但由于产品品种多变、规格不一、销量不等等情况，采用纯策略的配送方式超出一定程度不仅不能取得规模效益，反而还会造成规模不经济。而采用混合策略，合理安排企业自身完成的配送和外包给第三方物流完成的配送，能使配送成本最低。

（2）差异化策略。差异化策略的指导思想是，产品特征不同，顾客服务水平也不同。当企业拥有多种产品线时，不能对所有产品都按同一标准的顾客服务水平来配送，而应按产品的特点、销售水平，来设置不同的库存、不同的运输方式以及不同的储存地点，忽视产品的差异性会增加不必要的配送成本。

（3）合并策略。合并策略包含两个层次：配送方法上的合并；共同配送。

1）配送方法上的合并。企业在安排车辆完成配送任务时，充分利用车辆的容积和载重量，做到满载满装，这是降低成本的重要途径。由于产品品种繁多，不仅包装形态、储运性能不一，在容重方面，也往往相差甚远。一辆车上如果只装容重大的货物，往往是达到了载重量，但容积空余很多；只装容重小的货物则相反，看起来车装得满，但实际上并未达到车辆载重量。这两种情况实际上都造成了浪费。实行合理的轻重配装、容积大小不同的货物搭配装车，不但可以在载重方面达到满载，而且可以充分利用车辆的有效容积，取得最优效果。最好是借助计算机计算货物配车的最优解。

2）共同配送。共同配送是一种产权层次上的共享，也称集中协作配送。它是几个企业联合起来，集小量为大量共同利用同一配送设施的配送方式，其标准运作形式是：在中心机构的统一指挥和调度下，各配送主体以经营活动（或以资产为纽带）联合行动，在较大的地域内协调运作，共同对某一个或某几个客户提供系列化的配送服务。这种配送有两种情况：①中小生产、零售企业之间分工合作实行共同配送，即同一行业或在同一地区的中小型生产、零售企业在单独进行配送的运输量少、效率低的情况下进行联合配送，这样不仅可减少企业的配送费用，配送能力得到互补，而且有利于缓和城市交通拥挤，提高配送车辆的利用率；②几个中小型配送中心之间的联合，针对某一地区的用户，由于各配送中心所配物资数量少、车辆利用率低等原因，几个配送中心可将用户所需物资集中起来，共同配送。

（4）延迟策略。在传统的配送计划安排中，大多数的库存是按照对未来市场需求的预测量设置的，这样就存在着预测风险，当预测量与实际需求量不符时，就会出现库存过多或过少的情况，从而增加配送成本。延迟策略的基本思想就是，对产品的外观、形状及其生产、组装、配送，应尽可能推迟到接到顾客订单后再确定。一旦接到订单就要快速反应，因此采用延迟策略的一个基本前提是信息传递要非常快。实施延迟策略常采用两种方式：生产延迟和物流延迟。由于配送中往往存在着加工活动，所以实施配送延迟策略既可采用形成延迟方式，也可采用时间延迟方式。具体操作时，常常发生在诸如贴标签（形成延迟）、包装（形成延迟）、装配和发送等领域。

（5）标准化策略。标准化策略就是尽量减少因品种多变而导致附加配送成本，尽可能多地采用标准零部件、模块化产品。例如，服装制造商按统一规格生产服装，直到顾客购买时才按顾客的身材调整尺寸大小。采用标准化策略要求厂家从产品设计开始就要站在消费者的立场去考虑怎样节省配送成本，而不要等到产品定型生产出来了才考虑采用什么技巧降低配送成本。

触类旁通

由于物流成本的隐含性和计算方法的不确定性，为现代企业进行物流成本分析和核算带来了很大的困难。电子商务是一种新的经济形式，它利用现代信息技术和手段来处理传统商务流程，是商务领域的一大变革。电子商务的发展为物流成本的分析和计算带来了生机。

1. 电子商务为物流成本带来的优势

（1）电子商务加速了商品流通速度，加快了资金周转速度，提高了商品流通数量，降低了物流成本。

（2）电子商务为运输、配送提供了更为广阔的空间，同时减少了车辆的空载率，提高了车辆的实载率，降低了物流成本。

（3）电子商务的信息处理方式为物流成本分析和计算提供了详细的基础数据，提供了物流成本计算的精度和速度。

2. 电子商务为物流成本带来的难题

事物的发展具有两面性，电子商务的发展也为物流成本计算带来了诸多不利因素。

（1）由于实施电子商务带来了商品的高速周转，为本来就难以计算的物流成本又增加了难度系数。

（2）电子商务为运输、配送带来了生机，但同时为单个商品的物流成本计算带来了更多的不确定因素。

（3）由于商品的高速周转，使商品在地域之间飞速运转，使本已含糊不清的物流成本更加模糊。

案例 7-2

美国布鲁克林酿酒厂在本国经营业绩平平。从 1989 年 11 月开始，该酿酒厂通过航空运输将啤酒运到日本出售。这样的物流作业可以在啤酒酿造后的 1 周内将啤酒直接运达顾客手中，而海外装运啤酒的平均订货周期为 40 天。虽然航空运费高，但速度快，减少了流动资金占用，节省了大量库存成本。而且，啤酒的价格日本比美国高 5 倍。空运啤酒到日本的物流总成本虽比海运啤酒到日本的物流总成本高，但考虑到空运啤酒的价格卖得高，从整个企业经营的角度看，空运啤酒无疑是有益的。事实上，虽然布鲁克林酿酒厂在美国还没有成为知名品牌，但在日本却创造了一个年销售额 200 亿美元的市场。

（本案例来源：百度文库 https://wenku.baidu.com/view/58fc052526284b73f242336c1eb91a37f011327c.html）

请思考：布鲁克林酿酒厂为何采用航空运输的方式？

任务 3　电子商务物流服务管理

任务要点

- 关键词：物流服务、服务管理
- 理论要点：物流服务的概念、物流服务管理
- 实践要点：掌握提高物流服务的方法与对策

任务情境

2010 年 4 月 5 日，淘宝商城的荷兰乳牛公司因普遍性物流延迟，在店铺内发布全网致歉公告，在线差评如潮。出现的问题包括订单普遍性延误，最长达到 32 天，引起买家公愤；破损率居高不下。于是，淘宝迅速携手物流合作伙伴制定了应对荷兰乳牛促销配送的最佳解决方案。在 4 月 20 日该公司进行的大规模促销活动中，当日形成 3.7 万个订单。次日，所有订购商品完成出库，北京、上海、广州、深圳 24 小时投递率达到 50%，48 小时完成派送。

“像荷兰乳牛的案例充分说明了物流对于商家的重要性。”淘宝网物流平台总监龚涛认为，“通过淘宝物流，企业可以不需要前期的大量固定资产投资，不需要请一群专业人员，不需要去考虑设计物流的流程，不需自己寻找很多供应商，即可根据业务需要来获得相匹配的服务资源，快速形成服务能力。”

任务分析

淘宝将通过大物流计划全面打通淘宝内外部商家的数据信息通道和物流仓储配送渠道，

提供整体物流解决方案。淘宝网此次推出的大物流计划，将有效地帮助物流业更快地提高对网商和消费者的服务质量，全面降低商家的成本。

任务实施

步骤一 认知电子商务物流服务管理

物流服务是指物流企业或是企业的物流部门从处理客户订货开始，直至商品送达客户过程中，为满足客户要求，有效地完成商品供应、减轻客户物流作业负荷所进行的全部活动。

1. 分析物流服务的内涵

物流活动的目的是满足顾客对于商品时间效用和空间效用上的需求，因此物流的过程实质上是提供满足顾客该种需求的服务。从狭义上讲，物流服务是对顾客商品利用可能性的一种保证，其内涵包括3个方面：

（1）拥有顾客所需要的商品（备货保证）。

（2）商品具有顾客所期望的质量（品质保证：避免物理损伤、保管中损坏、运输中损坏、错误运输、数量差错）。

（3）在顾客要求的时间内将所需要的商品完好地运送到正确地点（输送保证：订货截止时间、进货周期、订货单位和频度、时间指定、紧急出货）。

2. 把握物流服务的内容

物流服务是物流企业为顾客的物流需要所提供的一切物流活动。物流服务是以货主的委托为基础进行独立的物流业务活动，也可以说，物流服务是按照货主的要求，为克服货物在空间和时间上的间隔而进行的劳动。

物流服务的内容是满足货主需求，保障供给，而且无论是在服务量上还是质上都要使货主满意，在量上满足货主的需求主要表现在适量性、多批次、广泛性（场所分散）：在质上满足货主的需求主要表现在安全、准确、迅速、经济等。具体来说，为满足货主的需求，物流服务的基本内容应包括运输与配送、保管、装卸搬运、包装、流通加工等以及与其相联系的物流信息。

运输、配送与保管是物流服务的中心内容，其中运输与配送是物流企业服务体系中所有动态内容的核心，而保管则是静态内容，装卸、搬运、包装、流通加工与物流信息则是物流服务的一般内容，它们的有机结合构成了一个完整的物流服务系统。

小链接 7-4 物流服务的特性

1. 从属性

由于货主企业的物流需求是以商流为基础的，伴随商流而发生，因此，物流服务必须从属于货主企业物流系统，表现在流通货物的种类、流通时间、流通方式、提货配送方式都是由货主选择决定的，物流企业只是按货主的需求，提供相应的物流服务。

2. 即时性

物流服务是属于非物质形态的劳动，它生产的不是有形的产品，而是一种伴随销售和消费同时发生的即时服务。

3. 移动性和分散性

物流服务是以分布广泛、不太固定的客户为对象，具有移动性以及面广、分散的特性，它的移动性和分散性会使产业局部的供需不平衡，也会给经营管理带来一定的难度。

4. 需求波动性

由于物流服务是以数量多而又不固定的顾客为对象，它们的需求在方式上和数量上是多变的，有较强的波动性，为此容易造成供需失衡，成为在经营上劳动效率低、费用高的重要原因。

5. 可替代性

物流服务的可替代性主要表现在两个方面：

（1）站在物流活动承担主体的角度看，产生于工商企业生产经营的物流需求，既可以由工商企业自身采用自营运输、自营保管等自营物流的形式来完成，也可以委托给专业的物流服务供应商，即采用社会化物流的方式来完成。因此，对于专业物流企业，不仅有来自行业内部的竞争，也有来自货主企业的竞争。如果物流行业整体水平还难以满足货主企业的需求，则意味着物流企业会失去一部分市场。反过来说，在物流行业的服务水准难以达到货主要求的情况下，货主企业就会以自营物流的形式拒绝物流企业的服务，物流企业市场空间的扩展就会面临困难。

（2）站在物流企业提供的服务品种看，由于存在着公路、铁路、船舶、航空等多种运输方式，货主可以在对服务的成本和质量等各种相关因素权衡之后，自主选择运输形式。因此不同运输手段便会产生竞争，物流企业的竞争不仅来自相同业种内的不同企业，还有来自不同业种的其他企业。

物流服务的可替代性，对于货主企业来说增加了物流服务实现形式选择的灵活性，但对物流企业，特别是运输企业来说，增加了经营难度。

步骤二　分析电子商务物流服务管理

1. 从工商企业的角度分析

工商企业的物流服务是客户服务的一部分。客户服务是指由企业提供的、能够使交易中的商品增值的服务。它可以分为 3 种类型：①作为功能活动的客户服务；②作为执行标准的客户服务；③作为经营理念的客户服务。因此，物流服务也可以划分为相应的 3 种类型：

（1）作为功能活动的物流服务，例如接受订单、存储、配送等。

（2）作为执行标准的物流服务，例如库存保有率、订货周期、商品完好率等。

（3）作为经营理念的物流服务，通过准确设定物流服务与物流成本的最佳结合，找到企业经营与客户之间的结合点，在取得合理利润的前提下，为客户提供满意的产品或服务。

工商企业的物流服务通常最终表现为以下执行标准：

（1）库存持有率。它是由库存水平所决定。库存水平是指由企业所决定的仓库中存储商品容量的大小。它决定了客户对于所需商品的可得率。合理的库存水平不仅有利于提高物流整体的效率，而且能够为客户提供高水平的物流服务。

（2）订货周期。订货周期为从客户提出订单、购买或服务要求到收到所订购产品或服务所经过的时间。订货周期包括在客户收到订购货物所经过时间内发生的所有相关活动。一个订货周期所包括的时间因素有订单传输时间、订单处理时间、配货时间、存货可得率、生产时间和送货时间。这些因素直接或间接地受订单传输方式的设计和选择、库存政策、订单处理程序、运输方式和计划方法的影响。

（3）配送率。配送率是指满足客户配送要求的比率。配送率的高低与客户服务有着密切的关系。客户一般期望得到较高的配送率，因为高配送率可提高产品的可得率，减少客户的库存水平与占用的资金成本。但高配送率是以高物流成本为代价的，商品价格的提高会导致企业竞争能力的下降。因此，企业必须在权衡客户服务及其成本的基础上决定配送率。

（4）商品完好率。商品完好率是指当企业产品到达最终客户时，商品的完好程度。

2. 从专业物流企业角度分析

物流企业服务的基本内容包括运输、储存、配送、包装、流通加工、物流系统设计、网络化物流服务以及与其相联系的物流信息服务。

（1）运输。运输是物流服务的基本服务内容之一。物流的主要目的就是满足客户在时间和地点两个条件下对一定货物的要求，时间的变化和地点的转移是实现物流价值的基本因素。企业既可以通过拥有自己车辆的方式自己设计运输系统，也可将这项物流业务外包给第三方专业物流公司。专业的物流公司一般自己拥有或掌握一定规模的运输工具，具备竞争优势的第三方物流经营者的物流设施不仅仅只在一个点上，而且是一个覆盖全国或一个大的区域网络，因此，第三方物流服务公司首先可能要为客户设计最合适的物流系统，选择满足客户需要的运输方式，然后具体组织网络内部的运输作业，在规定的时间内将客户的商品运抵目的地，除了在指定交货点的交货需要客户配合外，整个运输过程，包括最后的市内配送都可由第三方物流经营者完成。

（2）储存。对于货主企业来说，储存是商品在生产经营过程中的暂时停滞，是资源的一种浪费。为此，物流服务商应尽可能选择连贯的运输方式，并通过在储存体系中配备高效率的分拣、传送、保管设备，多种物流作业同时交叉进行，以减少货主企业的库存量和库存时间。物流服务商还可以按照 JIT 管理思想，利用电子商务的信息网络，尽可能地通过完善的信息网络，用信息（虚拟库存）代替实物库存，实现在不降低物流服务水平的前提下尽可能减少实物库存水平。

（3）配送。物流服务商的配送任务是由其配送部门（或与独立的配送中心合作）在为客户制定完善的配送规划的前提下完成的。经过对计划的配送作业进行运行效率的模拟分析，选定最佳的配送方案，并进行合理的车辆调度，在最短的时间内完成货主物品的市内配送。最近出现了一种准时配送服务方式，客户在订货时就能确定到货的时间，而 JIT 配送体系中，配送中心并不承诺货物可以在最短的时间内送达，而是以双方协商明确的客户需要的时间为准时配送时间。

（4）包装。商品包装是为了便于销售和运输管理，并保护商品在流通过程中不受到毁损，保持完好。为便于运输和保管将商品分装为一定的包装单位以及保护商品免受损毁而进行包装，这些都是物流服务的内容。

（5）流通加工。流通加工的主要目的是方便生产或销售，专业化的物流中心常常与固定的制造商或分销商进行长期合作，为制造商或分销商完成一定的加工作业，例如贴标签、制作或粘贴条码等。

（6）物流系统设计及网络化物流服务。在以提高客户满意度为主要目标的综合物流服务中应把客户的需求作为一个整体，在以各方面综合绩效最优作为目标时，牺牲某部分局部利益是必要的。物流服务商要充当客户的物流专家，因而必须能够为客户设计物流系统，代替他选择和评价运输商、仓储商以及其他物流服务提供商，为企业提供多种物流管理和决策服务，创造新的赢利机会。

（7）信息咨询。现代物流是物流服务功能的集成，管理和控制，这些功能必然反映到对物流各环节的信息整合上来。物流服务商要依靠网络的货主跟踪系统、电子订货系统、运价咨询系统等与物流网络整合，进行信息采集与运输业务管理。客户查询及业务跟踪，有效地减少物流的中间环节和费用，大幅度地提高客户服务水平。

此外，在整个服务体系中，物流服务商还应能够为货主企业提供其他的增值性服务，例如，一条龙“门对门”服务、市场调查与预测、库存控制决策建议、订货指导、业务运作过程诊断、各种代办业务和物流全过程追踪等服务。

步骤三　电子商务物流服务管理的决策步骤

物流服务管理能否制定出行之有效的物流服务策略，往往影响具体的物流服务水准和能力。因此，科学、合理地进行物流服务策略的分析和策划是物流服务管理的一项十分重要的职能。具体说，物流服务的决策主要有以下 5 个步骤。

1. 确定物流服务要素

要开展物流服务，首先必须明确物流服务究竟包括哪些要素以及相应的具体指标，即哪些物流活动构成了服务的主要内容。一般来讲，备货、接受订货的截止时间、进货期、订货单位、信息等要素的明确化是物流战略策划的第一步，只有清晰地把握这些要素，才能使以后的决策顺利进行，并加以操作和控制。

2. 向顾客收集有关物流服务的信息

物流服务既然是顾客服务的一个重要组成部分，就应当了解顾客对物流活动的要求和认识。这种信息资源的收集可以通过问卷调查、座谈、访问以及委托作为第三方的专业调查公司来进行，调查的信息主要包括物流服务的重要性、满意度，以及与竞争企业的物流服务相比是否具有优势等问题。

小链接 7-5　物流服务信息收集、分析的具体方法

物流服务信息收集、分析的具体方法主要有 3 种形式：

（1）顾客服务流程分析。这种分析方法的基本思路是，为了正确测定企业与顾客接触时的满意度，就必须明确企业与顾客之间究竟有哪些节点，这些节点以时间序列为基轴加以标示。

（2）顾客需求分析。这种方法主要着眼于探明顾客需求与本企业提供的物流服务水平之间有什么差距。据此，明确本企业需要改善或提高的物流服务。这种方法的关键是所提出的问题要尽可能具体、全面，否则无法真正全面掌握顾客的真实需求和对企业物流服务的愿望。

此外，还应当注意的是，顾客需求肯定会有先后顺序，一般位于优先位置的是企业物流服务的核心要素，而且不同的细分市场，服务要素的先后顺序也不尽一致。

（3）定点超越分析。物流服务的定点超越也是通过与竞争企业或优良企业的服务水准相比较分析，找出本企业物流服务的不足之处，并加以改善。具体方法主要有服务流程的定点超越和顾客满意度的定点超越两种形式。

3. 分析顾客需求的类型化

由于不同的细分市场顾客服务的要求不一致，所以，物流服务水准的设定必须从市场特性的分析开始入手。此外，顾客思维方式以及行动模式的差异也会呈现出多样化的顾客需求，在这种状况下，以什么样的特性为基轴来区分顾客群成为制定物流服务战略、影响核心服务要素的重要问题。另外，在进行顾客需求类型化的过程中，应当充分考虑不同顾客群体对本企业的贡献度以及顾客的潜在能力，也就是说，对本企业重要的顾客群体，应在资源配置、服务等方面予以优先考虑。

4. 制定物流服务组合

对顾客需求进行类型化之后，首先需要做的是针对不同的顾客群体制定出相应的物流服务基本方针，从而在政策上明确对重点顾客群体实现经营资源的优先配置。此后，进入物流服务水准设定的预算分析，特别是商品单位、进货时间、在库服务率、特别附加服务等重要服务要素的变更会对成本产生什么样或多大的影响，这样，既能使企业实现最大程度的物流服务，又能将费用成本控制在企业所能承受或确保竞争优势的范围之内。在预算分析的基础上，结合对竞争企业服务水准的分析，根据不同的顾客群体制定相应的物流服务组合，这里应当重视在物流服务水准变更的状况下，企业应事先预测这种变更会对顾客带来什么样的利益，从而确保核心服务要素水准不能下降。

5. 物流服务组合的管理与决策流程

物流服务组合的确定不是一个静态行为，而是一种动态过程，也就是说，最初顾客群体的物流服务组合一经确定，并不是一成不变，而是要经常定期进行核查、变更，以保证物流服务的效率化。从物流服务管理决策的全过程来看，决策流程可以分为 5 个步骤，即顾客服务现状把握、顾客服务评价、服务组合制定、物流系统再构筑、顾客满意度的定期评价。这 5 个步骤相互之间不断循环往复，从而推动物流服务不断深入发展，提高效率和效果。

步骤四 电子商务物流服务管理的对策

1. 设计 FAQs

网上顾客服务的重要内容之一是为顾客提供有关公司产品和服务等各方面的信息。面对众多公司能够提供的信息以及顾客可能需要的信息，最好的着手点便是在网站上建立顾客常见问题解答（FAQs）。

FAQs（Frequently Asked Questions，常见问题解答）页面是所有网上企业几乎必有的页面。这个页面主要是为顾客提供有关产品、公司情况等常见问题的现成答案。设计 FAQs 的第一步是列出哪些是常见问题，这些问题对顾客服务部门的人来说是比较容易做的，只要把大家集中在一起想一想，这个常见问题的清单很快就能列出来。特别是工作在顾客服务第一线的人员能列出非常具体而有意义的顾客常见问题。

一般而言，面向顾客的 FAOs 可分为 2 个层次：第 1 个层次的 FAQs 是面向潜在顾客和新顾客的，这个层次的 FAQs 提供的是关于公司、产品等最基本问题的答案；第 2 个层次是面向老顾客的，他们对公司产品已经有了相当的了解，此层次可提供更深层次的详细的技术细节、技术改进等信息。这样做使新顾客感到公司是真诚对待他们的；老顾客又能获得一种受到特别关注的感觉。

2. 运用 E-mail

随着互联网技术的进步，电子邮件信息的发送、管理、个性化服务和实现商业用途等都成为可能。通过加强与用户的交流，公司可以增加销售、建立品牌的知名度、降低成本、提高用户的满意度，从而建立长期互信的友好关系。电子邮件在互联网上使用最为频繁。电子邮件现已成为企业进行顾客服务的强大工具。来自顾客的电子邮件代表了顾客的心声和需求。企业网站的其他部门都是从公司的角度去揣测顾客的需要并满足它，而 E-mail 则是直接来自顾客，因此是企业实现顾客满意的最为宝贵的资源之一。所谓“E-mail 顾客服务管理”，是指通过及时回复用户的电子邮件来达到提高服务水平并改善顾客关系的目的。电子邮件是企业与用户沟通的重要手段，也是顾客服务的有效工具，但是，研究发现，网站的 E-mail 顾客服务总体水平不高。

E-mail 是网络顾客服务双向互动的根源所在，它是实现企业和顾客对话的双向走廊，也是实现顾客整合的必要手段。E-mail 的最大特点是即时、全天候。E-mail 与电话相比，还有一个特征需要注意：在电话中，可以从对方的语气判断他的承诺兑现的概率大小，例如，公司员工承诺“三天内解决您的问题”时语气很含糊、犹豫，那么，在第四天得不到答复就不以为怪，因为你知道对方并没有太大的把握；但如果公司在 E-mail 上承诺“三天解决”时，公司就一定要在这个时间内解决，否则顾客就会抱怨你不守信用，因为 E-mail 是一种文字表达，无法揣测语气。

公司在顾客服务中应将 E-mail 和 FAQs 结合使用，对常规问题，只要让顾客在 FAQs 中查阅即可，而对 FAQs 不能包括的问题，应进行分类管理。

3. 鼓励顾客对话

网络顾客服务不仅能实现由公司到顾客的双向服务，同时还能实现顾客与顾客之间的交流和帮助。这对企业来说又是一把双刃剑：顾客对产品的赞扬可得以传播，同时对公司不利的议论同样能够传播，不幸的是网上的抱怨甚于赞扬。网络是一种崇尚自由的媒体，对顾客之间的对话，公司的态度应是积极鼓励，而不是冷漠、忽视甚至强行扼制，反网络文化的企业必将会落入新时代的淘汰之列。顾客对话的主要场所是各种新闻组、网络论坛、邮件列表等。网络顾客服务部门一定要将网络论坛上的顾客议论监测作为一项重要的任务列入工作日程，发现对公司有不利影响的议论、问题时，应及时、积极地解决，切勿漠视网络传播的速度和范围。

4. 设立论坛或新闻组

顾客服务不仅是坐等顾客前来询问，还应该进一步采取主动，在顾客提出问题以前帮助他们解决，并主动去了解他们需要什么服务。在这方面，E-mail 新闻组是很好的工具。当互联网的技术和应用蓬勃发展之时，公共讨论这一功能始终保持着其独特的吸引力。互联网上有众多的布告栏和新闻组，参加讨论的人用电子邮件进行交流，发表对某一问题的看法，因此称为电子论坛。在电子论坛之下又划分成不同的讨论区，每一个讨论区集中于某一特定的主题。在讨论区中，参加者可以看到其他所有人的信件，同时自己的信件也处于众多人的关注之下。与面对面的讨论不同，在这里，每个人都有平等的发表意见的机会，不会出现由少数几人左右讨论的局面；由于可以隐藏身份，每个人都敢于说出自己的真实想法；没有人种、年龄、贫富和地位的差别，是一个可以轻松自由地谈论与聊天的地方。顾客希望获得信息，希望了解最新情况。他们十分欢迎那些感兴趣的新闻，同时讨厌那些对他们毫无意义的消息。

消费者通常喜欢收到行业新闻，促销活动以及任何更好使用产品等方面的信息。

触类旁通

增值物流服务

传统物流服务的主体功能主要是运输与仓储，其提供的物流服务目标和核心主要是保值。随着企业的发展和客户对物流服务的个性化需求以及现代物流的发展，物流服务提供方式越来越趋于专业化和柔性化。客户希望能够集中精力来处理自己的核心业务，单纯的运输、仓储服务已经满足不了客户的需要。于是，物流服务从传统的模式向更为广泛、纵深的方向发展，从仅仅的保值向完善增值服务方向整合，为客户提供个性化的服务。

增值物流服务就是指独特的或特别的活动，使物流服务的供需双方能够通过共同努力提高效率和效益。物流企业为客户企业对其物流系统一体化的功能整合就是增值服务。增值服务在巩固业务上已做出了安排。物流企业提供增值服务有两个方向：①沿供应链“顺流而下”，即在制造商的产品销售渠道内作为服务供应商；②沿供应链“逆流而上”，即在制造商的物料供应渠道内作为服务供应商。物流的基本服务和增值服务要求物流企业对制造商经营活动的深度参与，例如，为客户企业提供包装、短距离搬运、装卸、采购订单处理、产品追回等。

物流企业增值服务的起点就是各种物流服务的基本功能，特别是运输、仓储、信息集成、存货管理、订单处理、物料采购等核心功能最可能成为增值服务延伸的起点。必须指出，增值服务就是在基本功能的基础上对货主的服务需求细分再细分，对服务的品种创新再创新的过程，是对制造商的经营运作参与再参与的过程，也是学习的过程。

增值服务的延伸将对物流企业的信息集成功能提出了更高的要求。因为这类服务一般用于满足顾客的特定需求，所以其安排也是独特的。增值服务可以直接由业务关系的参与者承担或是服务专业人员来承担。“在线服务”和“信息共享”随着网络的发展已经成为服务竞争力的集中体现。可以说，物流功能的整合正在从业务整合转向信息整合。用网络的优势来整合现有物流服务资源，提升物流企业服务水平已成为物流企业发展的必然趋势。在日常的物流活动中，有大量的增值服务项目买卖双方都会同意由服务专业机构来承担，例如，承运人、仓储以及在这类作业中有专长的公司等。就汽车运输公司而言，它所提供的增值服务也许会超出其基本的运输服务，结合一些附加的服务项目，如分类和排序，以满足特定的顾客特定的需求。

案例 7-3 联合包裹公司（UPS）的电子商务服务

作为全美乃至全世界最知名的第三方物流企业，UPS 在美国占有电子商务物流最大的份额。UPS 成功的秘诀在于它能够最大限度地满足电子商务企业的物流需要。

UPS 总裁经常说的一句话是：“过去，我们是一家拥有技术的卡车公司，现在我们是拥有卡车的技术公司。”在过去的 10 年中，为实现物流信息化，公司总计投入 110 亿美元，用于购买主机、个人计算机、手提式计算机、无线调制解调器，建立蜂窝无线网络，并雇用超过 4000 名技术人员和工程师。这一浩大的工程使公司终于能够实现包裹的在线跟踪，在电子商务物流的竞争中取得优势地位。

UPS 的电子跟踪系统具有很强的服务能力。为了跟踪 130 万个包裹的运送情况，公司的卡车司机（同时也是送货人）人手一部交付信息采集设备（Delivery Information Acquisition Device，DIAD），内置无线装置，能同时接收和发送信息，客户一旦在某个 DIAD 上签单寄送包裹，信息便通过电子跟踪系统传送出去，客户便可通过 Internet 查询包裹运抵情况。联合包裹还可通过全球通信卫星，根据包裹数据，随时通知司机更新行车路线。电子商务公司从 UPS 的这一服务中受益匪浅，通过电子跟踪系统，电子商务公司能随时掌握包裹的运送情况，对顾客的配送能精确到以分钟来计算。与此同时，UPS 还积极与电子商务合作，为他们提供量身定制的电子商务物流解决方案。耐克公司的网上零售公司 Nike.com 是 UPS 的大客户。联合包裹在路易斯维尔的仓库里存储了大量的耐克鞋及其他体育用品，每隔一小时完成一批订货，并将这些耐克用品装上卡车运到航空枢纽。联合包裹设在圣安东尼奥的电话响应中心专门处理 Nike.com 的客户订单。这样，耐克公司不仅省下了人头开支，而且加速了资金周转。而联合包裹的另一公司客户——刚成立的时装网站 Boo.com 甚至连仓储费都不用花，联合包裹将这家公司的供应商的货成批运到物流中心，经检验后，打上 Boo.com 的商标，包装好即可运走。

由于在技术和设施上的明显优势，2002 年圣诞节，有 55%的网上订购圣诞礼品通过 UPS 进行配送，UPS 最终从中获取了丰厚的利润。

（本案例来源：百度文库 https://wenku.baidu.com/view/57a2014c16fc700abb68fce2.html）

请思考：UPS 的电子跟踪系统提供了哪些服务？

任务 4　电子商务物流客户管理

任务要点

- 关键词：客户管理、客户满意
- 理论要点：客户管理的概念
- 实践要点：掌握基于客户满意的电子商务物流客户管理

任务情境

奇瑞汽车股份有限公司（以下简称奇瑞公司）一向把客户关系管理作为公司整体管理战略的重要组成部分。随着奇瑞汽车车主数目的快速增长，原来奇瑞客服中心的系统逐渐难以胜任对大量用户信息及业务数据的处理，也无法与其他信息系统中的资料实现共享。奇瑞客户关系管理亟待突破。经过大量调查比较，奇瑞公司决定采用 SAP 公司的 mySAP CRM 解决方案来彻底改进企业的客户关系管理水平。在 mySAP CRM 系统的帮助下，目前奇瑞公司客服中心职员在客户关系管理系统中对与客户沟通的全程进行管理的同时，还可随时查阅该客户的详细信息、历史记录，并在解决方案数据库的帮助下回答客户的问题，极大地提高了对处理客户问题的速度和质量。mySAP CRM 系统还改变了将客户问题转交其他相关售后服务部门处理的方式——由以前的客服人员手工联系相关部门变为相关部门直接在客户关系管理系统中获得待处理任务并进行处理，客服人员也可以实时地在客户关系管理系统中得到处理结果，大大加快了对客户问题的处理速度，提高了客户满意度。

任务分析

客户作为一种宝贵的资源被越来越多的企业纳入经营发展中来，于是，客户关系管理作为一种商务公共关系管理模式应运而生。客户关系管理是企业前台的应用系统，它为企业提供全方位的管理视角，赋予企业更完善的客户交流能力，最大化客户收益率。客户关系管理是实现电子商务物流不可或缺的重要组成部分。

任务实施

步骤一　认知基于客户满意的电子商务物流控制

CRM（Customer Relationship Management，客户关系管理）简称为客户管理。CRM 的主要含义就是通过对客户详细资料的深入分析，来提高客户满意程度，从而提高企业的竞争力的一种手段。客户关系是指围绕客户生命周期发生、发展的信息归集。客户关系管理的核心是客户价值管理，通过一对一营销原则，满足不同价值客户的个性化需求，提高客户忠诚度和保有率，实现客户价值持续贡献，从而全面提升企业赢利能力。

电子商务下的物流服务就是指在电子商务环境下，物流企业以广大客户为中心而提供的系列服务。具体来讲，它除了包括传统的储存、运输、包装、流通加工等服务外，还在外延上扩展至市场调查与预测、采购及订单处理，向下延伸至物流配送咨询、物流配送方案的选择与规划、库存控制策略建议、货款回收与结算、教育培训等增值服务。

小链接 7-6　客户满意

客户满意是 20 世纪 80 年代中后期出现的一种经营理念，其基本内容是：企业的整个经营活动要以客户满意度为指针。要从客户的角度、用客户的观点而不是以企业自身的利益和观点来分析客户的需求，尽可能全面尊重和维护客户的利益.

顾客满意包括产品满意、服务满意和社会满意 3 个层次。

产品满意是指企业产品带给顾客的满足状态，包括产品的内在质量、价格、设计、包装、时效等方面的满意。产品的质量满意是构成顾客满意的基础因素。

服务满意是指产品售前、售中、售后以及产品生命周期的不同阶段采取的服务措施令顾客满意。这主要是在服务过程的每一个环节上都能设身处地为顾客着想，做到有利于顾客、方便顾客。

社会满意是指顾客在对企业产品和服务的消费过程中所体验到的对社会利益的维护，主要指顾客整体社会满意，它要求企业的经营活动要有利于社会文明进步。

步骤二　确定电子商务物流中客户服务的要素

1. 分析客户关系类型

（1）基本型：售出产品后不与客户接触。

（2）被动型：售出产品后鼓励客户及时与公司联系。

（3）负责型：主动询问客户使用产品的情况，收集建议以改进。

（4）能动型：销售人员不断与客户联系，给客户提供有关新产品的信息。

（5）伙伴型：公司不断与客户共同努力，帮助客户解决问题，实现共同发展。

企业应根据自己的实际情况选择适合自己与特定客户之间关系的类型。当然，企业客户关系的类型并不是固定不变的，可依据企业的发展阶段选择客户关系类型。

2. 确定客户关系管理的目标

客户关系管理就是要通过对企业与客户间发生的各种关系进行全面管理，以赢得新客户，巩固保留既有客户，并增进客户利润贡献度。其目标主要表现在以下 3 个方面：

（1）提高效率。由于采用了新技术手段，业务处理流程的自动化程度提高了。员工能够对各种销售活动进行追踪，系统用户可不受地域的限制随时访问企业的业务处理系统。在获得客户信息后，实现了企业范围内的信息共享，提高了企业员工的工作能力，并有效减少培训需求，使企业内部能够更高效地运转。通过整理分析客户的历次交易资料，强化与客户的关系，以提升客户再次光顾的次数或购买数量。同时，经由确认顾客、吸引顾客和保留顾客以提高获利率。

（2）拓展市场。通过新的业务模式（电话、网络）扩大企业经营活动范围，能够对市场活动进行规划、评估，对整个活动进行全方位的透视，能够从不同角度提供成本、利润、生产率、风险率等信息，并对客户、产品、职能部门、地理区域等进行多维分析，从而及时把握新的市场机会，占领更多的市场份额；利用整合信息提供卓越服务，拓展市场；利用客户资料，针对顾客需求加强对顾客的服务，提高客户对服务的满意度。

（3）保留客户。任何与客户打交道的员工都能全面了解客户关系，根据客户需求进行交易，了解如何对客户进行纵向和横向销售，记录自己获得的客户信息。客户可以自己选择喜欢的方式，可通过电话、传真、网络等访问企业，进行业务往来，同企业进行交流，方便地获取信息，得到更好的服务。客户的满意度得到提高，可帮助企业保留更多的老客户，并更好地吸引新客户。

客户关系管理的实施，让客户和潜在顾客感觉公司对他们的需求很重视，因此能得到更多的忠诚支持者。因此，实施客户关系管理成为公司的竞争优势。

3. 确定客户关系管理的系统功能

（1）客户服务与支持功能。客户服务与支持是客户关系管理的基本职能，主要包括以下功能：

1）客户信息管理。有一个保存客户信息的数据库，用来存放每个业务员交往的客户以及每个客户的所有联系人的原始档案资料，包括业务员及客户姓名、联系方式、客户分类、客户所在行业、地域、性质等，客户与企业的每一笔业务数据库中都有记载。

2）客户服务管理。对客户意见或投诉以及售后服务等信息进行管理。主要记录客户意见与投诉情况，对每项意见或投诉的全过程进行处理跟踪；对售后服务的全过程进行记录，包括上门服务、电话支持等，并将一些标准答案存在数据库中供员工随时回答类似问题。

3）客户合同管理。创建和管理客户服务合同，目的是保证客户服务的水平和质量，随时跟踪保修单和合同的续订日期，安排预防性的维护活动。

4）客户跟踪功能。对业务员与客户的联系情况进行记录跟踪管理；对业务员的有关活动设置提醒功能；业务负责人可以随时将项目移交他人；对已成交业务的收款情况及交货情况随时记录，并提醒业务员及时收款发货；还有统计、分析、报表查询等功能。

5）现场服务管理。实现现场服务分配，保证现场服务工程师实时地获得关于服务、产品和客户信息，并能与派遣总部实现移动接入和电话接入，实现在线协同办公功能。

（2）销售管理功能。销售管理功能的目的是提高销售过程的自动化和销售的效果，主要有以下功能：

1）销售管理。帮助决策者管理销售业务，实现额度管理、销售力量管理和地域管理等。

2）现场销售管理。为现场销售人员提供联系人和客户管理、机会管理、日程安排、佣金预测、报价、报告和分析等。提供外出销售人员移动计算机接入服务功能。支持网上商店、网上结算以及物流跟踪的接口管理，提供有效安全的交易方式。

3）电话销售管理。具有报价生成、订单创建、联系人和客户管理等功能；并具有针对电话商务的功能，例如电话路由、呼入电话屏幕显示等；按照客户、产品等多种形式，提供对销售订单信息的建立、更改、查询等功能。

4）销售佣金管理。允许销售经理创建和管理销售队伍的奖励和佣金计划，并帮助销售代表及时地了解各自的销售业绩。

（3）营销管理功能。营销管理主要实现营销分析与决策功能，主要有以下功能：

1）市场分析。通过各种统计数据，例如人口统计、地理区域、收入水平、以往购买行为等信息来识别和确定潜在客户群，以便更科学地制定出产品和服务的营销策略。

2）预测分析。利用收集的各种市场信息预测客户的需求变化和市场发展趋势，为新产品开发、市场策略和销售目标的制定提供参考，并把相关的信息自动地传递到各有关部门，实现协调运作。

3）营销活动管理。为营销人员提供制定预算、计划、执行的工具，并在执行过程中实施监控与反馈，不断完善市场计划。具有对企业投放的广告、举行的会议、展览、促销、网站、电子邮件等活动进行事后跟踪、分析和总结等功能。对营销渠道（包括传统营销、网络营销、电话营销渠道）上接触的客户进行登记、分类、辨识，发现并管理潜在客户，对各种商务活动的成效进行评价。

（4）电子交易功能。电子交易功能包括支持电子商店、电子促销、电子账单、电子支付、网站分析等服务。

（5）竞争者分析功能。对主要竞争对手和主要竞争产品进行管理，包括搜集、整理、记录竞争对手或者竞争产品的各种情况资料，例如竞争对手公司的背景资料、目前发展状况、主要竞争领域和竞争策略等内容。对于竞争产品主要记录有哪些公司生产、竞争产品名称（同类产品、近似产品和可替代产品）、主要用途、性能、价格、销售用户群等内容。

步骤三　基于客户满意的电子商务物流的控制

所谓基于客户满意的电子商务物流的控制就是指电子商务过程中以客户满意为依据，以快速满足市场需求、服务客户为目的，对物流过程所进行的监督和控制，主要方法包括以下3个方面。

1. 客户保持管理

（1）建立并充分利用客户数据库。企业必须重视客户数据库的建立和管理工作，重视利用数据库来分析现有客户的情况，并找出人口数据及人口特征与购买模式之间的关系，为客户提供符合他们特定需要的定制产品和相应的服务。通过各种现代通信手段与客户保持密切联系，从而建立起持久的合作关系。信息技术的发展使得数据库营销成为可能，它使企业能够利用客户信息进行综合分析，以便更好地留住老客户，争取新客户。

（2）通过客户关怀提高客户满意度。客户关怀应体现在从购买前、购买中到购买后的客户体验全过程中。购买前的客户关怀活动是要在提供有关信息过程中的沟通和交流，这些活动为公司建立与客户之间的关系打下了基础，如同向客户开启了一扇大门，作为鼓励和促进客户购买产品或服务的前奏。购买期间的客户关怀与企业提供的产品或服务紧密地联系在一起，各相关细节都要与客户的期望吻合。购买后的客户关怀表现在高效的服务跟进和圆满地完成产品的维护和修理等相关步骤。持续客户关怀的目的是提高客户的满意度和忠诚度，使客户重复购买企业的产品，并向其周围的人多做对产品有利的宣传，形成口碑效应。

2. 在线销售自动化

在线销售自动化是指把销售活动整合到企业的信息结构中，改善企业整体效率，通过客户与企业之间的信息整合化，削减销售订单的错误和由此引起的重复工作，增加销售能力，降低交易成本，缩短配销周期，有效地支持一线销售人员的工作。销售自动化主要完成两个任务：①为现场销售人员提供必要的支持；②对销售信息加以集成，以提高整个公司的运营效率。采用销售自动化有助于降低销售成本，提高销售人员的生产力。通过销售自动化还能消除企业与客户之间的隔膜，有效、快速收集潜在销售信息并加以利用，从而达到提高销售量的目的。

企业内部网对销售自动化大有好处，消除了长期存在于业务部门之间的信息孤岛。互动的Web监控软件和智能型代理人软件能直接把重要的、特殊的销售情报传送给每位销售代表。内部网还可进行在线训练销售代表，使销售过程更加主动、积极。内部网还能实现与其他企业的信息共享。为了让企业中的销售人员了解更多的信息和市场情报，内部网是有效的沟通媒介，它能够为企业的流动客户提供广泛、动态、实时的销售信息。

3. 在线客户服务和支持

客户是企业最有价值的资产，有效的客户管理是企业取得竞争优势的关键，这一点已经成为许多企业主管的共识。但是只有在网络时代才能真正实现以客户为中心和客户价值最大化。网络时代从根本上改变了客户服务和支持的方式，改变了企业与客户、供应商和合作伙伴之间的交流方式。Internet 对改善客户沟通有极大的潜力。因为它赋予了客户独立解决问题的能力，从而降低支持成本；能随时提供全球重要客户服务信息：能集中内部客户支持资源而改善服务；创造事前服务和有效活动；实现 Web 与电话的无缝集成，使企业能够快速响应客户。

网络让客户服务发生了本质的变化。企业使用 Web 网络之后，将具备高效快速的反应能力。Web 网络为企业重新定义了与客户建立联系的方式。利用网络提供的强大功能，企业与客户的关系从“响应”变成了“参与”。企业不仅可以通过网站提供有关产品和服务的信息，还可以向客户提供新的产品，收集客户的想法，与客户进行对话。客户可以在网上直接试用产品，并为企业提供信息反馈。这样，企业就可以与客户建立和培养良好的关系，赢得客户的信赖。

小链接 7-7 移动 CRM

随着高速移动互联网访问和托管型软件或软件即服务的兴起，移动商务的应用已被整合到 CRM 中。移动 CRM 使企业工作人员摆脱了时间和场所的限制，可随时随地与企业 CRM 平台沟通，提高企业移动工作人员的生产力，有效提高管理效率，并促进客户满意度，推动企业效益增长。

移动 CRM 是手机、传呼机、掌上计算机、笔记本式计算机等移动通信设备与客户关系管理融合的产物，它将客户关系管理系统从互联网延伸到移动互联网，实现了在移动中也能够完成通常要在办公室里才能够完成的客户关系管理任务。

移动 CRM 可以帮助现场技术人员从网上迅速找到所需的图表、技术指南和手册等，从而使故障检测变得更加容易并加快维修速度；移动 CRM 还可以帮助现场人员瞬间找到保修证书和合同信息，并且能够实时地将客户资料反馈给公司等。因而，移动 CRM 不仅可以为企业节省时间，提高客户满意度，还可以有效利用公司资源。

触类旁通

1. CRM 系统在我国的应用现状

CRM 在国外起步较早，发展迅速，已经成功地用于各个行业；在我国起步较晚，CRM 软件产品还有待进一步开发。CRM 被称为提升企业核心竞争力的助推器。在引入 CRM 的过程中仍存在着一定的风险。因此，在当前的 CRM 热潮中，既要认识到其重要意义，又要充分认识到实施 CRM 的过程中可能出现的困难和必须承担的风险。

（1）来自制造业的需求动力不足。国内的企业特别是制造业，对 CRM 的需求并不强烈。主要原因是制造业并没有以终端客户为核心的需求，而 CRM 的关键起点就是终端客户。目前国内制造业的终端客户主要集中在售后的客户服务上，这也是呼叫中心受欢迎的原因。

（2）企业的支付能力不强。国内一般企业支付能力有限，特别是国内制造业更是如此。

（3）企业的承受能力不足。主要指企业的管理承受能力和人力资源的承受能力。对国内绝大多数企业来讲，原有的营销体系大部分不完善，人力资源也远远未达到实施 CRM 的程度。

（4）软件开发 CRM 的风险很高。一是缺乏标准。二是管理理论缺乏。国内 CRM 软件公司往往聚集了一大批软件高手，但缺乏大量有企业实践经验和理论功底的人才。对大多数国内企业来说，真正有效地实施 CRM 还需要做很多的工作。首先，要增强以客户为中心的理念。可先从呼叫中心、客户信息管理和渠道管理、基于网站的客户服务等方面入手，提高企业的竞争力。重视基于网站的客户服务，用各种网络营销方法满足客户的需求，建立客户对企业的忠诚。其次，从现在开始要注重对人员的培养。培养一支既有业务能力，经验丰富，又具有合作精神的人才队伍。

2. CRM 呼叫中心功能

呼叫中心是由计算机系统和电话交换机集成技术支持的，能受理电话、电子邮件、传真等多种方式交流的不间断的综合服务系统。主要功能有：

（1）电话管理员功能。包括呼入/呼出电话受理、互联网回呼、呼叫中心运营管理、图形用户界面软件电话、应用系统弹出屏幕、友好电话转移、路由选择等。

（2）语音集成服务。支持交互式语音自动应答系统。

（3）报表统计分析。提供图形化报表分析，进行呼叫市场分析、等候时长分析、呼入/呼出汇总统计、坐席负载率分析、呼叫传送率分析、坐席绩效对比分析等。

（4）代理执行服务。支持传真、打印机、电话和电子邮件等，自动将客户所需的信息和资料发给客户。

（5）市场活动支持服务。管理电话营销、电话销售、电话服务等。

（6）呼入/呼出调度管理。根据来电的数量和坐席的服务水平为坐席分配不同的呼入、呼出电话，提高客户服务水平和坐席人员的效率。

案例 7-4 联邦快递的客户管理系统

联邦快递是快递行业的创始人。联邦快递开创了快递服务这一行业，现在已成为世界上最大的快递运输公司。从一开始，联邦快递就高度重视服务的品质。

1990 年，联邦快递荣获全美国家品质奖，是服务行业中首位荣获此项殊荣的企业。

1994 年，联邦快递成为获得 ISO9001 国际品质标准认证的唯一一家全球快递公司，并在 1997 年再次获得此项认证。

一、联邦快递的全球运送服务

电子商务的兴起，为快递业者提供了良好的机遇。电子商务体系中，很多企业间可通过网络的连接，快速传递必要的信息。但对一些企业来讲，运送实体的东西仍是一个难以解决的问题。例如，对于产品周期短、跌价风险高的计算机硬件产品来讲，在接到顾客的订单后，取得物料、组装、配送，以降低库存风险及掌握市场先机，这是非常重要的课题。因此对通过网络大量直销的戴尔公司来讲，如果借助联邦快递的及时配送服务来提升整体的运作效率，可以规避部分经营风险。有一些小企业，由于经费和人力的不足，往往不能建立自己的配送体系，这时就可以借助联邦快递。

要成为企业运送货物的管家，联邦快递需要与客户建立良好的互动与信息流通模式，使得企业能掌握自己的货物配送流程与状态。在联邦快递，所有顾客可借助其网址同步追踪货物状况，还可以免费下载实用软件，进入联邦快递协助建立的亚太经济合作组织关税资料库。它的线上交易软件可协助客户整合线上交易的所有环节，从订货到收款、开发票、库存管理一直到将货物交到收货人手中。这个软件能使无店铺零售企业以较低成本比较迅速地在网络上进行销售。

另外，联邦快递特别强调，要与顾客相配合，针对顾客的特定需求，如公司大小、生产线地点、业务办公室地点、客户群科技化程度、公司未来目标等，制定配送方案。联邦快递还有一些高附加值的服务，主要体现在 3 个方面：

（1）提供整合式维修运送服务。联邦快递提供货物的维修运送服务，例如，将已坏的计算机或电子产品送修或退还所有者。

（2）扮演客户的零件或备料银行。扮演零售商的角色，提供接受订单、客户服务处理、仓储服务等功能。

（3）协助顾客简化并合并行销业务。帮助顾客协调数个地点之间的产品组件特别是流程。

在过去这些作业是由顾客自己设法将零件由制造商送到终端顾客手中，现在的快递业者可完全代劳。

综上所述，联邦快递的业务服务特点不仅在于协助顾客节省了仓储费用，而且在将货物交由联邦快递运送后，顾客仍然能准确掌握货物的行踪，可利用联邦快递的系统来管理货物订单。

二、联邦快递的客户服务信息系统

联邦快递的客户服务信息系统主要有两个：①一系列的自动运送软件；②客户服务线上的作业系统。

（1）自动运送软件。为了协助顾客上网，联邦快递向顾客提供的自动运送软件就有 3 个版本，利用这些系统，客户可以方便地安排取货日程、追踪和确认运送路线、列印条码、建立并维护寄送清单、追踪寄送记录。而联邦快递则通过这些系统了解顾客打算寄送的货物，预先得到的信息有助于运送流程的整合，货舱机位、航班的调派等。

（2）COSMOS 系统。这个系统可追溯到 20 世纪 60 年代，当时航空业所用的计算机定位。系统备受瞩目，联邦快递受到启发，从 IBM 公司、Avis 租车公司和美国航空局等处组织了专家，成立了自动化研发小组，建起了自己的信息定位体系。在 1980 年，系统增加了主动跟踪、状态信息显示等重要功能，1997 年又推出了相关的网络业务系统，联邦快递通过这些信息系统的运作，建立起全球的电子化服务网络，公司主要的货物量都是通过该系统进行，主要利用它们的订单处理、包裹追踪、信息储存和账单寄送等功能。

三、员工管理在客户关系中扮演的角色

良好的客户关系绝对不是单靠技术就能实现的，员工的主观能动性的重要性怎么强调也不过分，在对员工进行管理以提供顾客满意度方面，具体方案有以下 3 个方面。

（1）建立呼叫中心，倾听顾客的声音。联邦快递中国台湾分公司有 700 名员工，其中 80 人在呼叫中心工作，主要任务除了接听成千上万的电话外，还要主动打出电话与客户联系，收集客户信息。呼叫中心中的员工是绝大多数顾客接触联邦快递的第一个媒介，因此他们的服务质量很重要。另外，联邦快递中国台湾分公司为了了解顾客需求，有效控制呼叫中心的服务质量，每月都会从每个接听电话员工负责的顾客中抽取部分客户，打电话询问他们对服务品质的评价，了解其潜在需求和建议。

（2）提高第一线员工的素质。为了使与顾客密切接触的话务员符合企业形象和服务要求，在招收新员工时，联邦快递是少数做心理和性格测验的公司，对新进员工的入门培训强调企业文化的灌输，要先接受两周的课堂训练，接下来是服务站的训练，然后让正式的话务员带半个月，最后才独立作业。

（3）运用奖励制度。联邦快递最主要的管理理念是：只有善待员工，才能让员工热爱工作，不仅做好自己的工作，而且主动提供服务。例如，联邦快递中国台湾分公司每年会向员工提供平均2500美元的经费，让员工学习自己感兴趣的新事物，如语言、信息技术、演讲等，只要对工作有益即可。

另外，在联邦快递，当公司利润达到预定指标后，会加发红利，这笔钱甚至可达到年薪的10%。值得注意的是，为避免各区域主管的本位主义，各区域主管不参加这种分红，各层主管的分红以整个集团是否达到预定计划为根据，以增强他们的全局观念。

（本案例来源：百度文库 https://wenku.baidu.com/view/f1764c5ab14e852459fb5737.html）

请思考：联邦快递的客户管理系统提供哪些服务？

项目小结

物流信息在物流作业流程中无时不在，正确采集这些信息，并加以正确处理分析，对物流管理有很大的意义。信息和通信技术与物流紧密关联，现代物流离不开信息，信息的传输离不开通信技术。物流信息是保证及时运输、及时供货以及零库存的关键，使物流过程中的生产、运输、仓储管理最优化，充分发挥物流资源的配置作用。

电子商务的发展为物流成本带来了新的变革，它对降低物流成本、提高物流服务、加速物流成本计算等方面有显著的效用。

电子商务对物流企业的最根本的挑战来自于它对物流服务过程信息化的要求。物流服务过程的信息化要求企业基础管理的规范化。基础管理水平的高低将直接关系到物流企业在电子商务环境下的生存问题。

电子商务时代是一个以客户为导向的时代。客户关系管理是一种使企业在客户服务、市场竞争、销售及服务支持等方面彼此协调的关系系统，以协助企业确立长久的竞争优势。

实战强化

实训一　调研连锁企业物流信息管理现状

一、实训目的

通过实训，调研连锁企业物流信息管理现状及存在的问题。

二、实训组织

通过网络购物，体验一家连锁企业（例如大润发、乐天玛特、家乐福等）的物流信息管理现状，了解连锁企业物流信息系统开发流程及应用情况，针对存在的问题，提出相应的对策。

三、实训要求

将参加实训的学生分组，运用所学知识及网络工具在教师指导下进行调研，撰写实训报告，写出实训过程、结果和体会。

实训二 电子商务物流服务调研

一、实训目的

通过实训，调研电子商务商城的物流服务。

二、实训组织

定位国内一家著名电子商务商城，推荐“京东商城”“凡客诚品”或“海尔商城”等，分析其网上业务，调查其物流服务管理模式。

三、实训要求

（1）选择一家自己熟悉的电子商务商城企业，并了解该企业的实际需求和产品特点。

（2）确定该电子商务企业应该将哪些物流服务进行外包，要与该企业实际情况相联系。

（3）确定该电子商务企业选择第三方物流服务提供商的标准，要与该企业实际需求和产品特点相联系。

（4）确定该电子商务企业选择第三方物流服务提供商的原则，要与该企业的物流业务量相联系。

（5）确定该电子商务企业选择第三方物流服务提供商的流程。

（6）将参加实训的学生分组，运用所学知识及网络工具在教师指导下进行调研，撰写实训报告。

参考文献

[1] 陈益梅，关井春．电子商务物流．北京：中国水利水电出版社，2011．
[2] 张保丰．电子商务物流管理．北京：中国人民大学出版社，2016．
[3] 顾明．电子商务物流．北京：机械工业出版社，2017．
[4] 周长青，付蕾．电子商务物流．重庆：重庆大学出版社，2006．
[5] 王菲．电子商务物流实务．北京：清华大学出版社，2017．
[6] 吴理门．物流信息技术．杭州：浙江大学出版社，2016．
[7] 都国雄．物流信息管理．北京：高等教育出版社，2012．
[8] 夏春玲．物流技术基础．北京：机械工业出版社，2008．
[9] 欧阳文霞．物流信息系统．北京：机械工业出版社，2010．
[10] 张良卫，朱强．国际物流实务．北京：电子工业出版社，2008．
[11] 陈修齐．电子商务物流管理．北京：电子工业出版社，2006．
[12] 朱美虹．电子商务与现代物流．北京：中国人民大学出版社，2010．
[13] 谢明，陈瑶．电子商务物流．北京：北京理工大学出版社，2013．
[14] 邵贵平．电子商务物流管理．北京：人民邮电出版社，2018．
[15] 马宁．电子商务物流管理．北京：人民邮电出版社，2017．